教育部人文社会科学研究规划基金课题
“知识网络嵌入背景下小微企业动态能力提升路径研究”
（项目批准号：19YJA630123）

小微企业
动态能力形成路径研究

• 郑书莉 ——— 著

Research on the Formation Path of Small-and Micro-Sized Enterprises' Dynamic Capability

ZHEJIANG UNIVERSITY PRESS
浙江大学出版社
• 杭州 •

图书在版编目(CIP)数据

小微企业动态能力形成路径研究 / 郑书莉著. — 杭州：浙江大学出版社，2022.5

ISBN 978-7-308-22624-0

Ⅰ.①小… Ⅱ.①郑… Ⅲ.①中小企业—企业发展—研究—中国 Ⅳ.①F279.243

中国版本图书馆 CIP 数据核字(2022)第 084640 号

小微企业动态能力形成路径研究

XIAOWEI QIYE DONGTAI NENGLI XINGCHENG LUJING YANJIU

郑书莉 著

策划编辑 吴伟伟
责任编辑 丁沛岚
责任校对 陈 翩
封面设计 春天书装
出版发行 浙江大学出版社
(杭州市天目山路 148 号 邮政编码 310007)
(网址：http://www.zjupress.com)
排 版 杭州朝曦图文设计有限公司
印 刷 广东虎彩云印刷有限公司绍兴分公司
开 本 710mm×1000mm 1/16
印 张 14.25
字 数 226 千
版 印 次 2022 年 5 月第 1 版 2022 年 5 月第 1 次印刷
书 号 ISBN 978-7-308-22624-0
定 价 58.00 元

浙江大学出版社市场运营中心联系方式：0571—88925591；http://zjdxcbs.tmall.com

前　言

知识经济和速度经济的到来，导致企业竞争环境的动荡性加剧，组织通过学习构建可持续竞争力成为必然。全球范围内分工的不断深化，催生大量“小而美”新业态，小微企业数量大约占全国企业总数的 70%①，几乎覆盖了除公共设施管理业以外的所有行业。在“大众创业、万众创新”的倡导之下，小微企业焕发出强大的生命力，在促进经济增长、解决就业问题等方面发挥着不可替代的作用。但因规模小、抗风险能力差等天然存在的缺陷，小微企业面临着融资困难、人才吸引力不足等问题。在知识迭代加速、竞争加剧及新冠肺炎疫情全球肆虐等影响下，小微企业呈现出失败率较高的态势。如何帮助小微企业摆脱困境，成为业界和学界共同关注的问题。

对小微企业的研究主要从外部和内部两个视角展开。关注企业外部环境的相关研究认为，小微企业由于自身能力和资源限制，需要来自政府和社会的政策扶持、改善融资环境、减少税费、优化小微企业公共服务和创业环境等；关注企业内部能力的相关研究则主张，小微企业应该培养可持续竞争力，积极吸取、利用外部有利资源，通过组织学习、创新和发展，形成企业内生性动态能力。国外针对小微企业的研究也发现，构建动态能力为小微企业带来了优厚的回报，对企业成长有重要影响。

为探索新的商业生态环境下小微企业如何适应竞争环境求得可持续生存和发展，本书立足现实问题，基于动态能力理论、组织学习理论和网络嵌入性理论等理论基础，对来自医疗信息化、矿山安全监测设备、不锈钢真空器皿、食品等行业的四个案例企业进行了访谈和分析，通过归纳问题和研究模型，采取大样本实证的方法，对小微企业动态能力构建路径进行了探索。

本书受到教育部人文社科基金（19YJA630123）的支持和资助，是项目

---

① 数据来源：天眼查专业版 2020 年 7 月数据。

最终研究成果的体现，同时部分章节内容也得到了浙江省软科学计划项目(2020C35032)成果的支撑。在案例企业选取及联络、访谈资料整理、调研问卷发放、政策建议论证等过程中，浙江工商大学盛亚教授，浙江水利水电学院赵志江教授、王心良教授，浙江财经大学唐小波副教授等提供了很多帮助及建设性意见，一并表示衷心的感谢！

郑书莉

2022年2月

目　录

1 研究背景

自2014年我国首次提出“大众创业、万众创新”以来，“双创”已成为经济社会发展的主题词之一。鼓励“双创”有利于带动经济活力，为创新企业提供良好土壤；解决更多人的就业问题，保障民生。2017年底，全国小微企业已达7328.1万户[①]，2017—2019年，小微企业每年新增注册数量都超过1000万户，占全国企业总数的70%左右[②]。小微企业现已涉及20多个行业，几乎覆盖了除公共设施管理业以外的所有行业，其工业总产值、销售收入、实现利税分别约占中国经济总量的60%、57%和40%，提供了75%的城镇就业机会，在改革经济体制、促进经济增长、解决就业问题和维护社会安定等方面发挥着不可替代的作用。

1.1 小微企业发展环境

从内部环境来看，小微企业本身具有“低”“小”“散”的特点：“低”是指小微企业处于产业链和价值链的低端，产品技术含量低，附加值低，缺乏核心竞争力；“小”是指企业规模小，资金实力较弱；“散”是指不能实现抱团式和链条式发展，缺乏有效的组织，难以融入产业链和形成产业优势。也正是以上原因，导致高素质人才引进困难、留住更难的局面。人才的匮乏使得小微企业难以建立起真正的现代企业管理制度。一方面，财务制度和用人制度不健全，经营决策依赖创业者个人，存在决策风险；另一方面，人才匮乏及研

---

① 《我国小微企业达7328万户》，中国政府网，2017年9月2日，http://www.gov.cn/shuju/2017-09/02/content_5222250.htm。

② 《数据说两会｜政府工作报告中的“企业”》，澎湃新闻，2020年5月24日，https://baijiahao.baidu.com/s?id=1667543377653050709&wfr=spider&for=pc。

发投入不足导致小微企业自主创新能力低下，难以开发适应市场需求的新产品、新服务，在市场供给丰富的情境下，严重影响了小微企业的竞争能力。

从外部环境来看，对小微企业来说存在融资成本高、资金短缺、竞争过度以及信息不对称等问题。虽然目前国家已出台了一系列扶持小微企业发展的政策，但仍有相当一部分企业融资难问题没有得到实地解决。智研咨询发表的《2017—2022 年中国小微企业市场前景预测及投资价值评估报告》表明，有 27.08％的企业希望国家能减少小微企业的税收负担，22.58％的企业希望营商环境能得到提升，10.87％的企业希望国家能加大扶持小微企业创新创业的力度，3.19％的企业认为政策上应该放开国有企业的垄断行业。总体来看，小微企业发展的宏观环境还存在一定压力与挑战。2020 年 12 月，智联招聘与国务院发展研究中心宏观经济研究部联合发布的《后疫情时代小微企业现状研究报告》显示，在后疫情时代，小微企业在经营状况、融资环境、用工需求、创新升级等方面均面临着成本提升和困难加大的挑战，以致研发投入和后期维护资金不足，难以为继。

1.1.1 融资环境

一直以来，国家对小微企业的发展十分重视，各级政府从各方面多措并举帮助小微企业解决融资问题。2010 年，国务院发布《关于鼓励和引导民间投资健康发展的若干意见》(国发〔2010〕13 号)，鼓励民间资本兴办金融机构，为中小企业贷款提供便利，并可为其提供财政补贴。之后国家发改委、国务院、银监会、财政部等相继发布小微企业融资相关政策(张璐，2017)，包括提高银行对小微企业的贷款能力、降低小微企业融资成本、不断扩宽小微企业融资渠道、以减免税收等方法激发金融机构对小微企业贷款的积极性等，力求为小微企业融资提供大力帮助，支持小微企业发展。

但是小微企业“融资难、融资贵、融资慢、融资险”等问题依然十分突出(谢志华等，2019)，这些问题很大程度上影响了小微企业的创新创业和可持续发展，进而影响我国社会就业稳定和经济平稳发展。如今，小微企业所获得的金融服务与其在国民经济中的贡献不匹配，融资缺口大。特别是在 2020 年新冠肺炎疫情期间，融资问题再一次摆在了复工复产的小微企业面前。疫情导致本土营业额减少及国际市场需求萎缩，但房租、工资及融资成本却依然存在，这些问题成为小微企业的共性问题。周雷等(2020)通过调研发现，小微企业融资过程中存在的主要问题包括不知道如何准备融资所需材料、缺乏抵质押物、信息不对称、还款方式与现金流不匹配、融资成本难以承受、融资时效性差、融资额度难以满足需求、客户服务差等。

一般来说，根据企业的资质、信用记录、主营业务状况及其抵押能力和变现能力等指标，可将小微企业划分为 3 类：优质企业、一般企业、劣质企业。融资受阻一般是针对一般企业而言的。该类小微企业经营相对稳定，盈利水平一般，业务规范程度低，管理不完善，抵押物少，信用记录不完善，存在一定的信贷风险。这类企业很难满足银行的融资条件，因此出于资金安全的考虑，银行对该类企业放贷时往往非常谨慎。据统计，我国小微企业平均寿命仅为 3 年左右(赵丽丽，2019)，缺乏资金是导致小微企业寿命短的重要原因，但寿命短又成为银行惜贷的主要原因之一。对银行来说，向中小微企业放贷的风险和成本要远远高过大企业，银行对此类业务也就更为谨慎。

2014 年西南财经大学中国家庭金融与研究中心与汇付天下共同发布的《中国小微企业指数调查报告》显示，实际获得银行贷款的小微企业数仅占中国小微企业总数的 10%。在各级政府相关政策的扶持和刺激下，获贷小微企业数保持较快增速，到 2020 年这个比例达到了 50%以上(陆敏等，2020)。

1.1.2 政策环境

第四次全国经济普查结果显示，2018 年末，全国共有中小微企业法人单位 1807 万家，比 2013 年末增加了 966.4 万家，增长 115%。占全部规模企业法人单位的 99.8%，吸纳就业人员占全部企业就业人员的 79.4%。小微企业总量规模不断扩大，产业分布更趋合理，在我国经济中所占的比重越来越大，是促进经济增长、吸收就业的重要力量，因此在政策上保障小微企业的发展十分重要。为了支持小微企业的发展，近年来，从中央到地方都在持续加大力度支持小微企业，特别是在融资、税收、通关便利化改革等方面不断推出相关举措。

针对民营小微企业的融资难、融资贵问题，国务院、人民银行、银保监会、财政部等相关部委以及各级地方政府相继出台了一系列缓解民营小微企业融资难、融资贵问题的政策。据不完全统计，2015 年以来，国家层面出台的缓解民营小微企业融资难、融资贵问题的政策共计超过 25 项。据《证券日报》记者梳理，2021 年上半年，就金融、财税等方面明确一系列“含金量”较高的举措的国务院常务会议就多达 10 次，意在纾解小微企业困难，支持小微企业健康发展。除了前述融资政策之外，还有减税降费、降低运营成本、简化程序、提供“准入”支持等政策。在减税降费方面，2020 年，17 个部门发文支持中小企业发展，建立减轻小微企业税费负担的长效机制，为线上小店、线下外摆等经营形式开通“绿色通道”，从电费、房租及其他服务费用等方面降低小微企业的经营成本。

在税收方面，国家税务总局发布公告，“十三五”期间，我国将增值税小规模纳税人起征点由月销售额 3 万元提升至 10 万元，小型微利企业减半征收所得税的年应纳税所得额上限从 30 万元分步提高到 100 万元、300 万元。自 2021 年 4 月 1 日起，小规模纳税人发生增值税应税起征点再次由月销售额 10 万元上调至 15 万元。小型微利企业减半征收所得税政策也有所调整，自 2021 年 1 月 1 日至 2022 年 12 月 31 日，对小型微利企业和个体工商户年应纳税所得额不超过 100 万元的部分，在现行优惠政策基础上，再减半征收所得税。小型微利企业和个体工商户不区分征收方式，均可享受减半政策。

同时，各级政府不断在开发国际市场方面提供支持，比如通过降低制度性成本、减免关税、出口退税等方式，提高贸易便利化和自由化程度，稳定进出口增速；通过推进“一带一路”沿线国家贸易往来、促成区域全面经济伙伴关系协定(RCEP)、推广人民币互换协议等，加强双边和多边区域贸易合作，促进全球产业链的深度融合，降低生产成本，提高生产效率，达到多赢局面。

1.1.3 竞争环境

市场竞争被认为是世界范围内提升经济效率最强的动力。良性的市场竞争可以促进企业商业模式迭代、技术创新、绩效提升等，有利于行业突破“低端锁定”(卢现祥，2021)。大型企业作为区域经济的支柱，在行业竞争中处于关键地位，在市场上占有较大市场份额，对区域生产总值和地方财政收入都具有关键性影响，更容易获得政府的关注和支持，拥有更优质的外部资源，即环境包容性更佳。再加上大型企业拥有雄厚的资金、强大的人力资源队伍、健全的市场网络及生产上的规模经济等优势，竞争力强大。而小微企业则因为其天然的劣势，在激烈的市场竞争中处于明显劣势。因此，对小微企业竞争力的实践和学术研究关注度都比较高，主要集中在小微企业的竞争力评价、竞争力构建、组织学习、竞争力的影响机制、技术创新、商业模式创新等方面。

特别是2020年以来，在金融去杠杆、中美贸易摩擦升温、新冠肺炎疫情“三座大山”的冲击下，大型企业不断进行技术创新、产业升级和数字化转型，而小微企业则由于成本压力难以实现创新与转型，这会进一步拉大小微企业与大型企业之间的竞争力差距。在产业链中，绝大多数中小微企业几乎都处于“完全竞争”状态，可替代性很高，当疫情导致产业链从全球化布局向区域化乃至本地化方向收缩时，小微企业就会面临失去市场的巨大挑战，其竞争环境进一步恶化。

1.1.4 外贸环境

和平、发展、合作是当今世界的主题。我国顺应经济全球化趋势，不断对外开放，在平等互利的基础上扩大对世界各国的贸易合作。2020年以来，尽管受新冠肺炎疫情影响，但我国外贸市场主体活力明显增强，新业态、新模式加快培育，主要贸易伙伴数量较快增长，商品结构更趋优化，服务贸易创新发展。从2021年上半年监测情况看，约40%的外贸企业新签出口订单实现同比增长。从累计数据看，我国2021年进出口总值在前7个月达到21.34万亿元，同比增长24.5%，比2019年同期增长22.3%，仍保持较高增速。其中，出口11.66万亿元，同比增长24.5%，比2019年同期增长23%；进口9.68万亿元，同比增长24.4%，比2019年同期增长21.4%。我国与东盟、欧盟和美国等主要贸易伙伴进出口均保持增长。其中与东盟贸易增长24.6%，与欧盟贸易增长23.4%，与美国贸易增长28.9%，对“一带一路”沿线国家合计进出口6.3万亿元，同比增长25.5%(陈芳，2021)。

在“十三五”时期，国际贸易环境出现新的变化，全球一体化与地区一体化发展迅猛，美国积极主导与推进一系列区域性自由谈判。但是国外需求复苏曲折且缓慢，产能过剩困扰，随之频频发生各类贸易摩擦，整体贸易环境对小微企业来说仍然非常严峻。据WTO统计，2018年10月至2019年

10月，其成员方采取的新贸易限制措施多达到102项，涉及价值约7470亿美元的商品和服务，是2012年10月以来的最高水平。[①] 由于贸易局势紧张，全球经济面临的主要下行风险仍然来自贸易紧张局势加剧。2019年上半年，主要经济体贸易出口明显减弱，其中美国、欧盟27国和日本出口额同比分别下降1.0%、2.6%和6.0%。2020年以来，受全球新冠肺炎疫情冲击，世界经济衰退风险上升，全球供应链和市场需求受到重创，跨境贸易和投资活动急剧萎缩，中国外贸发展面临的挑战异常严峻(郑书莉等，2021a)。产业链断裂、市场需求缩减，给国内企业尤其是中小微企业带来运营困难，特别是东南沿海地区外向型经济省份，如浙江、江苏、福建、广东以及上海等地的小微企业。

1.2 制约小微企业发展的瓶颈

1.2.1 融资成本居高不下

从银行风险管理角度来看，小微企业的资产与营收规模小，加上缺乏抵质押品，信用风险要高于大型企业。这种高风险，一方面，会造成银行不愿意对小微企业放贷；另一方面，即使银行愿意放贷，小微企业也很难获得较高的融资额度，并且要支付较高的“风险溢价”。

企业的融资成本主要包括四项费用：贷款利息、抵押物登记评估费用、担保费用、风险保证金利息。其中，贷款利息和抵押物登记评估费用是融资贵的主要原因。在实际操作中，还存在贷款利率上浮、收取财务顾问费和咨询费等原因，给小微企业带来更大的融资成本压力，导致很多小微企业转而寻求民间借贷和小额贷款公司，所占比例一度高达60%左右。

1.2.2 服务体系不健全

以往在公共服务体系中，长期存在部门便民程度不够、效率不高等问题。由于审批环节、服务事项多，部门受理办理点分散，程序复杂，企业办理

---

① 《商务部有关单位发布《中国对外贸易形势报告(2020年春季)》. 中华人民共和国政府网》，2020年6月6日，http://www.gov.cn/xinwen/2020-06/16/content_5519744.htm。

各种事项时存在“多头问、多头跑”的现象。此外，各部门间协同性差，缺乏有效衔接。各中心在采集信息、资料归档等方面没有实现信息资源共享，导致资源浪费、服务效率低下、服务质量不高等问题。对小微企业来说，公共服务的短缺带来的影响包括办事效率低、人力物力浪费多、延误时机等。金融机构服务体系亦是如此，贷款流程烦琐，产品单一，信息不对称，融资态度过于保守，进一步束缚了小微企业的发展。

1.2.3 税收优惠政策落实难

中央政府对小微企业出台税收优惠政策固然重要，但关键在落实。如果各级政府的优惠政策不能落实到位，不仅无法产生积极的扶持效果，还会让小微企业创业者陷入悲观境地。税收优惠政策落实难由来已久。2016年的一份调查结果显示，从纳税额占营业收入比重来看，个体工商户和小微企业分别达到6.7%和3.9%，远高于上市公司的2.5%。有的企业税负甚至高于企业利润，相对偏重的税收和各种收费，大大增加了小微企业的负担，极大地制约了小微企业的发展。

2019年末新冠肺炎疫情暴发以来，为了助力小微企业复工复产，各地政府纷纷推出各种加大税收信用贷款支持力度、实施重点帮扶的优惠政策，但是某些地方政府却设法将优惠政策消弭于无形，例如有些地方采取合并收税的方式，将几个月的营业额合并后平均计算，使企业该减税的月份也上交了税收；一些地方政府优惠政策落实不力、范围过小，把很多企业挡在了“大门”之外。在后疫情时期经济形势整体下滑、企业普遍经营不景气、财政收入增长放缓或减少的形势下，某些地方政府未能从长远发展角度出发对小微企业实施“放水养鱼”式税收政策。小微企业牵涉面广，又处于弱势地位，缺乏话语权，导致优惠政策很难全部落实到位。相关调查显示，有些没有享受政策优惠的企业表示并不知晓国家出台的具体优惠政策，这就说明了税收优惠政策落实困难的另一个原因是宣传不够。首先，当地政府对小微企业的政策宣传力度不够，依然把工作重心放在大型企业上。其次，有些优惠政策属于期限较短的临时性政策，而所得税的备案流程烦琐、时间长，很多小微企业无法在短时间内提供备案所需材料，只能放弃相关优惠福利。

1.2.4 人才吸纳能力不足

人才对企业起着非常重要的作用，推动着企业的生存与发展，但大多数小微企业都面临着人才缺失的困境。相关统计表明，中小企业人才流失率高达60%～70%，微型企业流失率更高（高原等，2016）。人才吸纳能力不足已成为小微企业发展的一大瓶颈。

首先是小微企业招人难。小微企业的规模小，实力弱，产品或服务单一，受市场波动的影响较大。对于人才来说，在小微企业的发展机会要远远小于大型企业。许多小微企业一般缺乏长远的发展战略，更多关注短期的产量、销量和收益。在选人用人时，主要考虑上手快、适应强、能胜任等类型的人才，而对于长远的人力资源规划和员工的职业发展规划则考虑不足。这导致优秀人才在面临职业选择时，更愿意选择专业对口、发展潜力大的大型企业。

其次是小微企业留人难。一方面是员工缺乏归属感。小微企业往往带有较为浓厚的家族企业色彩，企业管理更注重裙带关系，规范化水平不够，用人机制不完善，人力资源管理水平不高，不能调动员工的工作积极性，员工缺乏归属感，难以真正融入企业。另一方面是薪酬待遇竞争力不足。调查显示，在小微企业离职人员中，有22.10%的员工是因为待遇低。再加上激励政策缺失、员工职业生涯发展需要等因素，在小微企业任职若干年后，具有一定的经验和积累了一定资历的人才，很容易选择离职。

1.2.5 创新能力不足

企业是创新的主体，小微企业资产少、规模小，要想在同类型企业竞争环境中继续发展，自主创新十分必要，特别是制度、管理、技术等方面的创新。创新，可以提高企业的竞争力，增强企业活力，促进企业可持续发展。

但是小微企业大多是劳动密集型产业，多以家庭、家族模式经营。不少管理者把短期效益放在首位，忽略了创新的重要性，特别是技术创新。很多管理者认为技术创新耗费时间长，所需资金多，带来的效益难以确定，更愿意以技术引进的方式发展企业，觉得那样风险小、投资少、见效快，因而在创新方面的投入普遍偏低。再加上我国小微企业本来就存在研发基础薄弱、生产装备和技术较为落后、缺乏核心技术等缺点，导致生产的产品技术含量低、附加值低，只能处于产业链的最低端，严重缺乏市场竞争力。另外前文提到的人才流失是小微企业自主创新的另一个障碍，人才是知识的载体，只有具备较强学习能力的团队，才能不断获取新知识，开展技术创新活动。

1.3 社会变革背景

1.3.1 知识经济时代，企业竞争力来源发生改变

21 世纪是以信息经济、网络经济和数字化经济为特征的知识经济时代。知识经济是建立在知识和信息的生产、分配和使用之上的经济，与农业经济、工业经济相对应（郑吉昌，2003），是以信息技术发展为基础，以科技持续创新为推动力，以智力资源为可持续竞争力的经济形态。1983 年，美国加州大学教授保罗·罗默（Paul Romer）提出了新经济增长理论，将知识与资本、劳动力并列为三大生产要素，标志着知识经济理论初步形成。传统经济增长方式依靠劳动力和资本等要素投入，现代经济的增长则越来越依赖于知识含量的增长。知识在社会价值创造过程中的功效已远远高出劳动力、资金、物资等传统生产要素，在社会价值创造中发挥着基础性作用。如今，知识经济社会环境呈现信息化、网络化、全球化趋势，技术创新速度不断提高，新技术、新商业模式不断涌现，产品、技术甚至企业的兴衰更新速度将大大加快，正如阿尔文·托夫勒（Alvin Toffler）在《第三次浪潮》中所说，速度经济将取代规模经济。要适应知识经济浪潮，企业就必须加强对知识和信息的生产、积累、扩散、深化。一方面，它要求企业加大对知识创造领域的投入，促进新知识、新技术、新产品的出现；另一方面，由于社会分工的深化，又天然地为企业知识的专业化创造了条件，在速度经济和知识创造成本的双重压力下，组织开始注重内部和外部双重学习，并由此构建组织能不断根据动态环境进行资源整合和适应环境的能力。

1.3.2 社会分工深化催生“小而美”新业态

英国著名经济学家舒马赫（Schumacher）长期致力于发展中国家的可持续发展研究。他在 1973 年出版的《小的是美好的》一书中批判了大企业可

能带来的对劳动者主体地位的丧失和对劳动者自由意志的强暴，提出了发展中国家在技术路径选择中的“中间技术”思想[①]。对于小企业，他充满人文关怀：“时至今日，小单位的数目在增长，在世界上许多国家，比如英国和美国，小单位数量不仅没有下降，反而呈现繁荣之势，为社会提供了大部分真正有时效的新的发展。”（舒马赫，2007）这里的“小单位”主要是指国民经济领域规模较小的生产单位，主体为各类中型、小型及微型企业。目前对“小而美”商业模式的理解，一般认为“小”是指企业规模，“美”主要指可持续的商业模式。例如房地产行业将“小而美”商业模式核心竞争力定义为“小而精准，运营灵活，经营策略易调整；对消费需求掌控力高，可以制定针对性较强的经营策略；项目培育期相对较短，租金提升空间大；项目估值提升速度较快，有利于企业进行资本运作等优势”。供给侧结构性改革的力量正是把传统社会化分工通过市场化手段细化为“小而美”的企业新生态。深度参与各行业商业生态系统价值创造和价值分配的过程（郑书莉等，2017）。

2012 年，龙永图在首届中国创业家联盟论坛上立场鲜明地指出：“国有企业和一些大型企业是中国经济的骨架，草根企业和小微企业才真正是中国经济的血和肉，它们承担着解决民生、解决社会稳定的重任。”小微企业是小型企业、微型企业、家庭作坊式企业、个体工商户的统称（张弛等，2015）。李克强总理在 2015 年政府工作报告中明确提出，要将“大众创业、万众创新”打造成经济发展新引擎。支持各类市场主体不断开办新企业，开发新产品，开拓新市场，培育新兴产业，形成小企业“铺天盖地”的发展格局。显然，“大众创业、万众创新”必然催生千千万万家小微企业。

小微企业已经成为很多发展中国家市场经济活动的主体，对经济发展起到积极推动作用（Donner，2007；Abor et al.，2010；“我国小微企业发展状况研究”课题组，2016）。如南非的中小企业贡献了 52%～57%的国内生产总值，

① 在舒马赫看来，技术的应用应该服务于人的生存和发展，生产过程不仅是一个创造物质满足人们需求的过程，也是一个使人的创造性得以发挥、实现个人价值的过程。因此，他所提倡的中间技术是一种人性化的、民主的、具有自然亲和力的技术，其特点是：设备简单、容易掌握和维修，对高纯度或精确规格的原材料依赖性小，对市场波动适应性强，人员容易训练，管理和组织生产比较简单，受意外困难冲击的可能性小。中间技术的特点表明其适用于资金不足、市场不成熟、技术不先进、人力资本基础薄弱的发展中国家。

加纳则达到了 92%(Abor et al.,2010)。印度能成为一个新兴经济体,中小型企业在 1991—2013 年快速增长过程中发挥了举足轻重的作用(Swarnalatha,2016)。小微企业还具有很强的吸纳就业的能力。2013 年,我国第二、三产业小微企业从业人数占全部企业就业人数的 50.6%;在意大利、日本、澳大利亚、西班牙和韩国,小微企业就业人数的比例均达到 60%以上;拉美经委会 2012 年统计表明,拉丁美洲地区中小微企业吸收该地区就业人口占就业人口总数的 67%,在秘鲁,中小微企业创造的就业岗位占全国新增就业总数的 88%(李彦,2015)。印度在最近 20 年经济起飞阶段,中小微企业也起了关键作用(Swarnalatha,2016)。在孟加拉国,中小微企业带来超过 250 万就业岗位,其出口占全国总出口的 38%(Lahiri,2014)。同时,小企业在新产品创新、技术进步、促进经济增长等方面也扮演着重要角色(朱霞等,2014;田芬,2015;Bhattacharyya et al.,2015)。

1.3.3 破解小微企业摆脱成长困境成为亟待解决的问题

小微企业与大企业比起来,天然存在多种劣势,如寿命短一直是困扰诸多企业家的问题(张玉明等,2012),能力有限,不断面临威胁其生存的竞争压力(Parida,2008;Cragg et al.,2011),内部资源匮乏,管理机制不健全(王飞绒等,2012;李金凯等,2015);规模小,知识存量少,效率低(Noci et al.,1999;Bouncken et al.,2015);资金来源不足,市场竞争激烈和经营成本高等困难在经营过程中表现突出,人力资源受限且成本较高(鲍长生,2016)。因而,小微企业市场竞争力不足,经济效益差,抗风险能力较弱,失败率(倒闭率)远高于大型企业(Terziovski,2010;Adeniran et al.,2012;田芬,2015)。南非小微企业的失败率高达 70%~80%(Van Eeden et al.,2003;Fatoki et al.,2011)。我国第三次全国经济普查资料显示,2013 年,小微企业死亡率是大型、中型企业死亡率的 23.6 倍和 6.9 倍;2016 年,中国家庭金融调查与研究中心(CHFS)的数据显示,我国小微企业市场竞争激烈,运输、仓储、邮政、建筑等行业的小微企业死亡率均超过 20%。

对于如何帮助小微企业摆脱困境,目前的研究主要从外部和内部两个视角展开。关注企业外部环境的相关研究认为,小微企业由于自身能力和资源限制,需要来自政府和社会的政策扶持,通过改善融资环境、减少税费来优化小微企业的公共服务和创业环境等（“我国小微企业发展状况研究”课题组，2016；鲍长生，2016）。关注企业内部的研究则主张小微企业应该培养可持续竞争力（金惠红，2013；Najib et al.，2014）。何青松（2013）强调企业家应通过技术导向和创新管理实践来发挥自己的作用。Ussahawanitchakit（2011）以泰国小型电子企业为研究样本，发现企业在竞争性环境中，通过组织学习、自主创新等自组织演化，可以形成内生性比较竞争优势。事实上，资源基础理论（Barney，1991；Oliver，2010）、核心能力理论（Parahalad et al.，1990）、企业成长理论（Marris，1965）和企业演化理论（Winter et al.，1982）也都认为，在动态的环境中，组织需要通过吸取外部有利资源，通过组织学习、创新和发展，形成企业内生性竞争力。Wilhelm（2015）在研究了德国200 家中小型企业后发现了动态能力对中小企业的重要性，特别是在动态环境中，动态能力为小企业带来了丰厚的回报。

1.4 理论背景

1.4.1 战略管理研究：从产业组织和企业资源演进到企业能力

进入 21 世纪以来，经济和贸易全球化进程迅速推进，各个领域技术进步速度加快，特别是信息技术的日新月异及快速普及，竞争环境的动态性、不确定性和复杂性日益凸显。有人把这种环境称为动荡性环境（冯军政，2012；张振刚等，2021），也有人称之为超竞争环境（樊耘等，2013；张聪群，2014）。市场需求日趋多样化，消费者转移速度加快，产品生命周期大大缩短，产业组织形式不断出新，技术的快速革新打破了原有的产业竞争规则，企业间边界日益模糊，行业之间相互渗透和融合催生全新行业，取代某些传统行业。企业在这种环境中，竞争优势能保持的时间越来越短。越来越多的人认为企业应该结合内部的主观能动性和外部的有利条件，形成自己适应环境的能力（李海舰等，2008）。

最初对于竞争优势来源的探讨，是基于产业层面。Porter（1980）认为企业的竞争优势来自企业所处产业五种竞争力量比较制衡的结果，但这一解释仍然无法解答“同一行业内的企业之间为何存在巨大的绩效差别”这一问题。于是研究者们开始将研究重点转向企业内部，并出现了关于企业竞争力的多个理论流派，如资源基础理论、企业成长理论、核心能力理论、知识管理理论等，形成了有关企业竞争优势和竞争力的“理论丛林”。

动态能力的研究始发于资源基础理论，同时它又是资源基础理论的演化。企业资源理论建立在以下假设条件之上：①企业拥有有形资源和无形资源，这些资源可转变成独特的能力；②资源在企业之间无法流动，而且难以复制；③这些独特的资源和能力成为企业持久竞争优势的来源，可以使它们获得经济租金或高于平均水平的回报（Fahy et al.，1999）。资源基础理论把企业看成资源束，高度关注资源的独特性，并用资源的独特性来解释企业可持续优势存在差异的原因。资源的价值性（value）、稀缺性（rare）、难以模仿性（imperfectly imitable）和不可替代性（non-substitutable）成为企业战略能力的评估标准。

近20年来，科技发展呈指数性爆炸式增长，导致环境变化和创新速度不断加快，经济的国际化和市场的全球化、顾客需求的多样化，造成了竞争内容更新越来越快，竞争优势的可保持性越来越低，资源基础理论所主张的通过企业可见或者不可见的异质性资源来形成竞争优势，已经不能满足现实需要。Teece等（1994）率先提出动态能力的概念，1997年再次补充，认为动态能力就是公司构建、整合、重塑公司内部和外部技能、资源和运营能力，以适应环境快速变化的能力。以往对动态能力的研究主要集中在大型企业，对小微企业动态能力及其知识管理，无论是理论研究还是实证探索都明显缺乏（Güttel et al.，2012），关于小微企业动态能力的特征和构建路径，都没有得到有效的实证研究。但是当前恰恰是小微企业由“外创业”向“内创业”转变的关键时期，放弃机会主义的短期行为，转而更加注重内部管理创新和竞争力重构，从而实现对市场机会的有效识别和掌握（锁箭等，2021）。

1.4.2 社会网络理论研究：从经营企业到经营社会

第三次工业革命开创了信息时代，新能源技术、新材料技术、智能精密制造、网络信息技术、移动智能终端、生物医学科技以及高效供应链等高速协同发展，不仅极大地提高了社会生产力，而且改变着人们的生活、学习、交往和思维方式，更给世界各国的经济发展带来了机遇、竞争和挑战，世界各国都在大力发展高科技，以求在国际竞争中取胜。在这一浪潮中，技术革新周期与前两次工业革命相比大大缩短，新的商业模式不断涌现，企业所处的竞争环境更复杂、更动态，依赖于企业固有的异质性资源带来的优势已经不足以应对竞争挑战。战略联盟、供应链联盟、商业生态系统、价值网络、协同发展、竞合关系、组织间学习等成为企业和学术界共同关注的关键词。

Polanyi(1944)在《大变革》中首次提出了"嵌入性"概念，并将这一概念应用于经济理论分析。Granovetter(2005)提出社会网络从三个方面影响经济成果，他关注社会学家们制定的关于社会结构、信息、惩罚或奖励能力相互作用的核心原则以及信任。讨论了社会结构和社会网络如何影响诸如雇佣关系、价格、生产力和创新等经济成果。尽管人们的很多活动是非经济活动，但是当经济活动和非经济活动混杂起来，就产生了"社会嵌入性"。Zukin 等(1990)提出嵌入性分为四种类型：结构嵌入性、认知嵌入性、文化嵌入性和政治嵌入性，并从个体认知及外部文化和政治环境等不同角度分析了嵌入性对经济行为的影响。

李海舰等(2008)提出了"原子型企业"和"网络型企业"的概念，认为过去企业个体可以独立完成价值创造过程，企业之间的竞争关系是孤立零散的，可称之为"原子型企业"；现在的企业则嵌入社会网络之中，价值的创造和实现依赖于网络成员间的合作，可称之为"网络型企业"。资源的获取、成本的降低等竞争优势，甚至利润，都可以源于企业外部。因而"网络剩余"成为企业利润的主要来源(李海舰等，2011)。事实上，没有任何一个组织是真正地独立于其他组织的，一个组织有效履行各种职能，只是其与其他组织相互依存的流程和操作的结果(Denzau et al.，2016)。从传统的实体企业形态到虚拟性组织，到平台化企业和模块化企业，再到共生型组织，企业之间相互连接和依赖的关系将越来越强(李海舰等，2019)。

2 研究框架

2.1 研究核心问题

基于第1章所述社会现实和理论背景，本书欲从组织间学习的视角，以小微企业为研究对象，通过打开其动态能力构建的路径"黑箱"，为小微企业提高在动态环境中的适应能力及成长绩效提供理论思考。本书拟提出和解答以下问题。

第一，小微企业动态能力研究的必要性如何？小微企业的动态能力如何界定？有哪些构成要素？如何度量？

我国学术界对小微企业的广泛关注是自2012年开始的。以"小微企业"为关键词在知网检索，发现2011年仅有751篇文章，而2012年则达到4012篇，2016年达到4870篇。但是若以"小微企业＋动态能力"两个关键词联合检索，则显示相关文章从2012年到2016年仅有17篇。已有文献对动态能力的研究，往往以高新技术企业（方建国，2010；杜丹丽等，2017）、互联网公司（Liao et al.，2009）、制造业（肖洪钧等，2012）等为主。似乎只有大企业、高科技企业才有关注动态能力的必要（Wu，2007；姜忠辉等，2020），与小微企业毫无关系。根据Prahalad等（1990）的理论，企业动态能力必须经过很长的时间才有可能逐步积累起来，所以在企业内部培育核心能力是需要花时间的。关于能力起源问题，焦豪等（2008）总结认为学界有四种不同观点。①自发观。这种观点认为人类的认知能力有限，计划和控制会出现失灵现象，因而动态能力的形成具有很大程度的随机性。②规划观。规划观认为企业的动态能力是在战略规划下累积起来的，企业家和高层管理者的个体特征起到关键作用。③外生环境观。该观点认为企业的动态能力是由企业所处的外部环境促成的。④综合观。综合观认为企业动态能力是内生要素和外生要素共同作用的结果。事实上，小微企业作为有限资源的竞争者，要在优胜劣汰中生存下来，需要具备更强的应变能力和资源配置能力，无论从哪种观点出发，面对小微企业高失败率的现实，培育动态能力都是其实现持续发展的必要条件。Newbert(2005)通过对 817 名美国创业者的调研就初创小型公司的动态能力进行了研究，发现把新的公司形成过程定位为一种动态能力，企业初创时期一些特定的获取/重新配置对企业最为关键的资源的行为，将会得到更好的理解和执行。在最后的结论中，Newbert 似乎窥见了学习对初创小型企业的积极作用，但未能得到实证，所以认为"学习似乎对成功的概率有影响，至少对快速变化的行业的企业家来说是如此"。Arend(2013)为了确定中小企业是否有动态能力，以及动态能力对基于伦理的绩效的影响，对美国中小企业进行了调查研究，发现大约 1/4 的中小企业自认为对动态能力是高度重视的，通过层次回归分析发现动态能力对中小企业道德绩效的影响是积极的，而影响的大小取决于中小企业的创业导向和对商业环境的敏感度。Bhattacharyya 等(2015)从资源基础理论和动态能力理论视角描述了印度中小企业在创新、集群功能和集群行为方面的作用。以上这些研究在一定程度上论证了小微企业动态能力研究的必要性。

从规模、资源、能力等各方面来看，小微企业与大型企业都有明显区别，其动态能力如何界定？其测量维度的选择上又有什么不同？本书通过文献梳理和理论推导，基本界定了小微企业动态能力的边界，再通过访谈和问卷调研进一步明晰内涵、构成要素、测量维度等。

第二，小微企业网络嵌入性有哪些特征？如何影响其动态能力？

章威(2009)认为网络嵌入性一直没有被很好地运用于动态能力的研究。从文献梳理的结果来看，除了网络嵌入性基本理论研究之外，研究热点主要集中在网络嵌入性与知识获取、资源获取、竞争优势、创新绩效的关系上(Lee et al.，2001；Al-Mommani et al.，2015；黄艳等，2016；焦羿菲，2020)。但事实上，企业加入社会网络的主要动机之一就是获取知识，而组织学习则与动态能力培育有着内在的联系。Zollo(2002)就把动态能力定义为"一个通过学习获得稳定能力的集体活动模式，由此组织系统地产生和修正其经营常规以追求效率提高”，肯定了经验积累、知识表达、知识编码在动态能力培育和演变中的作用。然而，网络嵌入性对动态能力有无直接影响，目前相关的研究还比较缺乏。以小微企业为研究对象，通过实证探求网络嵌入性对动态能力的作用机制，对于微企业的网络嵌入战略选择及动态能力培育路径都有重要意义。

第三，小微企业网络嵌入性如何影响组织间学习？

毫无疑问，在全球分工不断深化、竞争环境高度动态化的大环境下，网络已经成为企业获取信息、资源至关重要的途径，对企业成长起到积极的影响。Andersson 等(2002)研究发现，瑞典海外子公司的网络嵌入型结构能够有效地促进企业的组织学习。对小微企业来说，由于内部资源不够强大，来自外部的资源就显得尤为重要。但关注小微企业社会网络的研究还十分缺乏(王飞绒等，2012)。另外，小微企业在社会网络中很难占据有利的网络位置，且吸引人才能力不足，如何才能在网络中捕捉到本企业所需的知识，是一个值得深思的问题。因此网络嵌入性究竟如何影响组织间学习，结构嵌入性和关系嵌入性又会对小微企业的组织间学习带来怎样的促进作用，成为本书要实证的问题之一。

第四，小微企业组织间学习如何影响动态能力？

学习对动态能力的正向影响已经得到了较为普遍的认可。Wang 等(2007)秉承了 Eisenhardt 等(2000)的观点，将动态能力概括为适应能力、吸收能力和创新能力三个维度。其中，吸收能力是指企业识别、利用外部网络信息，并将其转化为商业结果的能力。不过此概念侧重于吸收组织外部的知识(孟晓斌等，2007)。对小微企业来说，企业家及高层管理者应对竞争的经验不足，企业吸引人才的能力无法与大企业相抗衡，缺乏善于学习的团队，企业内部的学习意愿、学习氛围、学习能力、知识转化能力等都与大企业存在较大的差距，其组织间学习对动态能力的影响是怎样的过程，会受到哪些因素的影响，亟待实证和理论解释。

第五，环境包容性在动态能力构建机制中有何调节作用？

基于网络嵌入性背景研究动态能力构建，不可避免地需要考虑环境的影响。樊新敬(2011)经过文献汇总发现，大量研究都证实了外部环境的不同方面对企业环境敏感性、战略选择、组织结构和绩效的影响。Dess(1984)研究认为，组织环境的特点主要体现在包容性、复杂性及动态性三个方面，同时也提出了三个指标的测量方法。一般认为，在技术创新研究领域，环境的动态性和包容性对企业绩效带来的影响更为直接和明显(贾军等，2012)。而在竞争、技术、政策等因素变化剧烈的当下，研究者更关注环境动态性的影响，对环境包容性的研究则显得不足。环境包容性是指企业所处环境中资源的充裕程度及企业获取这些资源的难易程度(Castrogiovanni，1991)。本书着眼于小微企业通过从网络中获取知识来构建自身动态能力的机制，显然在资源丰富程度不同的环境中，网络能提供给小微企业的支持程度存在明显区别，因此环境包容性在“网络嵌入性—组织间学习—动态能力构建”的作用机制中发挥着调节作用。

第六，在当前动态环境中，小微企业的扶持性政策应该何去何从？

在环境不确定性和新冠肺炎疫情的双重影响下，小微企业经营困难加剧。已有研究表明，高达60%以上的经营危机出现在创业初期和成长期。对此，我国各级政府高度重视，不断推出帮助融资、减税降费、鼓励创新等政策。民营企业是浙江省经济建设的中流砥柱，因此在创造优良营商环境、扶持小微企业发展方面，浙江省具有一定的典型性。本书将在主体研究之后，以浙江省为例，梳理其推出的面向小微企业的支持性政策，通过文本分析和样本编码，总结文件高频词汇的分布，明确各级政策主题，并进一步剖析尚存问题，对下一步的政策走向提出建议思路。

2.2 关键概念

2.2.1 动态能力

从 Teece 和 Pisano 于 1994 年在论文“The Dynamic Capabilities of Firms: an Introduction”中首次提出动态能力这一概念之后，到目前为止已有近 30 年的研究历史，不同学者从不同的研究视角对动态能力提出了多个概念。其中，Winter(2003)经过深入分析认为动态能力是“扩展、改变或创造常规能力的高阶能力，这种高阶能力决定了企业改变和提升常规能力的速度”。因此，动态能力不能被认为是企业开展基本职能活动的能力，而是企业对机会和威胁的感知与识别能力，是企业构建、整合、重构内外部资源与能力以适应动态环境变化的高阶能力(Winter,2003)。

2.2.2 网络嵌入性

按照 Granovetter(1983)的观点，网络嵌入性可分为结构嵌入性和关系嵌入性。其中，结构嵌入性特征描述了网络节点在网络总体结构中的位置状况，用网络规模、网络中心性和网络位差等来描述；关系嵌入性特征用于刻画企业与其他网络成员间建立交流关系的性质，用企业与各类合作伙伴之间相互信任、信息共享和共同解决问题等来描述。

2.2.3 组织间学习

组织间学习是组织基于自身的“知识落差”，以及对时效、风险和组织资源限制等条件的考虑，通过与外部其他组织的合作，学习所需知识的行为。随着知识联盟、供应链、创新网络等组织形式的出现，这种跨组织的学习形式越来越普及。由于组织间界限的存在，合作伙伴之间的持续互动与信任关系至关重要，企业本身所在网络的规模、位置也会影响组织从网络中获取资源的丰富程度。

2.2.4 环境包容性

环境包容性指的是在企业所处的环境中，企业所需资源的充裕程度，以及该企业获取所需资源的难易程度(Castrogiovanni，1991)。环境包容性越强，企业从环境中获取所需资源的难度越小；环境包容性越弱，企业从环境中获取所需资源的难度越大，需要为之付出更高的成本。

2.2.5 小微企业

根据国家统计局印发的《关于印发中小企业划型标准规定的通知》(工信部联企业〔2011〕300号)，企业划分标准包括从业人员和营业收入两个指标，不同行业在这两个指标上有一定的区别，为了调研和统计上的可操作性，本研究调研的对象主要是制造业和服务业企业，把小微企业界定为营业收入低于2000万元且员工在200人以下的企业。

2.3 技术路线、研究方法和结构安排

2.3.1 技术路线

本研究以我国小微企业为研究对象，以网络嵌入性为研究视角，探索小微企业如何通过组织间学习行为，与其他组织进行信息交流，获取知识资源，从而培育自身动态能力，形成内生性可持续竞争力，提升对动荡环境的适应性。本着"现实问题—理论基础—基本逻辑—一手数据—实证结论—对策建议"这一研究逻辑，本研究拟采用下述技术路线，如图2-1所示。

2.3.2 研究方法

本研究从实际需求出发，采用规范研究与实证研究相结合、文献综述与问卷调研相结合、定性研究与定量研究相结合的方法，就小微企业网络嵌入性影响动态能力的机制进行了探讨，具体研究方法如下。

(1)文献研究法。通过文献检索、筛选、归类、阅读和整理，梳理国内外

关于动态能力、网络嵌入性、组织间学习、环境包容性等主题的研究成果与理论发展脉络。已有文献研究成果的综述,成为本研究的理论基础,在此基础上,提出本研究的基本理论构思。

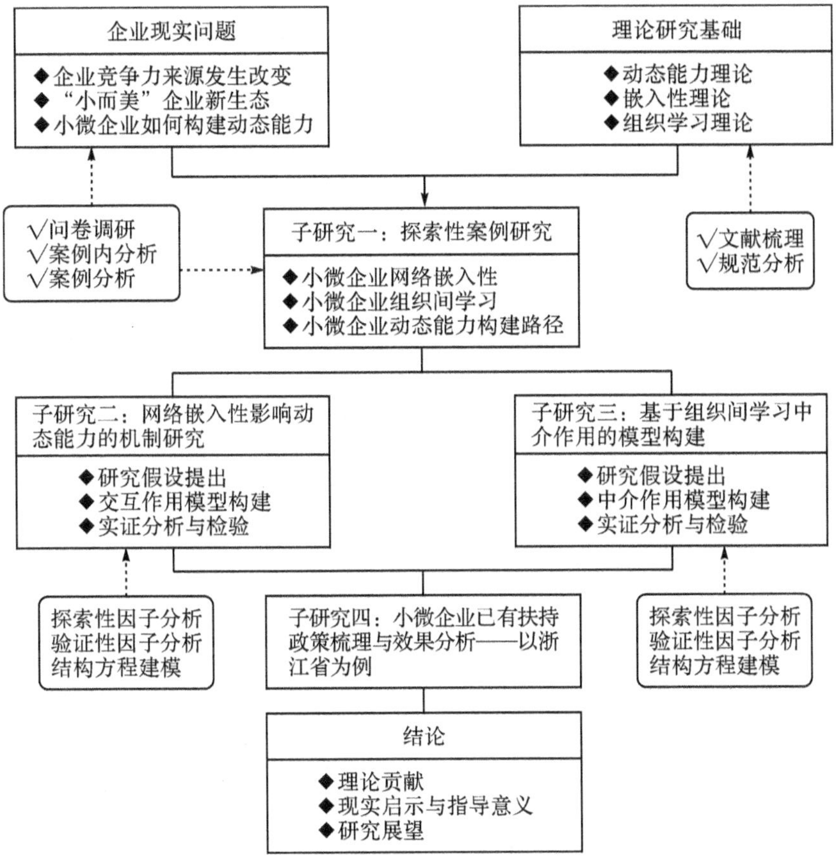

图 2-1 本书的技术路线

(2)探索性案例研究法。在文献梳理和理论构思基础上,经过理论预设,进行案例选择和反复访谈。本研究一共选择了 4 个来自不同行业的小微企业,兼顾了样本的代表性和典型性。通过案例内与案例间数据分析,对理论构思进行验证与修订,提出初始的概念模型。

(3)文本分析法。文本分析法主要应用于政策文本内容分析。它是一种将不系统的、定性的符号性内容如文字、图像等转化成系统的、定量的数据资料的研究方法(Thomas,2001),转换的关键环节是变量的抽取和属性的归类。文本分析法主要用于研究政策分布特征、政策主题变迁、政策发文主体的合作方式以及政策体系的结构与演进等问题。

(4)问卷调查与统计分析。笔者通过与员工访谈、问卷调研等形式,获取足够的案例和有效问卷,采用探索性因子分析、验证性因子分析、结构方程建模等统计分析方法,运用 AMOS 2.0 软件对概念模型及研究假设进行计算,验证概念模型的有效性和假设的成立情况,并把研究结论与企业实践相结合,提出管理启示与建议。

2.3.3 结构安排

本书的内容共分 9 章,具体内容如下。

第 1 章为研究背景。首先,从小微企业发展面临的现实环境入手,分析了制约小微企业发展的主要瓶颈,凸显本研究的现实意义。其次,分析了当前的社会变革背景,包括知识时代的到来、社会分工导致小而美业态的繁荣、小微企业成长困境已经成为整个社会亟待解决的问题等。最后,分析了本研究的理论背景,主要是战略管理研究的重点转移,以及企业社会网络理论的兴起,让研究关注点从单个企业转移到企业网络,从而确立本研究的理论视角和理论基础。

第 2 章为研究框架。本部分陈述了研究的核心问题、关键概念和技术路线、研究方法,以及本研究可能的创新点。

第 3 章为文献综述。对国内外动态能力、网络嵌入性、组织间学习、环境包容性等理论研究进行了较为系统的综述,希望厘清相关理论的发展脉络和主要观点,在结合当前宏观环境和小微企业发展的现实基础上,找出现有研究的不足和亟待回答的问题,明确本研究的切入点,为后续研究奠定理论基础。

第 4 章为小微企业动态能力探索性案例研究。在文献综述的基础上,对 4 家小微企业的网络嵌入性影响动态能力的机制进行了探索性案例研究,经过理论模型预设、案例标准建立与筛选、访谈与数据收集、数据导出与质性分析、根据关键概念进行案例编码,最终提出网络嵌入性对动态能力影响机制的初始假设命题。

第 5 章为基于网络嵌入性的小微企业动态能力研究模型。对网络嵌入性的研究分两个维度展开:结构嵌入性和关系嵌入性。对动态能力的研究分三个维度展开:机会感知能力、组织柔性能力、资源整合能力。作为中介变量的组织间学习细化为三个维度:知识获取、知识共享、知识利用。基于各变量间的关系和相互作用,构建网络嵌入性通过组织间学习影响动态能力的初始概念模型。

第 6 章为研究设计与方法论。本章主要阐述了问卷设计过程、问卷设计的可靠性保障措施、问卷基本内容、数据收集过程、变量的测度、主要分析方法与软件使用等内容。

第 7 章为实证研究。通过对小微企业的大样本问卷调查,采用结构方程建模的方法,运用 SPSS 19.0 以及 AMOS 20.0,用实证的方法对第 4 章所提出的概念模型进行检验和修正,进一步明确网络嵌入性对小微企业动态能力的作用机制。

第 8 章为小微企业已有扶持政策梳理与效果分析——以浙江省为例。通过梳理浙江省小微企业支持性政策,经文本分析和样本编码,明确各级政策主题导向,分析存在的问题,提出对策建议。

第 9 章为结论与展望。本部分是对本书主题研究的总结,主要阐述本书研究结论及现实管理启示,并对研究存在的局限和有待进一步深入探讨的方向进行了剖析,为小微企业竞争力的后续研究方向提出建议。

2.4 可能的创新点

面对复杂多变的竞争环境,小微企业如何获取竞争优势,培养自身的动态能力,是否需要从社会网络中获取知识,并对知识加以扩散和利用?动态能力究竟是专属大企业的华丽游戏,还是对小企业同样重要和适用?这对寿命很短的中国小微企业来说,是亟须回答的问题。然而,现有的理论并未对此进行充分而系统的研究,不能为小微企业发展提供具有指导意义的管理对策与建议。本书基于网络嵌入性的切入视角,探讨了小微企业在当前复杂的环境中,如何通过组织间学习来构建和培育自身动态能力。可能的创新点如下。

第一,结合小微企业实际状况,对小微企业动态能力的内涵和测量维度进行了有益的探讨，进一步证实了动态能力理论的可操作性。动态能力理论自提出之后就存在诸多争议，有人认为动态能力是一个华而不实的概念，甚至存在同义反复、循环论证、彻底矛盾的嫌疑（Arend，2009）。随着研究的深入，对动态能力的内涵和测量观点也不一而足，但其仍然是抽象的，关于如何测量动态能力，尚未形成一致意见。本书结合本土小微企业的实践，进一步探索动态能力的内涵，并进行测量和调研，有望推进动态能力构建的可操作性。

第二，将网络嵌入性理论和动态能力理论进行了融合，对进一步扩展动态能力研究视角进行了探索。已有的文献大多研究动态能力如何带来竞争力或者绩效提升，将动态能力作为自变量，很少将其作为因变量。本研究引入网络嵌入性理论，基于企业社会网络嵌入性这一背景，探索小微企业如何构建自身动态能力。

第三，以组织间学习为中介变量，探索在网络嵌入性条件下，组织间学习在动态能力构建中的中介作用。已有对组织学习的研究，重点往往放在组织内学习上，但在社会分工日益深化的当下，每个企业的知识价值只是网络上的某个节点，更多的是参与价值创造，而非独立完成价值创造，与其他企业之间的合作交流成为成功的必要因素之一，因此，通过组织间学习获取信息和知识成为有效的学习方式。本研究探索了组织间学习在网络嵌入性和动态能力之间的中介作用，亦是研究思路的一个新的探索。

第四，以环境包容性为调节变量，观察其在“网络嵌入性—动态能力”机制中的调节作用。环境包容性指的是在企业所处的环境中，企业所需资源的充裕程度，及该企业获取所需资源的难易程度。环境包容性越强，说明环境中资源越丰富，在这种情况下，网络嵌入性对小微企业动态能力和组织间学习的作用得到了强化还是弱化，还是一个值得探索的问题。可为地方政府在制定改进小微企业生存环境的政策时提供一定的借鉴和帮助。

3 文献综述

3.1 动态能力相关研究

3.1.1 动态能力的提出

对如何获取竞争优势的研究，始于 20 世纪中期 Bain 提出的“结构—行为—绩效的分析模型”(SCP 模型)，认为企业绩效依赖于企业行为，而企业行为又取决于市场结构。波特(Porter，1980)从产业结构五要素分析产业内的竞争状态，认为竞争状态直接决定企业的战略选择和经营行为，并最终决定企业的绩效。Rumelt(1991)发现产业内的利润差异甚至比产业间的差异还要大。于是，巴纳德(Barnard)的观点又被重新纳入思考：“企业组织生存和发展的必要条件取决于企业对外部各种机会的利用能力和企业自身调动职工积极性的能力两个方面。”沿着巴纳德的理论逻辑，形成了两大理论流派，即资源学派和能力学派。

Wernerfelt(1984)的《企业的资源基础论》的发表意味着资源基础论的诞生，将战略研究的关注点吸引到企业产品乃至资源上来。资源基础论的核心假设是企业内部异质性、不可转移的战略资源是企业可持续竞争优势的根本来源。潘罗斯(Penrose)在 1959 年出版的《企业增长理论》中指出，企业基本上可以看作生产性资源的集合，企业内部的资源是企业成长的动力。Barney(1991)在《企业资源与可持续竞争优势》中提出超常的租值在一定程度上可以通过 VRIN 资源来获得，即资源价值性(valuable)、稀缺性(rare)、不可模仿性(imitable)和不可替代性(non-substitutable)四个必要非充分条件。但是以上结论的假设前提是“企业可以看作是一个资源束，战略资源在企业之间分布不均匀，且这些差异在一段时间内保持稳定”(Mahoney et al.，

1992;Amit et al.,1993)。在此基础上,研究者们认为VRIN资源有助于企业实施不可复制的价值创造战略,从而获取可持续竞争力。当这些资源及其相关活动系统具有互补性,它们创造持续竞争优势的潜力会进一步加强(Collis et al.,1995,1998)。资源基础论重视企业内部条件对企业竞争力的影响,是对传统产业结构战略重点和战略定位的补充(Eisenhart et al.,2000)。然而,随着竞争环境的改变和研究的深入,资源基础论的有效性逐渐遭遇挑战(Priem et al.,2001)。

首先是关于资源基础论同义反复的问题。Priem等和Barney进行了一系列的辩论。Barney(1991)把资源定义为"使企业能够构思和实施提升企业效率和效果的战略的,企业控制的所有资产、能力、组织流程、企业属性、信息、知识等资源,包括实物资源、人力资源和组织资源"。Priem等(2001)认为该概念没有区分资源和能力,并用Popper的数学表达式对Barney的结论给予了同义反复测量,结果发现,"获得竞争优势的概率是资源价值和稀缺性共同作用产生的积极成效"。这一观点存在同义反复,因为竞争力和资源价值在资源基础论里,都是提高效率和效益的含义。

其次是资源基础论无法充分解释某些企业在不可预测的快速变化情况下如何以及为什么仍然可以保持竞争优势。随着人类知识更新周期的不断缩短,以及通信技术和互联网技术的飞跃发展,企业的资源优势可保持的时间越来越短,资源基础论无法很好地解释在这种复杂多变的环境中仍能保持竞争优势的现象。而且Barney对资源的界定,尤其是对不可模仿资源的划分比较模糊,因此被Williamson(1999)和Priem等(2001)批评为缺乏可行性和可操作性,在动态市场中保持不可模仿及持续竞争力是不可能的。

Prahalad等(1990)在《企业核心竞争力》中提出,公司短期竞争优势源于现有产品的性价比特征,但在全球竞争中,这种竞争优势已经消失。从长期来看,只有企业比对手提供更低成本和更快构建核心竞争力,方能催生出奇制胜的产品。只有把公司的技术和生产技能整合成核心竞争力,各项业务能迅速把握不断变化的机遇,才能形成真正的可持续竞争优势。王毅等(2000)把企业核心能力视作"一种企业以独特方式运用和配置资源的特殊资源",认为核心能力内涵有四:①核心能力是一个知识系统,由能力元和能力构架组成；②核心能力具有层次结构；③核心能力是持续竞争优势之源；④核心能力是动态发展变化的。核心能力理论的缺陷表现为应用性不强，对企业核心能力如何识别、评价、保持和更新等都缺乏有效的可操作的方法，研究多停留于核心能力的性质和特征界定方面，强调技术、资源、知识等客观显性因素的作用，对人力资源等隐性因素涉及较少，另外对企业在外部环境的适应性分析较为单薄。

然而，这是一个一日千里的时代，知识技术更迭速度不断加快，学科之间的界限不断被打破，全球商业环境瞬息万变，持续性竞争优势不只需要难以复制的资源，也需要独特的和难以复制的动态能力。企业不仅需要不断地获取、拓展、更新和再创造新资源，还需要对组织战略和组织结构等进行调整、变革和重新配置；整合企业内外资源，以满足不断出现的新的竞争需要；把旧知识和经验通过与新的知识结合，进行知识迁移，提高个体、团队和企业解决问题的能力，从而在竞争激烈的环境中生存下来并实现发展。

要想保持竞争优势的可持续，企业必须随环境变化而不断更新其内部资源基础。Teece 等(1997)基于资源基础论，对竞争力进行了动态研究，而这种动态研究要同时关注外部环境的动态研究和内部条件的动态研究。他们认为市场的竞争格局不断变化，企业应动态地整合、构建和重组组织内部和外部竞争力，以应对迅速变化的环境的能力，成为持续竞争优势的来源，其中对知识资源的操纵尤为关键。Eisenhardt 等(2000)在"Dynamic Capabilities: What are They?"一文中扩展了对动态能力的理解，并由此深化了资源基础论。可见动态能力的提出与资源基础论具有密不可分的关系，并且是对资源基础论的一种扩展(Ambrosini et al.，2010)。吴金南等(2011)经过文献整理提出在资源基础论的基础上，以持久竞争优势根源的逻辑关系为立足点，从提出时间和理论观点的角度，根据理论发展的内在关系，将资源基础论、企业能力理论、知识理论以及动态能力理论纳入同一个理论体系中，从而形成了资源基础论—知识基础理论/企业能力理论—动态能力的演变路径，如图 3-1 所示。

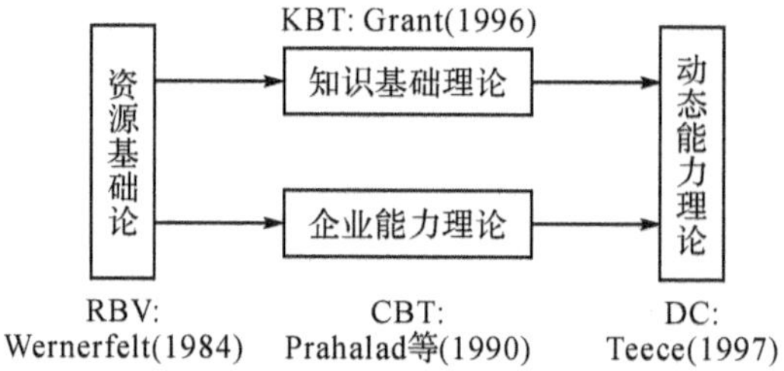

图 3-1 动态能力理论的提出路径

3.1.2 动态能力的内涵

Teece 等(1997)认为动态能力是“企业构建、调整、整合、重构内外部资源与竞争力的能力”。之后,众多学者从不同角度对企业动态能力进行了剖析和探索,并给出各自的定义。在有关动态能力的文献中,多采用二分的方法把动态能力分为外部、内部两个导向。例如,利用现有惯例探索变化环境中潜在机会的能力;对应的内在的如资源分配惯例,配置和部署在公司内部的资源来捕捉新的机会(Eisenhardt et al.,2000)。鄢德春(2007)在分析动态能力的价值时,把文献中对动态能力的定义分为“华美的理解”和“朴素的理解”两类。冯军政等(2011)经过对国外动态能力文献的综述,把动态能力的定义归为两类:完成抽象的组织和管理过程的能力、完成具体的战略和组织过程的能力。本研究借鉴这一分类视角,把国内外文献结合在一起进行文献梳理,结果见表 3-1。

表 3-1 动态能力概念界定

概念类型	主要文献	对动态能力的定义
完成抽象的组织和管理过程的能力	Teece 等(1994),Teece 等(1997)	企业构建、调整、重构内外部资源与能力的能力
	Teece(2000),Teece(2007),O'Reill 等(2008),Liao 等(2009)	对机会和威胁的感知与识别能力
	Eisenhardt 等(2000)	企业动用资源,尤其是整合、重构、获取和释放资源以适应或者创造市场变革的过程。因而动态能力是企业随着市场出现、冲突、裂变、演化和衰亡实现新的资源组合的组织和战略惯例

续表

概念类型	主要文献	对动态能力的定义
完成抽象的组织和管理过程的能力	Wang 等(2007)	企业不断地整合、重构、更新和再造其资源和能力的行为取向,最重要的是,在不断变化的环境中,为了实现和保持竞争优势,对其核心能力进行升级和重建
	Winter(2003),鄢德春(2007),付丙海等(2016)	扩展、修改或创造普通能力的能力,可以反复执行的惯例
	Zollo 等(2002)	通过学习获得能力的稳定的集体活动模式
	陈震红等(2004)	知识被改变重组的过程
	古利平等(2005)	通过新旧知识整合,改进组织常规能力的能力
	李大元(2009)	企业有目的地创造或改变自身资源、惯例与过程,以适应甚至创造环境变化的模式化能力
	董保宝等(2011)	企业不断地对企业的资源以及能力进行整合、配置,并根据外部环境的变化对它们进行重组的能力
完成具体的战略和组织过程的能力	Helfat(1997)	创造新的产品和流程的能力
	Esenhardt 等(2000)	产品开发、市场拓展、收购整合、策略性联盟、业务部门的剥离和战略决策制定过程
	Danneels(2002),Danneels(2008)	探索新市场的能力和探索新技术的能力
	Branzei 等(2006)	对产品创新而言,动态能力包括企业获取和吸收外部知识并将其转化为新的、独特的知识和创意,并通过率先开发和有效的产业化,推出新型或改进型产品的能力
	贺小刚等(2006)	企业面对市场变化做出迅速、有效反应的能力
	McKelvie 等(2009)	创新、破坏市场,开发新产品和新流程的能力
	Drnevich 等(2011)	开发新产品或服务、实施新的业务流程、创建新的顾客关系、改变经商方式的能力
	Helfat 等(2007)	企业有目的地创造、扩张或调整其资源基础的潜能
	薛捷(2006)	战略联盟和新产品开发能力

从梳理的结果来看，不同研究者从不同视角、不同侧重点对企业动态能力进行了研究，虽然能找到一些共同之处，但是，尚未形成被普遍认可和广泛适用的概念。如果简单地把动态能力定义为“资源、流程和能力”，那么对动态能力的解释将会产生混乱，无法界定其外延（Thomas et al.，1999）。因此，笔者认为对动态能力内涵的认识，既要继承传统抽象的企业组织和管理过程视角，确保不同企业动态能力的共性，又要注意其可操作性。Collis（1994）提出了能力阶层观点，把组织能力从低到高分为三个层次：企业开展职能活动的能力、动态提升业务活动的能力以及企业认知和开发自我潜能的能力。其中，第一种能力包含企业生产计划、营销能力等。第二种能力是指企业动态提升完成职能活动的能力，如创新能力、组织柔性能力、市场趋势相应能力等。第三种能力则是指战略洞察能力，包括促进企业先于竞争对手制定并实施新战略的能力，以及资源配置能力和开发新资源能力。

Winter（2003）在能力阶层观点的基础上，提出了动态能力阶层模型。把公司短期内得以“谋生”的能力称为零阶能力（zero-level capabilities），把动态能力定义为扩展、改变或者创造常规能力的高阶能力。Wang 等（2007）把资源看作企业的零阶能力；配置资源能力属于一阶能力；二阶能力则是指企业构建竞争优势有战略作用的核心能力；而企业为适应环境变化不断对核心能力进行更新、重构的能力为三阶能力，即动态能力。

用能力去定义能力，难免产生无限回归，故而动态能力一直被质疑。Winter（2003）对此表示：“不依赖于动态能力的临时问题解决不是常规的，特别是，不是高度模式化的，亦不是可重复的，它只是对来自环境或其他相对不可预知事件的新挑战的响应。对一系列紧急事件的仔细研究可能会揭示，即使在‘救火式行动’中也存在着模式，一些模式可以被学习并对提高动作效率有积极的贡献，这种模式可称为一种技能或惯例。”Winter 用组织惯例特征来刻画动态能力，即具有高度程式化（highly patterned）、可重复性（quasi-repetitious）的特征，并且改变的背后是隐性知识。使之与“直觉”“特别问题解决方案”明确区分开来。

根据以上梳理和分析，对于动态能力的内涵，笔者总结如下：①动态能力不是运营能力、生产能力等常规能力，而是“改变常规能力的能力”；②动态能力具有组织惯例和组织能力的基本特征，具有高度程式化和可重复性的特点。

3.1.3 动态能力形成机制

目前众多学者研究动态能力的视角有所不同，对其内涵的认定也会产生差异，所认为的动态能力形成机制也有所不同。经过文献整理，笔者发现当前动态能力相关研究的视角主要有战略管理视角、演化经济学视角、技术创新视角、组织学习视角和网络视角(见表 3-2)。

表 3-2 基于不同研究视角的动态能力研究

动态能力	战略管理视角	演化经济学视角	技术创新视角	组织学习视角	网络视角
定义	企业对资源以及能力进行整合、配置，并根据外部环境的变化对它们进行重组的能力	学习性的集体活动	技术能力	创造组织知识的能力	在组织间知识交换和转化过程中，对内外部的资源和能力的整合与重构机制
分析单元	竞争力、资源	运作惯例	技术(如：技术知识、技能)	组织知识	知识
企业定义	资源和能力集合体	惯例集合体	技术—经济系统中的核心子系统	创造、存储、配置和利用知识的实体	价值网络节点
核心要素	资源整合	演化观认知学习	技术创新中组织学习，改变惯例	组织理论观组织学习	知识交流
作用模式	整合、重组资源和流程，适应性调整	惯例和能力相互作用—变异—选择—保留	技术整合力与顾客整合力，技术整合主导	生成变异知识、内部选择、知识复制、知识保留	跨组织学习能力机制、组织网络能力机制

资料来源：笔者根据有关文献(于淼，2014；杜小民，2015；辛蔚等，2018)整理得到。

基于战略管理视角的动态能力研究主要以 Teece 等(1997)提出的动态能力概念为基础。该视角将企业视为资源和能力的集合，将动态能力定义为企业对资源以及能力进行整合、配置，并根据外部环境的变化对它们进行重组的能力。认为资源带来竞争力，但是由资源带来的竞争优势越来越容易消失。而组织内由技巧与知识、技术系统、管理系统、价值观系统构成的核心能力如果无法持续得到更新，则可能逐渐形成“核心刚性”。因此，基于战略管理的动态能力观将动态能力视为资源基础理论的延伸，强调企业应该对其拥有的资源和能力进行整合、配置和重组，以此获得企业竞争力。甚至认为动态能力本身并不是持久竞争优势的来源，由动态能力所配置和调整的资源结构才是竞争优势的来源(Eisenhardt et al.,2000)。

演化经济学作为动态能力理论的基础理论之一，亦以知识为基础，以适应行为(包括惯例和创新行为)代替理性行为，以有序结构代替均衡结构，以渐变和突变代替静态不变，强调组织与环境的协同互动和共同演化(宋胜洲,2007)。而动态能力的建立则是组织为适应环境的变化而做出的适应性变化，因此在演化经济学看来，组织动态能力的变化有一定的自组织性质，管理者的作用并不是很大。这种观点与战略管理视角的“规划性”以及组织学习视角的“知识管理提升企业能力”的观点产生了一定矛盾。杜小民(2015)从知识自组织演化的视角构建了“知识自组织演化—实质性能力—动态能力”的动态能力衍生路径模型，明确了动态能力是由其他低阶能力进化而来的，将知识观和演化理论进行了融合尝试。

技术创新视角将企业视为一个技术系统，包括从事技术工作的个体人员和战略制定者，重点关注技术创新对企业的影响。在高技术企业中，无时无刻不在发生着技术的变化，有的变化将对企业发展产生重大影响。企业必须善于从一系列变化的技术“噪声”中，分拣出能够对企业的战略转型产生重大影响的十倍速因素(格鲁夫,1994)。企业在进行技术变异的搜寻、辨识、评估之后，确定新技术市场机会，为抓住机会，企业必须对能力进行重构。尹丽萍(2009)把企业的能力重构机制分为三类：能力重构的演进机制、能力重构的替代机制、能力重构的转变机制。能力重构的演进机制是指在输入因素的刺激下，企业开始修改惯例，新的知觉、知识要经过变异—保留—复制—选择的循环过程，实现对能力的修改和调整。这种修改产生的非积极的能力结构将会在下一轮的修改和调整中得到修改，直到产生满意的结果为止。能力重构的替代机制则为面临技术变化的管理者进行能力修改提供了三种选择：保留现有能力、舍弃现有能力和获得新的能力。如果管理者不能克服核心能力刚性并获得新的能力，企业就会在技术变化的浪潮中失去竞争优势。能力重构的转变机制是对快速的技术变化做出反应的机制，属于目标导向的能力转变。转变过程中惯例或被修改，或被抛弃，通过内外资源的结合，吸收新的技术之后，获得新的惯例。在技术能力视角中，组织学习对动态能力构建的作用仍然得到高度认可。

组织学习视角认为知识形成的动态过程也是动态能力的演变过程。Zollo 等(2002)把动态能力定义为“一个学习和集体活动的稳定模式，通过这一模式，组织系统产生修改其操作程序有效性的追求”。“学习和稳定模式”与“系统”概括了动态能力的结构化和持续性特征：一个以创造性但不连贯的方式适应一连串危机的组织，并不是在发挥其动态能力。动态能力是一个组织通过一个相对稳定的活动致力于过程改进，以适应其运作过程。从组织学习的视角界定动态能力可以防止片面地把动态能力理解为个体能力的倾向，又能凸显动态能力的形成过程，对于避免动态能力概念抽象化也有一定的帮助。

从知识观看动态能力，企业改变能力的过程就是企业追寻和利用新知识的过程。动态能力阶层分类模型构建者 Collis(1994)及其支持者 Winter(2003)都认为，组织学习构成了企业调整旧规则的方法体系，因此动态能力可以被视为“扩展、改变或创造常规能力的高阶能力”。企业动态能力的形成要求组织成员先达成共识，而这往往必须通过集体学习才能得以实现。因此，从某种意义上讲，动态能力就来源于组织学习。Wang 等(2007)也持类似的观点。Argyris(1976)认为组织学习是所有类型的组织都应该具备的一种能力，特别是在知识经济时代和不断变化的大环境中。Argyris 提出的组织学习理论包括组织习惯性防卫、名义理论、应用理论、单环学习和双环学习。其中双环学习不仅仅是对影响绩效的策略和行为进行修正，而且要首先检查和修改控制变量的错误，这就对组织的目标和价值观等提出了挑战，会导致组织重大变革。在完全竞争市场中，竞争环境变化多端难以预测，组织适应过程的核心问题就是在开发既有的稳定性和探索未来的可能性之间寻求平衡。March(1991)认为追求双元学习平衡的组织，在组织学习和产品创新方面更容易取得成功，组织也会具有更强的适应能力和生存能力。Eisenhardt 等(2000)认为一个组织需要同时采取开发和探索策略才能获得动态能力。Katila 等(2002)认为对现有能力的开发通常伴随着对新生能力的探索，而对新生能力的探索也会提高组织现有知识基础，开发性学习和探索性学习具有显著的正向交互作用。国内学者董俊武等(2004)从不同角度分析了能力的知识构成，吸取了 Nielsen(1997)的观点，按知识在企业能力中的作用，将其分为特殊性知识(specific knowledge)、整合性知识(integrative knowledge)以及配置性知识(deployment knowledge)。构建了组织知识与动态能力的演变模型，即产生变异—内部选择—传播—保持四阶段循环演进。

动态能力的网络视角是随着网络嵌入性理论的发展而逐步引起重视的。从动态能力最初的概念看，Teece 等(1997)把动态能力定义为"整合、建立、重构企业内外资源、能力以适应快速变化环境的能力"。显然 Teece 关注到了来自企业外部的资源和能力在企业动态能力构建方面的作用。Eisenhardt 等(2000)，Zollo 等(2002)都认为，动态能力的影响因素可以存在于企业层面，也可以存在于个人和网络层面。显然，网络嵌入性有助于企业进行新知识获取和整合，有利于企业降低交易成本，从而提高绩效(Granovetter，1985；Uzzi，1997；章威，2009)。也有一些学者进行了网络嵌入性和动态能力之间关系的实证研究。杜健等(2011)在文献综述基础上，构建了"网络嵌入性—基于知识的动态能力—创新绩效"理论模型，采用多案例研究方法，案例数据编码结果表明结构嵌入性和关系嵌入性对动态能力具有直接影响。张秀娥等(2012)以我国东北三省中小企业为研究对象，构建了"网络嵌入性—动态能力—企业成长"理论模型，实证研究表明企业能够通过强化网络嵌入性，提升其动态能力，从而在动态复杂的环境中实现成长。

3.1.4 动态能力的维度

自 Teece 等(1997)提出动态能力概念之后，学界对动态能力进行研究和采用动态能力视角研究其他问题的研究成果可谓不少(Zollo et al.，2002；Zahra et al.，2006； Teece，2007； Narayanan et al.，2009； Newey et al.，2009； McKelvie et al.，2009；Zhou et al.，2010)。

Teece 等在《企业的动态能力：导言》(Teece et al.，1994)和《动态能力与战略管理》(Teece et al.，1997)两篇文章中分别将动态能力划分为适应能力、整合能力和重构能力，以及整合能力、构建能力和重构能力。Zhou

等(2010)也肯定了适应能力是动态能力的一个关键要素,认为适应能力是根据环境变化,快速重新配置和协调资源的能力。Wang 等(2007)基于对多年研究文献的回顾和综述,认为吸收能力、适应能力和创新能力是动态能力的核心组成部分。Parida(2008)则认为网络能力应该是动态能力的重要组成部分。感知能力和整合能力亦在大量文献中得到关注和肯定。Adeniran 等(2012)对动态能力六个维度的内涵和作用进行了详细解释,包括感知能力、吸收能力、适应能力、创新能力、网络能力、整合能力。亦有研究者充分重视管理者能力在组织动态能力培养中的作用。Rindova 等(2001)以雅虎为案例,研究发现高管团队信念在开发动态能力过程中发挥了重要作用。Adner 等(2003)提出动态管理能力的概念,认为其是管理者建立、整合及重组组织资源及竞争力的能力,而组织的建构、整合与重组都是高层主管决策的结果。Zahra 等(2006)还将管理者置于中心地位,认为组织的动态能力与管理者的决策方式、决策选择有直接关系,管理者的搜寻、行动、学习等行为是组织动态能力异质性的重要来源。国内学者贺小刚等(2006)经过实证提出市场潜力、组织柔性、战略隔绝、组织学习、组织变革五个研究组织动态能力的维度。曹红军等(2011)以资源基础论为理论基础,从三个维度对动态能力进行了度量,分别是企业资源的获取、整合与释放。肖洪钧等(2012)从理论综述出发将动态能力划分为机会与威胁的感知能力、资源的整合能力、资源的重构能力以及创新能力四个维度,然后又以海尔为案例,对这一框架进行了探讨。从已有的研究成果看,国外和本土研究成果存在一定差异,部分成果虽然有实证过程,但是和 Teece 等(1997),Eisenhardt 等(2000),Zollo 等(2002)等经典定义差距过大而尚需商榷。

3.2　网络嵌入性相关研究

3.2.1　网络嵌入性内涵

匈牙利经济史学家 Polanyi(1944)在 *The Great Transformation* 一书中首次提出"嵌入性(network embeddedness)"概念,并将这一概念引入经

济理论范畴。Polanyi 认为经济的实质就是人与其所处环境相互作用的制度化的过程，试图借助社会学的解释框架与理论来替代和超越经济学对市场与社会关系的阐释。经济的本质是其牢固地附属于整体社会，市场完全不可能脱离且嵌入于社会，其研究属于较为宏观的研究层面。Granovetter（1985）在其《经济行为与社会结构：嵌入性问题》中对经济学的"社会化不足"和社会学的"过度社会化"进行了批判，认为现实中行为主体实际上都嵌入在真实的、运作中的社会关系里。因此，网络嵌入性描述的是企业与其外部社会网络的关系及对网络的依赖性，认为这一社会过程主要是人际互动，并强调人际互动过程中所产生的信任，是组织交易活动的基础，同时也是影响交易成本的重要因素。Granovetter（1992）在另外一篇重要论文"Economic Institutions as Social Constructions：a Framework for Analysis"中提出了三个基于"嵌入性"的经济社会学新命题：第一，经济目标的追逐通常伴随着一些非经济目标的实现，例如社交、赞美、社会地位和权力；第二，社会中的经济行为，不能被独立的单个主体所解释，它被嵌入私人关系连续的网络之中，而不是被支离的行动者所实行；第三，经济制度"被社会地构成"，而不会以某种必然发生的形式从外部环境中自动生成。他从"目标—行为—经济制度"三个层面建立了完整的"嵌入性"理论，贯穿这一理论的主旨思想就是"经济行为以社会关系网络为条件"。Polanyi 和 Granovetter 都指出了新古典经济学对市场的理解只是抓住了价格机制或者交换理论，却忽视甚至抹杀了市场嵌入社会的真相。嵌入性成为研究企业网络的重要视角和工具（Uzzi，1997），也被认为是企业的一种战略性资源。

Veronique（2003）把企业网络定义成企业与其供应商、中间商、承包商、顾客及其他合作者之间的商业关系的集合。林南（2003）在研究社会网络和地位获取关系时，把资源按照取向分为两类：一类是个人实际拥有的资源；另一类是嵌入于社会网络中的资源，可以从他人那里获取。社会网络资源可以影响工具性行动（如获得地位）的结果。

Andersson 等（2002）认为网络嵌入性是复杂持续的社会关系在经济活动中的情景体现，表示企业在网络中所处的位置及其与网络中其他企业的相互关系。嵌入性决定该企业能从外部获取的资源数量，也因此影响了企业的经济行为和绩效。

从文献梳理结果来看，后续研究者们大多继承了 Granovetter 的经典定义，不过，国内学者对网络嵌入性的定义和内涵解释比较谨慎，缺少本土化定义。

3.2.2 对网络嵌入性研究的关注点

网络嵌入性理论提出之后，网络嵌入性已经成为研究企业网络的重要视角和工具（Uzzi，1997），也因网络所固有的特性被认为是企业的一种战略性资源。目前许多学者开始研究网络嵌入性与知识管理、组织创新绩效、企业成长之间的关系，亦关注企业网络演变及影响因素。国内学者将网络理论用于本土企业如代工企业、新创小微企业、科技型企业等的具体问题的分析，取得了一定的研究成果。对于构建有效的社会网络对促进组织成功的重要作用，学界已经基本形成共识（Wilson et al.，2004；Hanna et al.，2008）。例如 Dyer 等（2000），Dyer（2015）证明了在汽车工业中，具有高度相似性、协同性、专业化特征的紧密型生产网络比松散型生产网络更具绩效优势。

网络联系强度与创新绩效的关系一直存在两种结论：以 Uzzi（1997）为代表的观点认为强关系更利于企业资源的获取；以 Granovetter（1983）为代表的观点则认为弱关系扮演着更重要的角色。Nilantha 等（2015）以斯里兰卡的小企业为研究对象，采用多案例研究方法，发现创业网络对小企业的成功有非常明显的影响，并认为网络规模、网络信任度、网络支持度和网络多样性都会不同程度地影响小型企业的资源获取结果。Gebreeyesus（2013）研究了埃塞俄比亚鞋业集群中的一家制鞋公司的创新绩效，发现网络地位和吸收能力对创新有着积极和显著的影响。国内研究者张悦等（2016）通过 Meta 分析方法，对 68 篇独立样本实证研究进行了再统计分析，结果表明，网络关系嵌入性和网络结构嵌入性对创新绩效存在显著的正向影响。吴松强等（2017）以中国软件谷及创业孵化园中的小微企业为研究对象，实证发现科技型小微企业网络能力与创新绩效呈显著正向关系。而吴晓波（2007），刘雪锋等（2015）都通过实证支持了网络嵌入性对创新能力的正向作用。不同研究表明，企业间的弱关系有助于降低创业网络的构建成本，并有助于企业保持异质性新知识。而强关系可以提高创业网络合作伙伴间的信任程度，从而更容易获取知识资源。但是在对知识获取的中介作用上却各执一词，刘雪锋等(2015)认为知识获取的中介效应并不显著，可能的解释是结构嵌入性和关系嵌入性都直接作用于创新能力的提升，或者知识获取与创新能力提升在同一过程中得到实现。

社会网络已经被认为是企业的一种资源，那么社会网络与资源获取关系也是研究关注的重点之一。Walter 等(2006)把网络能力定义为企业开发和利用组织之间关系以获取不同资源的能力。石秀印(1998)很早就意识到企业是一个社会系统，必须与社会环境进行资源交换。企业可以从社会环境中获取的资源主要包括四种：政府行政与法律资源、生产与经营资源、管理与经营资源、精神与文化资源。这些资源分布于各类社会组织和社会成员之中，可以通过政府提供、市场交换与社会服务等渠道获取。王庆喜等(2007)将小企业主通过个人社会关系网络所能获取的资源分为三种：物质资源、业务资源和行政资源。其中物质资源主要来自亲朋好友，主要包括资金、经营场所、生产设施、原材料以及人力资源等；业务资源主要来自行业内关系，主要包括进货和销售渠道、经营信息、技术诀窍等；行政资源指的是企业建立起来的与政府职能部门如工商、财政、国土等机构的关系资源，蓝图市场调查有限公司的调查结果表明，私企老板的行政资源型朋友中，来自机关、事业单位的位居第一(17.1%)，国有企业居第二(14.8%)，随后是党政机关(14.5%)(王庆喜等，2007)。

当前很多研究者意识到了新创小微企业社会网络资源获取对企业成长的作用(张君立等，2008；庄晋财等，2012；柯希正，2013；张秀娥，2014)。随着新企业的成长，其商业模式、市场范围、技术要求不断发生改变，企业家个人关系网络已经不足以满足企业需求。对关系网络的经营须上升到企业层面，嵌入产业层面的网络当中，以求得技术、知识、产品的合作与支持。产业网络从以下四个方面影响企业成长：①企业获取边界之外的资源，激活企业内部冗余资源；②开展项目合作，协同创新，扩大成长空间；③通过与产业网络成员交流，获取技术诀窍、生产技能、发展趋势以及管理能力，促进组织内知识积累和更新；④与产业网络成员横向比较，寻找差距和发展机会，强化成长的动力(邬爱其，2005；庄晋财等，2012)。

3.2.3 小微企业网络嵌入性研究

2015 年中央经济工作会议明确提出,要推进大众创业、万众创新,依靠改革创新加快新动能成长和传统动能改造提升。把推进"大众创业、万众创新"作为发展的动力之源和富民之道、强国之策。特别是在民营经济活跃的长三角、珠三角地区,小微企业自然成为国民经济和社会发展的重要基础。Pfeffer 等(2003)认为任何组织的生存都依赖于其获得和保持良好的关系和资源的能力。小微企业在自身资源匮乏的条件下,从外界获取资源就显得尤为重要。嵌入产业网络、社会网络,从网络中获取资源成为必然选择,因此小微企业的网络嵌入行为引起了学者们的关注(Mackinnon et al.,2004; Navickas et al.,2009;Bhattacharyya,2015;吴松强等,2017;刘钒等,2017)。

对小微企业网络嵌入性的研究,除了研究网络嵌入性与绩效之间的关系,还有一些视角值得我们关注。张秀娥(2012)以东北三省的中小企业为样本,实证表明结构嵌入性对企业成长的影响作用显著,而关系嵌入性与对企业成长之间存在正向关系的假设没有得到支持,可能的解释是小企业的资源有限,交流范围不够,因此无法获取成长所需的多样性资源。但是结构嵌入性和关系嵌入性对动态能力存在正向作用的假设得到了支持,说明网络嵌入性为企业获取外界知识并对其进行有效利用,推动了网络内组织间的知识流动,保证企业从观念和能力上保持新鲜状态,从而具有适应环境的能力;同时,通过企业之间的合作关系不断深入,要与合作伙伴保持同步,组织内就必须进行知识共享,实现集体学习,推动企业不断发展和完善自己的能力,从而更好地应对环境的变化。田红云等(2016)构建了中小企业网络嵌入性和知识吸收能力之间的理论关系模型,从网络嵌入性方面找到提升中小企业知识吸收能力的途径。从企业网络规模、网络中心性、网络关系强度、网络关系质量四个维度来检验网络嵌入性对吸收能力的影响,结果表明网络嵌入性各维度对吸收能力的影响程度不同,各指标对知识吸收能力的影响均达到了显著性水平。卫武等(2016)在肯定小微企业可以通过网络嵌入来获取资源、降低交易成本和适应环境变化的基础上,认为网络嵌入性可以帮助小微企业实现外部学习、知识共享和知识转移,及时获取市场信息,掌握客户需求和行业动态，进而适时地调整、整合自身的资源与能力，获取竞争优势。朱福林等(2014)通过对北京市科技型中小企业的调研，发现社会网络通过“资源获取”和“交易润滑”两大社会机制对中小企业的成长具有一定的促进作用，但还有很大挖掘空间。陶秋燕等(2017)通过理论综述构建了“网络嵌入性—技术—企业成长”理论模型，证明了网络嵌入性的网络中心度维度与中小企业成长呈显著的正相关关系。

3.3 组织间学习理论相关研究

3.3.1 组织学习理论

组织学习理论的研究源于管理学，其发展过程中借鉴了系统动力学理论、复杂性理论、开放系统理论、组织控制理论、软系统方法理论以及批判性系统思考理论的思想精髓和研究方法。自20世纪70年代Argyris等(1978)提出“组织学习(organizational learning)”的概念以来，组织学习的思想很快在全球得以推广，许多学者从不同的研究视角做出了贡献(Senge,1990;Argyris,1991;Cohen et al.,1996)，也存在某些概念并非原创的现象，他们对于组织学习的实质的解释仍未达成一致。Argyris等(1978)给组织学习的定义是“诊断和改正组织错误”。Fiol等(1985)则对“学习”做了更为精准的定义:“通过汲取更好的知识，并加深理解，从而提高行动的过程。”Huber(1991)认为如果信息交换时组织的潜在行为范围发生了变化，那么学习活动在这一变化过程中就已经产生了，显然认为学习是一个潜移默化的过程。Dodgson(1993)从组织学习的目标、组织学习的过程、促进组织学习的方法三个方面对组织学习进行了较为全面的诠释，认为组织学习是企业围绕自己的日常活动和企业文化，构建知识体系、补充知识技能以及组织例行公事的一种方式，即组织学习是组织通过广泛运用员工所掌握的各项技能，从而发展组织效能的一种方式。

戴万稳(2006)把组织学习理论的研究视角进行了梳理总结，把已有的研究成果分为个人学习成果的简单整合、系统的学习过程、组织文化氛围、知识管理、持续创新等五个视角。不同的研究视角对组织学习的认知不同，对组织构建学习战略实践的指导作用也存在明显差异(见表 3-3)。

表 3-3 不同研究视角下的组织学习理论

研究视角	组织学习定义	主要观点	战略实践
个人学习成果的简单整合	组织中个人层次学习成果的整合	组织学习是通过组织中个人之间的互动学习来实现的，具有学习能力的员工是组织获得可持续竞争优势的源泉	人力资源培训和发展
系统的学习过程	组织理解和应用其经验的过程	将组织视为实施知识获得、解释、发布和存储信息的处理系统，认为组织学习是组织获得、理解、传播、拓展和运用其经验的过程	增强组织中的信息传递能力
组织文化氛围	通过员工有意识的绩效改善来提升组织和团队绩效的一种文化氛围	学习型组织本身就应该是一种文化，组织文化是进行组织设计时所必须考虑的一个独立的内在变量	创造和保持学习的文化氛围、促进团队合作
知识管理	知识交换的过程	个人、团队和组织、外界之间存在多次知识转移，在组织内部营造学习氛围，加强不同层次之间的知识互动，是组织管理者的主要任务	对知识的互动和强化进行激励
持续创新	个人学习成果在整个组织内传播的结果	致力于通过有效的学习来实现持续不断的创新，实现组织高效、可持续的发展	采用全面质量管理措施

国内外学者对组织学习的模式也进行了很多探索。Argyris 的组织学习理论包括组织防卫性习惯理论、名义理论和应用理论、Ⅰ型应用理论和Ⅱ型应用理论、单环学习理论和双环学习理论。其中对后续研究影响最为深远的是单环学习理论和双环学习理论。单环学习理论将组织绩效与组织的策略和行为进行比对，并不断修正策略和行为，以使组织绩效保持在组织目标范围内，而组织规范与目标保持不变。与众不同的是，双环学习的本质目标和核心在于不仅要发现策略和行动的错误，而且要发现引起这些错误的规范的错误，这可能会导致组织战略的重大变革，决定着组织的长期绩效和组织的最终命运。Senge(1990)建立了学习型组织的五项修炼，包括自我超越、改变心智模式、建立共同愿景、开展团队学习和进行系统思考。March(1991)将组织学习分为探索式学习和开发性学习，都被广泛引用。

Slater 等(1995)把组织学习分为自适应学习和生产学习，与单环学习和双环学习的分类有异曲同工之妙。陈国权(2017)把组织置于一个时间和空间两个维度的变化的背景下，构建了组织的时空发展模型，根据组织要面临未来环境的可变化程度，把环境变化分为很少的变化、可预测的变化、复杂的变化、不可预测的变化四类。对应于后三种环境变化的学习模式是“传承式学习”“传创式学习”“创造性学习”。

对组织学习的理解虽然视角不同，但也存在以下共性：第一，学习是一种系统地解决问题、试误，向组织内外学习并促进组织内的知识扩散的活动；第二，组织学习发生在一个由组织制度所造就的社会关系中，是关于有效地获取、解释、扩散和应用各种信息，将之融入生产和服务能力之中，进而改进组织惯例的过程；第三，组织学习是伴随着组织各个方面全面变革的系统工程；第四，组织学习是组织通过不断学习而具备适应内外部环境变化的能力，可以推动无形资产的创造，形成持续竞争力。

3.3.2 组织间学习内涵

从 20 世纪 90 年代以来，我们进入前所未有的知识经济时代。研究者开始大量关注到知识成为组织内一项关键资源，因此知识管理的重要性日渐凸显。Valkokari 等(2007)甚至认为基于资源的竞争优势的实现，取决于人力资本的知识的差异性。知识及知识的开发已经成为组织卓越性的一个变量(Murwatiningsih et al.，2015)。随着技术更迭速度的加快，仅依赖企业内部知识开发已经无法满足组织创新需要，企业对知识的获取不再局限于内部开发，研究者意识到组织可通过获取外部知识提高其创新能力和持续竞争力(Fabrizio，2009)，尤其是通过与其他合作伙伴合作取得或共同开发新知识。组织间学习已经成为企业构建持续竞争优势必不可少的途径，这种趋势对于企业而言，明确的意义在于企业如何与外部组织进行适当的互动，通过有效的学习，取得本组织所需知识(Steensma，1996)。

相对于组织学习，跨组织学习的研究并不是很多(刘兰剑，2009)，但是二者研究的基本要素都是“知识”，研究的行为都是“学习”，因此在内涵上，二者具有很多共性，都是在个人、团队学习的基础上，通过互动改变组织知识结构和知识存量的过程，这些知识嵌入到组织的日常事务之中，推进组织惯例革新，同时也存储在组织记忆之中(Das 等，2007)。但组织内学习和组织间学习是不同层面的学习，二者又有所区别。组织内学习对组织内知识拥有充分所有权，学习障碍相对要小，由于组织内环境相对简单，组织内员工与团队间的知识背景差异较小，学习过程易于管理，学习方法易于操作，学习效果也可以通过内部考核而得到控制。而组织间学习因需要跨组织边界进行，涉及与其他组织的沟通与交流，学习条件和环境更加复杂，加之对组织间的传递知识不完全拥有，不同组织之间组织文化和知识背景差异较大，又担心自身的核心能力被伙伴企业“窃取”，因此学习障碍明显加大。组织间的互动行为在法律上只能依赖契约来相互制约，而学习往往以彼此互相信任为基础，因此学习过程和效果难以预测和控制。

Sinkula(1994)从知识学习的过程这一视角把组织学习定义为一个三阶段的过程，包括知识获取、知识传播和知识共享。其中知识获取被解释为信息可以从直接经验、他人经验或组织记忆中获得，因此该定义涵盖了组织间学习的内涵。Levitt 等(1996)认为组织间学习是建立在组织层面上的，指的是从组织外部获取知识的过程。杨阳(2011)在研究战略联盟中的组织间学习时借用了这一阐述。孟炎等(2014)认为组织间学习也可称为网络学习。Dyer(1996)将网络学习定义为“在特定网络环境中的知识发展和获取”或者“通过网络层次上的知识存储机制来发现、编纂网络中的知识”。也有研究者从更为微观和具体的视角来定义组织间学习，认为是企业通过与顾客、供应商、竞争者及各种形式的合作者进行知识收集、转移、应用和再创造等的一系列活动(李垣等，2008；张琰，2013)。张毅等(2005)则基于企业网络的视角，把组织间学习称为组织外部学习或者网络学习，是指通过向其他的组织学习来获得组织发展所需要的知识和技能，并且在将外部知识进行内部化的过程中产生一定的新知识。吴白云等(2014)在研究公司创业、组织间学习和产业集群升级的关系时，认为产业集群内会有知识以片段形式溢出和扩散，但是知识对情景具有黏滞性，在知识扩散过程中会产生负向影响，而组织间的深层次交流则可以克服这种负向影响。从这一意义上来说，组织间学习可以理解为跨组织边界的深层次交流。邵安(2016)在借鉴组织学习的概念基础上，结合自己的研究情景，将组织间学习定义为“组织与其他组织之间一系列知识获取、知识共享、知识应用等活动”。

总之,组织间学习的内涵是以组织学习理论为基础的发展,在组织之间为了实现优势互补、知识传递而进行的深层次的交流。

3.3.3 组织间学习过程

不同的企业在不同的知识领域中具有不同的资源和能力,这也正是组织间学习行为产生的原因之一。企业在组织间学习需要的驱使下,主动或被动地与其他企业结成联盟,或者通过嵌入产业集群、价值创造网络、价值链等方式,加强组织间交流。这种企业之间的网络为其成员提供了一种“共同身份”,成为彼此信任的基础,这也成为网络成员企业的一种社会资本。企业之间建立了促进缄默知识转移的组织“编码”(张毅等,2005),而这种缄默知识正是企业竞争优势的重要来源。组织间学习的障碍比组织内学习多,但是随着社会分工的深化和竞争程度的加剧,组织间学习的重要性日益凸显。但是对组织间学习的相关研究成果仍显不足。就组织间学习过程而言,从不同视角,可以有以下分类结果。

根据组织学习深度的不同可将其分为单环学习、双环学习和三环学习。最初 Argyris 等(1978)提出单环学习和双环学习概念,Bateson 在此基础上,指出组织应该学习如何学习,并将之命名为再学习或次级学习。陈国权等(2012)将之称为三环学习,这是最深层的学习。

从学习的阶段划分视角来研究学习过程的相关文献较多。Sinkula(1994)将组织学习过程分为三个阶段:知识获取、信息传播和知识共享。日本学者野中郁次郎(Ikujiro Nonaka)和竹内弘高(Hirotaka Takeuchi)于 1995 年提出了 SECI 模型,该理论认为知识的创新,都是处在社交的群体与情境中得以实现的。任何思想的创新都不可能脱离社会这个大群体。他们首先将知识分为隐性知识和显性知识两种,经过“社会化、外在化、组合化、内隐化”过程,实现知识共享和知识创新。该理论准确地揭示了知识生产的起点是高度个人化的隐性知识,并辨识了知识生产模式的常规类别。但是它着重强调了高度个人化的隐性知识,对于来自企业外部的社会知识如何转化成企业知识则没有足够的解释力,因此 SECI 模型所揭示的仅仅是企业知识形成过程的一部分。

Huber(1991)对组织间学习过程的划分也具有代表性,他将组织间学习过程分为知识获取、信息分发、信息解释和组织记忆四个阶段。知识获取的途径包括先天学习(创建新组织的个人或组织拥有的知识)、经验学习(组织实验、组织的自我评估、进行实验的组织、无意或不系统的学习、基于经验的学习曲线)、观察(获取其他组织的战略、管理方法和产品技术)、移植(通过嫁接新成员,拥有本组织以前没有的知识)、搜索发现(扫描、重点搜索和绩效监控)等,共享信息并因此获得新的资讯,对信息进行解释并储藏知识,以供未来使用。组织获取知识的途径方面,Huber 认为的知识来源部分来自组织内部,部分来自组织外部,特别是通过观察获取其他组织的战略、管理方法及产品技术。Czepiel(1975)也提出可通过收购和嫁接使新成员拥有以前没有的组织内的知识存储,移植往往比通过经验获取知识更快速,比通过模仿获取知识更完整,而且模仿也容易带来一些风险,成功率低(Denrell et al. ,2003)。

Leonard-Barton(1995)认为可以通过四种方式来实现知识创造和组织间的流动:①共同解决问题,即发明或者分享一种新的、有效率的问题解决方法。随着问题的复杂度增加,越来越多的结构不良问题需要跨越专业、地域、边界与文化,以人际或组织间共享的方式来解决。②执行与整合,即引进或者整合一种新的提高绩效的方法或工具,通过"使用者参与"或者"相互适应方式",促进知识的跨组织扩散,并在不同组织内实施创新流程。③实验与原型设计,这是一项激发学习的活动,通过这一组织学习方式,企业可以朝既定的方向改善其能力。④引进与吸收知识,即当企业发现自身"能力差距"时,从外部获取知识,以增强竞争力。

除了剖析外部知识的来源与取得能力的渠道,Leonard-Barton(1995)也提出了一些具体的管理措施来强化组织对知识的吸收能力与消化能力。如建立渗透性或弹性的组织边界、提高本组织科技评估能力、将外部知识转化成本组织熟知的形式等。另外 Leonard-Barton 对知识获取、知识创造和扩散活动所产生的核心能力进行了分析,她引用自己的研究把核心能力分成四种知识的集合:价值观与行为标准、知识与技能、技术系统、管理系统。这四种知识(核心能力的知识集合)从"共同解决问题"等四项活动中获取、创造和更新,也会反过来影响四项活动的运作,也就是说二者是相辅相成的关系,如图 3-2 所示。

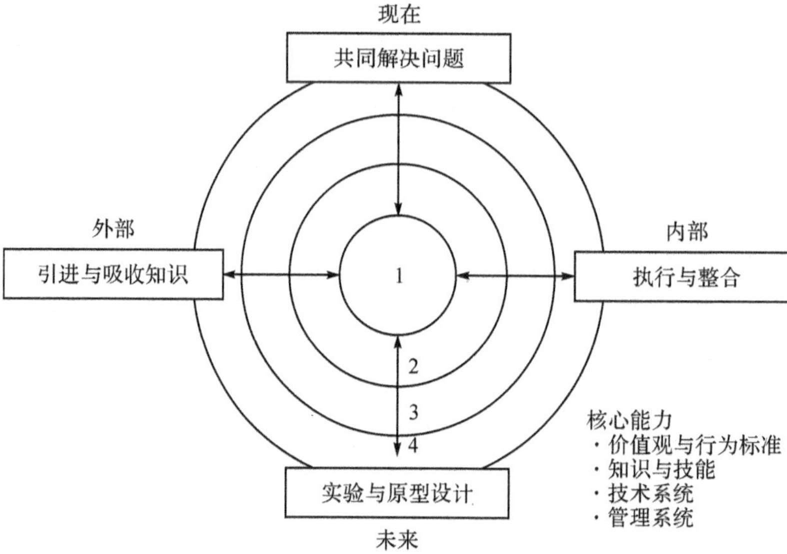

图 3-2 核心能力与知识活动的关系

Cilbert 等(1996)认为，当组织意识到组织内部缺乏某种知识时，知识差距就产生了，组织因此会产生引进知识的需要。Cilbert 和 Gordey-Hayes 将知识转移分为“获取—沟通—应用—接受—同化”五阶段。同时认为知识的转移也是知识创造的过程，是一个动态的学习过程(如图 3-3 所示)，知识的取得要求组织不但要从内部经验和实践中反思，也要从组织外部引进。在这一过程中，沟通机制是使知识有效率地转移、扩散和加以应用的保障。很多组织意识到了获取外部知识的重要性，但是未能有效扩散和利用，也就无法实现知识与组织同化。

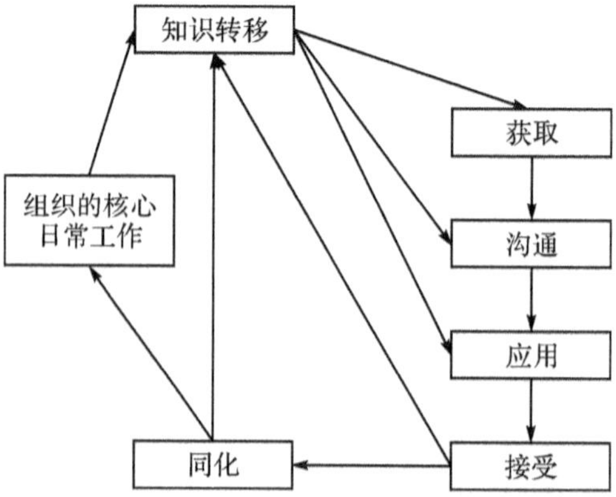

图 3-3 知识转移的五阶段模式

3.3.4 知识管理

正如 Cilbert 等(1996)所认为的那样,组织在重视知识获取的同时,还需要构建沟通机制,使知识有效率地转移、扩散和加以应用。事实上,组织中占据多数的较低层次的员工在获得知识后,因组织内缺乏沟通和整合机制,致使无法推进组织学习进入下一个阶段,因此未能有效引起组织的改变。只有当学习结果运用到组织的日常活动中,并引起组织的某些改变或革新,才算是达到了同化阶段(赵林捷,2007)。

美国著名经济学家卡尔·费拉保罗认为:“知识管理就是利用集体的智慧提高企业的应变能力和创新能力,是为企业实现显性知识和隐性知识共享提供的新途径。”从表述中可知,知识管理的核心流程就是知识共享—知识转移—知识创新(李志能,2001)。Broadbent(1995)认为,“知识管理”是挖掘并组织个人及相关知识以提高整体效益的一种目标管理流程,直接将知识管理看作一种管理流程。丁蔚(2000)则更强调从信息和知识载体两个方面进行知识管理,因此她提出,知识管理一方面指对信息的管理,强化知识需要加以识别、处理、传播和使用;另一方面指对人的管理,人是知识的载体,因此知识作为认知的过程存在于信息的使用者身上。在此,笔者认为知识管理包括知识识别、知识处理、知识传递和知识创造四个阶段。

Choi 等(2002)将知识管理战略划分为聚焦、平衡、动态三种类型(见图3-4),认为聚焦观点与平衡观点忽略了“知识的本质就是动态的”这一考量。Blackler(1995),Nonaka 等(1995)也认为知识本质是不断地变动着的,而不是静止的,所以这两种较偏向静态的观点不适合用来作为知识管理策略。动态观点具有较高的弹性,可以依据知识的特性而有所变动。

Hansen(1999)通过对管理咨询公司、医疗保健提供者和计算机制造商的知识管理实践进行研究,发现了两种非常不同的知识管理策略。在销售能满足共同需求的相对标准化产品的公司中,知识被仔细地编码并存储在数据库中,在这个数据库中,它可以被组织中的任何人反复访问和使用,作者称之为编码策略(codification strategy)。在此策略下的知识,具于可标准化、制度化的特征。在为独特问题提供高度定制的解决方案的公司中,知识主要通过人与人的接触来共享,计算机则是帮助人们实现交流的工具,作者

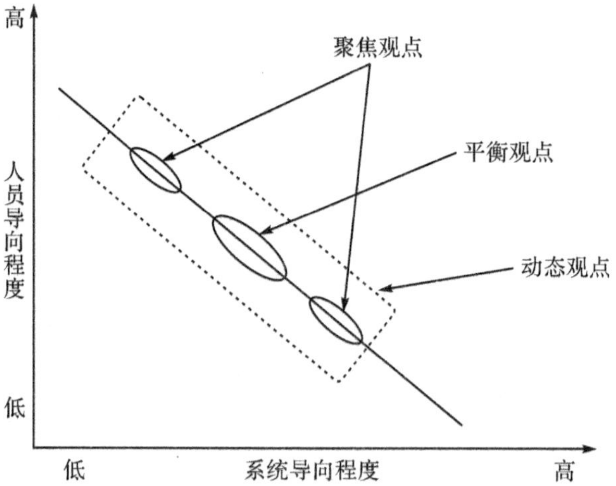

图 3-4　Choi 对知识管理策略的划分

称之为个性化策略(personalization strategy)。在此策略下,知识的本质是隐性的,难以用标准化方式处理知识,需要学习者之间进行沟通和经验的交流积累。一个公司对知识管理策略的选择不应是武断的,必须根据公司的竞争战略做出决策,采用错误的选择可能迅速破坏一项业务。在实践中,两种不同的知识管理策略,分别体现在不同的业务职能上。如图 3-5 所示,适

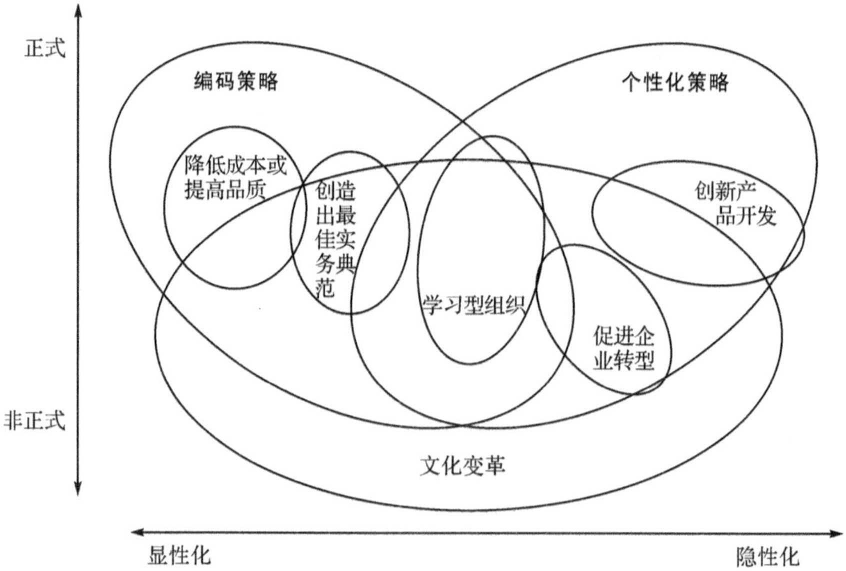

图 3-5　知识管理策略实践

资料来源:IEK 产业情报网,http://ieknet.iek.org.tw/。

用编码策略的知识主要是显性化、正式化的知识，主要实施在生产环节降低成本或提高品质、创造出最佳实务典范；而适用于个性化策略的知识则主要是隐性化、非正式化的知识，主要实施在创新产品开发、促进企业转型等环节。两种策略并重的组织则可称为学习型组织。

Bonora 和 Revang(1991)重点论述了知识的储存和维持，这有利于增加组织的知识存量。他们引用 Popper(1973)的分类将知识存储方式分为"有机式"及"机械式"两种。其中"有机式"指个人的、主观的知识，而"机械式"则指命题的、客观的知识。又将知识的协调程度分为"整合"与"分散"两种。从协调程度的角度看，储存在个人层面上的知识是分散的，而储存在团队中的知识则具有整合性。将知识储存方式和知识协调程度两个维度交叉起来，形成四种知识建构模式(见图 3-6)，分为四个象限。象限一：整合的有机式项目团队模式；象限二：整合的机械式官僚模式；象限三：分散的机械式公文、档案模式；象限四：分散的有机式个人、工匠、专业人士模式。

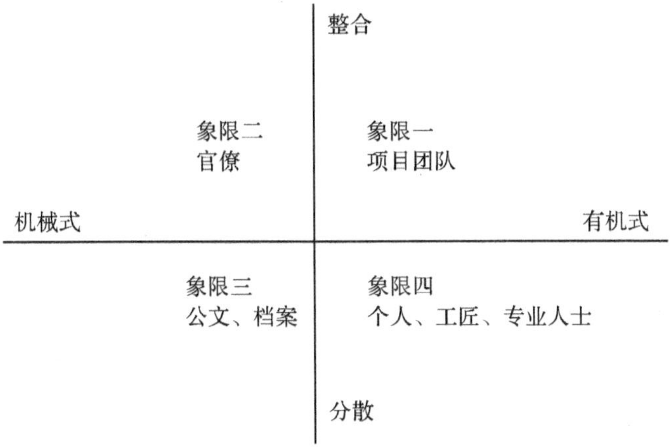

图 3-6 知识存储与维持模式

象限一：有机式整合。这种模式以团队为核心，具有特殊化的专业成员，个人知识的取得性较高，成员可以相互学习，组织对特定个人的依赖程度会下降。

象限二：机械式整合。以科层体制为核心，强调控制、职权、规则、程序和标准化。工作规则定义清楚，对个人依赖最小。

象限三：机械式分散。以文件、档案为核心，并不具有认知的主体。

象限四：有机式分散。以独立的专业人士为核心，承载特殊化和个人化的知识，对组织而言，知识是分散的，因此组织必须思考如何降低这种依赖性，降低人员离职所带来的风险。

基于以上论述，知识的获取只是第一步，知识需要达到与组织同化的水平才能真正促进组织竞争力的提高。关于知识管理，笔者不赞成大而全的观点，认为应该包括知识解释、知识共享、知识利用过程。这个过程不仅可以扩散、萃取知识技能将其转换成诀窍或者准则，将知识储存于机构中，降低组织对个人的依赖性，还强调了组织对获取的知识加以利用，促进组织变革。

知识管理是创建、验证、呈现、分发和应用知识的过程(Bhatt，2001)。企业可以通过持续改进或根本性创新来提升业务绩效，扩大业务范围，这两种方法都是组织通过吸收内外部的新知识新技能而不断自我迭代实现的。因此，良好的知识管理能力已经成为企业的核心能力之一。知识管理能力是一种组织跨越职能边界获取、创造、转移、整合、共享和应用知识相关资源和活动以产生新知识的能力(Chuang，2004；Liao et al.，2011)。曹平等(2021)通过上市公司数据证实了知识管理能力对产业的创新水平有正向作用；俞兆渊等(2020)检验了知识管理能力在企业内外部社会网络和创新绩效之间的中介作用，发现内部知识管理能力和外部知识能力均对创新绩效具有正向作用。Delahaye(2005)以澳大利亚一家小型公司为例，分析了该公司通过正式系统传递现有知识，通过非正式系统创造和引进知识，以确保组织的生存和发展。Salojärvi et al.(2005)证实了芬兰中小企业知识水平与长期可持续增长呈正相关。

企业成长被定义为“企业规模从一个时间点到另一个时间点的增长”(Penrose，1995)。这一概念对小微企业尤其重要，因为它与小微企业获得竞争力、提高生存概率紧密相关。通过成长，中小企业将能克服倒闭的威胁，提高生存的可能性，因此小微企业应该将成长作为其首要议程，并不断寻求成长。Penrose 认为企业的成长主要受制于管理力量，那么管理能力的提高也必然会推动企业的成长。知识的增加和有效利用显然可以提升管理能力，因此也就促进了企业成长。对于企业成长性的认定，可以通过员工数量、销售额或资产规模、销售额增长率来衡量(Chiho et al.，2019；Salojärvi et al.，2005)，也可以表现为财务增长和创新增长(Terziovski，2010)。赵忠伟等(2019)认为企业成长的表现是多方面的,可以概括为量的扩张和质的优化。量的扩张表现为企业资产、销售收入及员工数量的增加;质的优化则是指技术创新水平的提高、资产结构的改善以及风险管理水平的提高等。

3.4 环境包容性相关研究

3.4.1 环境包容性内涵

关于环境包容性的研究,可以追溯到20世纪60年代,关于组织和环境之间互动的研究文献呈现持续增加之势(Cyert et al.,1963;Emery et al.,1965;Thompson et al.,1967;Terreberry,1968)。一直以来有两个研究焦点,一个焦点在于组织适应环境(Burns et al.,1961;Lawrence et al.,1967),另一个焦点是强调组织控制环境变化的能力。不同的研究者已经证明了组织可以对环境有所作为,从而降低不确定性。例如通过与其他组织签订长期合作协议来降低不确定性(Macaulay,1963),通过吸收环境中的有利因素(Selznick,1949),通过寻求来自外部环境的支持(Zald,1967),亦可通过与其他组织构建短期联盟(Aiken et al.,1968),或者接受跨组织的合并(Pfeffer et al.,1972)。Dess等(1984)认为,组织环境的特点主要体现在环境的包容性、环境的复杂性及环境的动态性三个方面。美国学者邓肯(1972)认为,可以从两个维度来确定企业所面临的环境不确定性:一是企业所面临环境的动态性,二是企业所面临环境的复杂性。因此已有对环境影响组织的研究,主要是从环境的不确定性和环境的包容性两个方面展开的。

自从Staw等(1975)明确了环境包容性是影响组织的一个重要变量,并且需要作为独立变量进行测量之后,研究人员对环境包容性提出了一系列概念(Dess et al.,1984;Dess et al.,1987;Koberg,1987;Lawrence et al.,1983;Singh,1986;Tushman et al.,1986;Yasai-Ardekani,1989)。如Tushman等(1986)把环境包容性定义为环境可以支持行业成长的程度。环境包容性越强,则企业所受限制越少。Castrogiovanni(1991)认为以上学者的研究发现都有一定的局限性,并且很少提出管理指导方针,只有两条建议,即企业应该重视环境包容性;企业应该加强所处环境的包容性。可见在这个时期对环境包容性的研究还缺乏深度。

关于环境包容性的概念,存在过于抽象和概念模糊的问题,相关研究的不足制约了理论发展和实证研究,甚至管理者对其的认知和应用也受到了相应的约束。环境的包容性是指组织可以从环境中获取的关键资源的丰富程度(Dess et al.,1984;Tushman et al.,1986),环境中的资源会影响企业的生存与成长,也会影响新加入这个环境的企业的能力(Randolph et al.,1984)。Castrogiovanni(1991)对环境的包容性定义进行了一定的拓展,认为其是“在企业经营的环境中,企业所需资源的充裕程度,以及企业获取这些资源的难易程度”。此定义在我国相关研究中得到了较为充分的肯定和广泛引用。特别是,Castrogiovanni(1991)为了最大限度地减少概念的模糊性,还把环境定义为五个层次,从低到高分别为资源池(resource pool)、亚环境(sub-environment)、任务环境(task environment)、聚集环境(aggregation environment)、宏观环境(macro environment)(如图 3-7 所示)。第一个层次是资源池,指具体环境,对资源依赖的研究往往集中在这个水平。第二个层次是亚环境,包括了系列个人和组织之间的活动,这些个人控制着与组织密切相关的资源池。第三层次是任务环境,由所有与之相关的组织组成,包括特定的客户、供应商、金融家机构等。第四个层次是聚集环境,由协会、兴趣团体、行业协会、工会等组成,它们作为一个整体影响焦点组织。第五层次也是最高层次,是宏观环境,是一个基于特定地理区域的一般的文化情景,包括,例如,人口、经济、社会、政治、技术和行为模式。通常针对某一特定的研究课题,总有一个环境级别是最合适的。笔者建议,可在资源池和亚环境级别上对环境包容性进行测量,以此提高对企业如何通过替代和资源交叉利用获得竞争优势的认识。Cingöz 等(2013)认为环境包容性反映了环境对企业保持核心竞争力和持久竞争优势的支持程度。环境包容性较强时,企业可以较为容易地从外界获得所需资源;而环境包容性较弱时,企业很难从外界获得所需资源,即使能够获得,也需要付出较高的成本(Goll et al.,2004)。

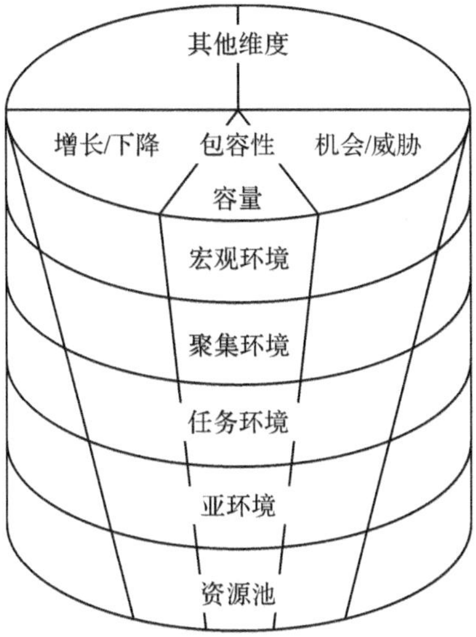

图 3-7 Castrogiovanni 的环境五层次

3.4.2 环境包容性的相关研究

组织环境是一个企业需要面临的重大问题之一(Tosi et al.,1984)。探讨环境对组织战略、结构、过程和结果影响的研究成果十分丰富。

环境包容性作为一个独立的理论维度,与企业可选择的战略范围和组织选择有正相关关系(Brittain et al.,1980;Lieberson et al.,1972;Tushman et al.,1986)。当资源足够丰富,企业相对容易生存,从而有余力去追求生存以外的更多目标。例如,半导体工业中,Brittain 等(1980)发现伴随着包容性,组织的多样性增加,因为在多样性目标、战略和组织结构下的生存目标是可以实现的。而当资源减少,竞争就开始变得激烈(Dess et al.,1984;Hofer,1975;Porter,1980;Yasai-Ardekani,1989),开始给组织盈利能力和组织冗余带来不利影响(Beard et al.,1981;Child,1972;Singh,1986),并且能够改变组织内特征和组织成员的行为。Koberg(1987)发现,以小学和中学为例,环境包容性改变了学校的预算、计划和控制系统、硬件设施和部门划分。作为一种战略选择,公司面临资源短缺时也会通过合法的合作或者不合法的共谋来避免竞争(Aiken et al.,1968;Staw et al.,1975;Pfeffer et al.,2003)。

沈灏(2017)认为虽然资源包容性在企业战略活动中的功能已经得到肯定,但是主流的成果仍将包容性看作一种环境特征而不具有资源属性,且对外部资源包容性特征的研究缺乏细化分类,这为企业辨识外部资源的价值造成一定障碍,也影响了企业的战略选择。笔者将环境包容性分为市场的资源包容性和政府的资源包容性,考察了两种包容性对企业战略扩展选择和决策的影响。实证表明,高水平的资源包容性有助于企业获取大量市场资源和政治资源,有利于企业通过市场规模的扩大来实施企业的战略扩张,从而也有利于提升企业持续的竞争优势。但只具备市场的资源包容性和政府的资源包容性其中一种的,则不能有效促进市场扩张。

将环境包容性作为调节变量的研究相对丰富一些。Goll 等(2004)通过对 645 家企业的实证研究,发现在环境包容性较高的条件下,社会责任与企业绩效、财务绩效存在显著的关系,但是在包容性较低的环境中却不成立。这表明,在资源优厚的环境中,企业更可能从事更多的社会责任行为,而在资源较为稀缺的环境中,公司可能更倾向于自我保护。Yasai-Ardekani(1989)研究发现,在资源优厚的环境中,感知环境的压力可能会导致更为复杂的组织结构,使用更多的专家和专业人士,加上灵活的授权决策,有助于组织应对资源优厚环境中的决策约束和竞争压力。然而在资源稀缺的环境中,感知的环境压力与结构复杂程度无关,却导致程序的更正规化和战略决策的集中化,验证了环境包容性在情景(context)和组织结构(organizational structures)关系中的调节作用。国内对环境包容性的研究,也主要以调节变量的形式出现。王栋等(2009)经过文献综述,提出了以下观点:在包容性弱和动态性强的环境中,较多的资源有助于企业自主创新能力的提升;而在包容性强和动态性弱的环境中,企业资源容易影响组织核心能力的刚性,从结果上看反而不利于自主创新能力的提高。卫武等(2016)以湖北省 153 家小微企业为研究对象,验证了环境包容性对"网络嵌入性—企业绩效"之间显著的负向调节效应。李金凯等(2015)采用实证的方法,发现了环境包容性负向调节网络嵌入性与动态能力的关系。

3.5 本章小结

本章先是回顾了动态能力理论的提出、内涵和形成机制，提出打开动态能力“黑箱”的必要性。接着对网络嵌入性作为企业网络分析工具所进行的各种研究进行了综述，如社会网络与资源获取的关系、网络联系强度与创新绩效的关系、社会网络与企业成长的关系等，从而确立了从网络嵌入性视角研究小微企业动态能力的合理性。然后梳理了组织间学习理论，从组织学习理论出发，厘清了组织间学习的内涵、过程模型以及知识管理机制，指出组织间学习，只有在获取知识后，通过组织进行知识的解释、共享、利用和存储，达到与组织的同化，才能真正地改变组织。最后整理了国内外对环境包容性的研究，肯定了环境包容性对组织战略、结构、过程和结果都有显著影响，在这些领域相关研究中的调节作用显著。从目前文献来看，相关研究在如下几个方面存在不足：

第一，动态能力概念界定有待进一步明晰，特别是对小微企业动态能力的界定。动态能力概念自提出以来，对于其概念存在同义反复的批评声音一直存在。Teece 等(1997)将动态能力定义为“企业整合、构建和重构内部和外部能力以应对快速变化的环境的能力”，但是“能力”本身的概念却又是“战略管理在合理地改造、整合和重构内部和外部组织技能、资源和职能能力以适应市场变革要求中的关键角色”。这两个概念之间确实很难找出明确的界限和区别。而对于 Winter(2003)提出的把动态能力定义为“扩展、改变或者创造常规能力的高阶能力”，那么就永远存在更高一阶的能力来改变这种高阶能力，形成无限递推，产生的结果就是我们永远无法找到动态能力的真谛和竞争优势的来源。而且，由于对小微企业动态能力的重视程度不够，相应的概念界定也缺乏针对性研究。

第二，社会网络背景下动态能力“黑箱”尚未打开。动态能力本身就存在难以观测的问题(Godfrey et al.，1995)，对动态能力的研究主要集中在质性研究、案例研究上，定量研究仍显不足，且缺少对动态能力的精确测量。有些研究视角也显得狭隘，或过于宽泛，从而对动态能力的影响因素、生产过程的研究相对不足。特别是社会网络背景下，组织的资源来源不再局限于本组织内部，出现能力差距时，如果内部资源匮乏，组织从外界获取资源的动力就会变得强烈。本来动态能力不仅仅指企业处理内部资源的配置利用，也包括与其他组织的合作以及在合作过程中对外部资源的处理。Eisenhardt 等(2000)，Zollo 等(2002)等也都认为动态能力的影响因素可以存在于企业层面，也可以存在于个人层面和网络层面。企业为了适应快速变化的市场竞争格局、消费者需要以及新兴技术范式，往往会通过联盟、收购、合作等方式，积极获取和利用外部网络中的新技术(Rothaermel et al.，2007)。但是基于社会网络视角考察动态能力构建的研究非常不足。罗珉等(2009)从本体论维度和认识论维度两大价值维度构建的动态能力理论架构对于开拓动态能力研究视野具有一定启发性。本研究着重从社会网络和组织学习两大能力来源来探索小微企业动态能力构建机制。

第三，基于网络嵌入的组织间学习模式有待进一步实证。动态能力的重要性体现在企业外部资源和企业内部既有资源可以形成互补关系上。在大多数学者看来，企业网络与动态能力是密不可分的，企业间的合作关系，可以成为推进新型组织学习的动力，从而使企业得以发现运作不良的惯例并防止战略盲点的出现(Teece et al.，1997)。目前组织学习模式的研究，虽然已经有 Argyris 等(1978)，Huber(1991)，Sinkula(1994)、野中郁次郎和竹内弘高(1995)、Cilbert 和 Gordey-Hayes(1996)等研究成果，但是针对跨越组织边界的学习模式尚需进一步研究。

第四，对小微企业的理论研究关注不足。小微企业在提高就业水平、增加财政税收、优化产业结构方面发挥了重要作用，也善于把新的思想和知识转移到新的产品和服务中，将科技成果转变为先进的生产力，推动技术创新、制度创新和管理创新。将小微企业区别于一般企业进行研究分析，不仅对小微企业成长、社会发展具有重要意义，也能不同程度地丰富动态能力理论、社会网络理论及企业成长理论。事实上，小微企业由于其自身资源不足的缺陷，更需要通过社会网络获取外部资源和支持，在剧变的环境中，需要从合作伙伴那里获取知识和技能，帮助自身实现快速革新，适应市场。

4 小微企业动态能力探索性案例研究

小微企业究竟有没有必要构建动态能力，外部资源获取对小微企业的意义何在，其又存在哪些组织间学习行为，三个主要变量之间是否存在相互作用，在小微企业动态能力理论研究不足的限制下，需要从实践出发，寻找这一系列问题的初步答案。本部分将在理论综述的基础上，通过对四个不同行业、不同规模的小微企业的案例分析，提出初始假设命题，为后续的实证研究打下基础。

4.1 案例研究方法概述

4.1.1 案例研究方法的概念与分类

案例研究是社会科学领域最为常用的研究方法之一，其他还有问卷调查、质性研究、实验研究等方法。案例研究方法较早用于医学方面，用于研究病人的案例，后陆续用于心理学、社会学及教育学等领域。该研究方法主要包括五要素：研究的问题、研究的命题、分析单元、资料与命题的连接、解释研究发现的准则。

Shaw(1927)最早提出案例研究方法，他强调从总的场景或所有因素的组合出发，描述事情发生的过程和结果，基于特定的环境对个体行为进行分析，并提出假说。案例研究又被认为是一种对特定事件进行全面系统研究的方法。案例研究是在界定现实情景的情况下，特别是在现象、情景边界不清晰、研究者对研究对象不加控制的情况下，调查当前现象的实证研究方法(Yin,1994)。该研究方法适合回答“怎么样”和“为什么”等问题。案例研究的开放性有利于研究者对研究对象进行深入调查，从访谈过程中建立起拟研究对象与其复杂的社会背景之间的关系，增加了新发现的可能性，提高研究的有效性。Eisenhardt(1989)指出，案例研究在心理学、社会学、政治学、经济学、管理学及商业领域等研究中都有广泛应用，是一种非常重要的研究方法，与其他研究方法相比，案例研究有利于摆脱已有研究文献和观点的束缚，从而更适于开发新的理论框架。目前多从研究对象、研究问题类型以及资料收集方式等方面对案例研究方法的概念进行界定(王建云，2013)。

根据研究任务的不同，案例研究可以分为五种类型：探索型案例研究、描述型案例研究、例证型案例研究、实验型案例研究和解释型案例研究(Hussey,1997)。亦有学者将其分为探索型、描述型、解释型和评价型四种类型。探索型案例研究侧重于提出假设，尝试用新观点评价现象或者从新视角去洞察事物；描述型案例研究侧重于描述事件本身，对人、事件或者情景做出尽可能精准的描述；解释型案例研究的侧重点在于对理论的检验，对研究项目进行归纳总结，提出结论，对相关性或因果关系进行考量；评价型案例研究则侧重于对案例现象做出独有的判断，提出自己的看法(殷，2004)。

从研究采用的案例数量及多个案例之间的关系来看，案例研究分为四类：单案例研究、整体性案例研究与嵌入性案例研究、多案例研究、整体性多案例研究与嵌入性多案例研究(殷，2004)。单案例研究与多案例研究最为重要的差异是理论“一阶抽象”是否具有收敛性；多案例研究有助于案例之间结论的相互佐证和修订，结论更为可靠、准确，更容易与实证分析相结合。以 Eisenhardt 为代表的多位学者就偏好用多案例研究，认为多案例研究能够更全面地反映案例背景的不同方面，有助于提高案例研究的有效性，特别是在多个案例同时指向同一结论的时候。

4.1.2 案例研究方法的价值

近年来，案例研究方法在我国得到了推广，已经成为管理理论及方法创新的主要源泉，这些创新主要包括：公司文化、追求卓越、核心能力、公司重组和平衡计分法等。

诚如 Sarker(2013)所认为的，没有数据的理论是空洞的，没有理论的数据是盲目的。成思危(2001)指出,管理案例研究的重要意义体现在两个方面:其一,案例研究是认识客观世界的必要环节;其二,管理案例研究又是处理复杂问题的有力工具。相反,单纯依赖统计数据及其计算进行决策是非常危险的,因为平均值可能掩盖数据之间的差异,会掩盖事实的真相。另外,过分依靠理论指导工作,容易出现偏差。毛基业等(2016)认为案例研究对预设理论和已有文献都具有贡献,特别是可以提供全新视角,帮助构建新的理论,让研究者得到新的洞见。

与其他研究方法相比,案例研究的优势主要有以下四点:结果直接且具有现实感,更容易被理解和接受;能为其他类似情景提供解释;能发现容易被统计方法掩盖的事物本质和特殊现象;操作更为方便,个体研究者也可以展开研究(张梦中,2002)。还能抽象出具有价值的命题,或者从实际中提炼出具有启发性的思路和观点,成为日后的研究课题。其引起争议的局限之处在于以下四点:存在案例选择的边界困惑与调查过程的技术难题;对案例研究发现的归纳具有一定的主观性和随意性;结果分析技术上的局限和研究者的偏见会带来不同的结果和解释;研究工作量大,报告难以简明扼要地反映问题等(Yin,1994)。

4.1.3 案例研究步骤

采用案例研究方法的研究者在实施过程中会根据研究目的、研究类型的区别而采取不同的操作方法和程序。Eisenhardt(1989),Stake(1995)等对案例研究步骤进行了较为详细的划分和论述,分别把案例研究过程分为八个、七个和五个步骤。郑伯埙等(2008)对 Eisenhardt 等的研究成果进行了归纳和总结,归纳为“准备、执行和对话”三个阶段。刘洋等(2015)在 Eisenhardt 等学者观点的基础上,认为案例研究过程应包括案例选择、技巧、工具与方案原型、进入现象、案例内分析、形成假设、包纳文献等环节。本书主要参考 Eisenhardt(1989)案例研究的一般步骤(见表 4-1),以及殷(2004)的多案例研究步骤(见图 4-1)。其中三角验证是指研究者在整个研究过程中,使用不同的方法,从不同的对象或情境搜集资讯,多种证据共同构成稳定的、有说服力的证据三角形,这种多种证据对同一结论的多重证明具有稳定性,可以降低线性思考所导致的偏误或盲点,增进研究结果的解释效力(殷,2004)。[①] 多案例研究遵从复现逻辑,要求每个案例都是从众多案例中精选出来的,所选用的案例要么能产生趋同的结果,即原样复现;以可预知的原因产生与前一研究不同的结果,即理论复现。通过多案例得到的证据通常都被认为是重复且可靠的,整个研究具有稳健性。

表 4-1 Eisenhardt 的案例研究一般步骤

阶段	步骤	活动	内容
准备阶段	启动	界定研究问题 预先找出可能的构念	将努力聚集 提供构念量的较佳基础
	研究设计与案例选择	不受限于理论与假说,聚焦于特定族群进行研究设计	保持理论的灵活性 限制额外变异,并强化外部效度 聚焦于具理论意涵的有用案例
	研究工具与研究方法选择	基于理论而非随机选择案例	通过三角验证,强化研究基础 证据的综合 采纳多元观点,集思广益
执行阶段	资料收集	反复进行资料收集与分析,包括现场笔记 采用灵活和随机应变的资料收集方法	即时分析,随时做出有助于资料收集的调整 允许研究者运用浮现的主题和独特的案例性质
	资料分析	案例内分析 采用发散方式,寻找跨案例的共同模式	熟悉资料,并进行初步的理论建构 促使研究者挣脱初步印象,并透过各种视角来观察证据
	形成假设	针对各项构念,进行证据的持续复核 跨案例逻辑推理,复制而非抽样 寻找关系背后"为什么"的证据	精炼构念定义、效度及测量 证实、引申及精炼理论 建立内部效应
对话阶段	文献对话	与矛盾文献互相比较 与类似文献互相比较	建构内部效度,提升理论水平并强化构念定义 提升类推能力,改善构念定义并提高理论水平
	研究结束	尽可能达到理论饱和	当边际改善很小时结束进程

① 殷(2004)倡导通过档案、文献、观察和访谈构建"证据三角形",以"双案例"的形式提升案例研究的信度和效度。

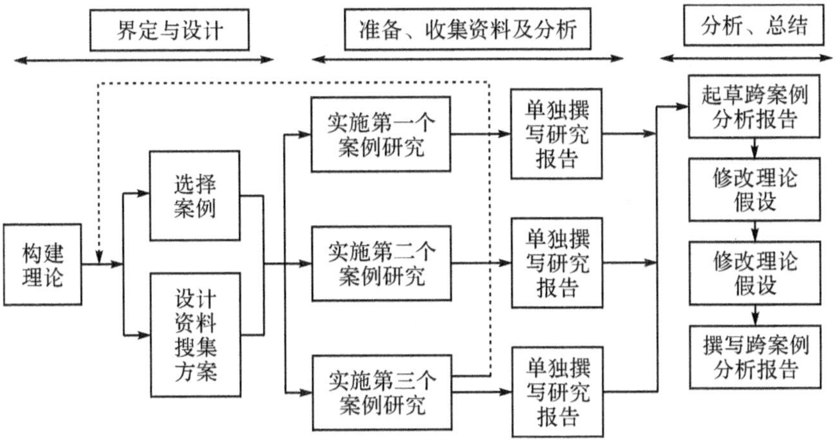

图 4-1　殷(2004)的多案例研究步骤

4.2　研究问题和理论预设

经济全球化、技术快速变革等因素都为竞争提供了源源不断的动因，与以往相比，竞争范围更广、程度更强、不可预测性更大，组织的每一个战略行为，都会引起竞争者快速的应对，因此，组织固有的资源所带来的竞争优势都是暂时的，仅仅依赖组织内部固有的资源和独自经营已无法构建可持续的竞争优势。在动态环境中，组织的竞争优势以不断加快的速度被创造出来，又被快速侵蚀掉。如果组织停留在已有的优势竞争地位，满足于已有的竞争优势带来的回报，则会很快被竞争对手所替代，在市场的快速洗牌中陨落。基于以上实践，企业构建、调整、整合、重构内外部资源与能力的能力就成为企业构建持续竞争优势的重要来源，而这种改变能力的能力又与企业从外界快速获取信息和技术密不可分。

企业网络嵌入性与动态能力之间的密切关系已经引起理论界的关注(Gruenberg-Bochard et al.，2009；杜健等，2011；Murwatiningsih，2015；李金凯等，2015)。当前经济全球一体化趋势使科技型小微企业需要不断应对动态的环境，对内外资源的整合利用能力就显得尤为重要，随着技术环境和文化环境的变迁，我国小微企业的创业者越来越具有开放思维，越来越重视社会资本对企业成长的作用，更加重视社会网络嵌入，因而企业网络范围越来越广,获得信息的渠道不断增多。Doving 等(2008)认为企业与合作伙伴之间线性的单一联系很难帮助企业应对动荡的竞争环境,而多样性的组织间关系则可以帮助企业构建异质性的网络位置和关系,从而获得多元信息和能力,组织间关系的多样性则依靠企业成功的网络嵌入。跨越结构洞的桥联结可以使企业获取更加多元化的知识(Burt,2002;Carnovale et al.,2016)。不仅如此,Tiwana(2008)还认为企业关系性嵌入的强联结可以促进知识整合,在促进网络成员短期目标实现的同时,也可以提升企业对动荡环境的适应性。社会网络可以成为企业信息沟通的重要工具和渠道,既可以促进企业内部的信息共享,又可以加强组织之间的信息交换(Uzzi,1997)。章威(2009)通过对企业网络嵌入性和企业动态能力关系的实证研究,肯定了企业动态能力可以通过结构性嵌入和关系性嵌入得到提升。杜健等(2011)利用多案例研究方法,提出了"网络嵌入性—动态能力—创新绩效"模型中网络嵌入性对知识获取和知识整合有正向影响的命题。董保宝(2011)发现网络中的成员信任程度会随着双方接触时间的积累而增加,信息的互通变得更加及时,有利于加强企业对环境变化的适应能力。基于以上论述,本书认为网络嵌入性对小微企业动态能力有显著影响。具体变量之间的影响关系是正向抑或是负向,则将在探索性案例分析之后根据数据编码提出假设命题。

企业网络理论认为,企业可以通过实体之间的互动获得关键性、互补性资源,以克服自身资源的劣势,企业之间多样性联结可以为企业带来大量的关系租金和竞争优势(Dyer,1996)。企业网络理论的嵌入性视角,除应用于社会学研究领域,也被引入战略管理研究领域,多位研究者都认可了网络嵌入性理论已成为研究企业网络行为的重要视角(Uzzi,1997;Andersson et al.,2002)。根据网络嵌入性理论,企业嵌入网络中的关系和结构特性,企业从外部获取资源及利用资源,都有着制约和影响作用,这种影响直接反映在企业技术创新、市场开发和企业绩效等方面,而最终会造成企业持续竞争优势的差异(Dyer et al.,1998; Dyer et al.,2000;Rowleyet al.,2015)。很多研究肯定了网络嵌入性对知识转移和知识获取的影响,但具体的作用过程和结果仍存在争议。在结构性嵌入方面,一些学者强调"结构图"或"桥联结"的正向作用,如 Bert(2002)认为"结构洞"是一种社会资本,拥有两方面的优势：一是信息优势，可以区隔非冗余性信息，保证企业获取信息的非冗余性；二是控制优势，即可以从中间人的位置获取收益。何铮等(2014)认为结构洞是组织间的非重复性地带，能有效帮助企业避免陷入“认知锁定”，从而保持组织间交互式学习的活力。但也有学者认为企业间的结构洞对知识转移和企业的创新绩效具有负向影响(Uzzi,1997;Ahuja,2000)，如赵炎等(2012)实证显示网络密度对创新绩效有着显著的负相关性。

在关系嵌入性方面，公司网络中的嵌入性被认为随着时间推移从公平交易关系发展到基于适应和信任的关系(Larson,1992;Håkansson et al.,1995;Uzzi,1997)。关系嵌入性起到加强网络成员联系的作用，可以促使企业获得更多信息(Gulati,1998)，公司与客户、供应商、竞争者等伙伴之间关系越紧密，越有利于促进互相学习，获得更多的知识(Lane et al.,1998;Hansen,1999;Mowery et al., 2015)。Granovetter(1985)强调弱联结的作用，认为弱联结可以帮助企业接触到与自身知识迥异的网络节点，有助于获取异质性知识和信息，降低信息冗余性，对组织绩效提升有积极作用。Hansen(1999)承认弱联结对搜索和发现有效知识的作用，但不利于复杂知识转移，因为弱联结对任何一种知识的传递都比强联结更为困难(Andersson et al.,2002)。但是在考虑知识编码和维护成本的情况下，并非所有的业务单位都能从获取知识中受益(Hansen,2002)。

基于以上分析，本书认为网络嵌入性对组织间学习具有显著影响。具体变量之间的影响关系也将在探索性案例分析之后根据数据编码提出假设命题。

知识观理论认为，企业是具有异质性的知识集合体，企业能力的本质就是知识的整合，知识的创造、转移、存储及应用是企业竞争优势的源泉(Kogut et al.,1992;Conner et al.,1996)。图 4-2 是 Kogut 等(1992)用来解释组织如何通过学习形成整合能力的，而这一整合能力有利于组织结合当前市场和未来市场预期，进行最有力的组织惯例建设和技术开发。当既定的技术和工作方式的回报出现递减，就会激发组织进行技术开发，寻求未来市场。此图描述了成长过程中的组织的知识是内部学习和外部学习组合的结果(Kogut,1991)。

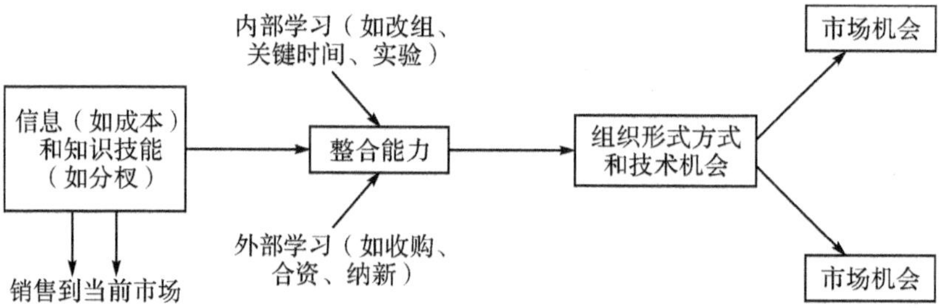

图 4-2　Kogut 等的企业知识增长机制

张军等(2012)整合资源基础观与现代演化理论,认为动态能力是以环境动态为参照和匹配目标,企业系统地产生并修改其运营惯例以寻求改善效果的才能。他以浙江杭州两家同处仪器仪表行业的企业为案例,考察企业从感知环境动态到做出有效响应之间的过程,来探索企业动态能力的构建过程。发现动态能力的构建过程,是外部新要素不断导入的过程,也是与现有能力基础不断互换的连续过程;跨职能知识共享与集体性解释是企业动态能力得以释放和显现的关键。郑素丽等(2010)认为企业能力的本质就是知识整合,企业由异质性的知识组成。小微企业自身知识存量有限,知识创造能力不足,应与供应商、同行业组织、客户等组织形成合作关系,这种网络嵌入性,目的之一或者最终的结果就是制造组织间学习的机会(Hamel,1991;Mowery et al.,1996),组织间学习网络比单个企业内部学习更有利于发现创新的思路,从而成为组织知识的重要来源。通过组织间交互学习,增强企业的竞争力,最终提升企业价值。基于以上论述,本书认为组织间学习对动态能力具有显著影响。

总的来说,在全球化、动荡性的竞争环境中,小微企业既要充分开发利用自身资源,也要积极维持、发展与合作伙伴的网络关系,增加与其他组织的互动机会,在互动过程中相互信任,不断积累知识。以低于市场价格获取到知识,经过知识分享和利用,改变企业旧的惯例,增强企业的机会感知能力、组织柔性能力以及资源整合能力。结合第 2 章的理论综述,本书的理论初设如图 4-3 所示。

图 4-3　网络嵌入性对动态能力作用的理论初设

4.3 研究方法

4.3.1 案例选择

案例研究的规则是“分析性归纳”。如前所述，单案例研究和多案例研究各有优缺。单案例研究，观察会更详细，获得的信息更丰富、更有深度(Leonad-Barton，1990；Voss et al.，2002)；多案例是重复性的“准实验”，多次重复的“准实验”结果的一致性程度是判断案例研究结论可靠性的关键所在。多案例研究与单案例研究相比，其优点主要体现为更加可靠，更具普遍意义，结论更加准确，可增加对经验世界多样性的理解(黄振辉，2010)。Eisenhardt(1989)认为4～10个案例是比较理想的数量。

根据研究需要，并考虑案例个数的边际成本和效用，本书精选4家来自不同地区、不同行业的企业作为探索性研究案例。具体选择标准如下：①根据国家统计局印发的《统计上大中小微型企业划分办法》规定的小微企业划分标准来选取企业；②企业所属行业有一定的分散性，涵盖医疗信息化、安全监测设备、日用品制造及外贸和食品类4个行业，在一定程度上保证了案例的代表性；③选取的案例在企业年限、规模、行业地位上有所区别，从而保证了4个案例企业在网络嵌入性、组织间学习、动态能力和环境包容性等主要变量上的表现也存在一定的差异，以保证达到多重检验的效果；④选取的企业确保沟通方便，能够较为顺利地获取充分而准确的信息。

4.3.2 数据收集

本次案例研究的数据主要来自访谈、公司网页和公司的影像文字资料。

书中每个案例，笔者都在访谈之前进行了前期沟通，对企业基本信息进行了解，也把访谈的大致内容传达给企业高层管理者或者企业所有者。之后再根据访谈提纲进行半结构化访谈。访谈过程中，根据被访谈对象的讲述情况，对访谈问题做适时灵活的调整，保证被访谈者能充分表达自己的观点。对访谈对象的回答方式、访谈时间和地点、记录方式没有特别要求。每家企业访谈了2～3位高层管理者，包括总经理、人力资源经理、营销经理等，被访谈者对企业都有全面而深入的了解。每次访谈时间均控制在1.5～2小时。为了确保被访谈者能够提供足够翔实的信息，在访谈前的沟通中，笔者把访谈提纲发给被访谈者，被访谈者也会提供公司简介、个人工作岗位等信息。访谈结束之后，笔者按照本书案例分析的程序对访谈记录进行整理，并把整理出来的文本发给被访谈者，方便对信息进行核对、补充。

基于良好的个人关系基础，书中4个被访谈企业均提供了企业的网站、海报、彩页、影像资料及部分企业内部材料。此外，笔者还通过行业网站、相关期刊、官方新闻及统计年鉴等公开信息源，获取部分信息。

4.3.3 数据编码方法

数据编码(data coding)是将原始材料转换成标准化形式材料的过程，是构建理论的核心步骤之一(Strauss et al.，1998)。内容分析法(content analysis)是应用较为广泛的一种编码方法，基于客观系统的要求对传播内容所含信息量及其变化进行分析，是一个从表征的有意义的词句向更为准确含义推断的过程。该方法适用于报刊文章、访谈记录、图片内容、电视节目、回忆录等各类型文本的分析，可分为解读式内容分析法、实验式内容分析法、计算机辅助内容分析法。本书采用的是解读式内容分析法，具体步骤如下：首先，对所有数据按照理论预设的主要变量进行归类，包括企业基本信息、网络嵌入性、组织间学习、动态能力、环境包容性等，细读研究后再做进一步编码；其次，采用数据源多角化的方法，对来自不同信息源的数据进行比较和相互印证，进行聚合效度检验(Leonard-Barton，1992)，判断结论的有效性；再次，通过分析性归纳法，逐个对案例资料进行分析，建立起变量之间的关系逻辑，进行由此及彼的试探，并根据推广过程中的实际情况对模型进行修正，以此重复直至第4个案例；最后，将试探性的理论模型稳定下来，提出假设命题，有待实证验证。

4.4 案例简介

本研究在探索性案例部分，综合了案例企业的经营领域、市场范围、所在区域及获取资料的丰富程度等因素考虑，选取了4个调研对象，具体情况详见表4-2。

表4-2 4个案例企业的基本信息

公司	经营领域	所在区域	企业规模/人	访谈对象	访谈方式	访谈时间
A	医疗信息化	浙江省杭州市滨江区	26	总经理 业务经理	面谈/电话/微信	3小时左右
B	矿山安全监测设备	河南省郑州市高新技术产业开发区	19	总经理 总经理助理	面谈/电话/微信	3小时左右
C	不锈钢真空器皿	浙江省金华市武义县	110	总经理 营销经理	面谈/电话/微信	3小时左右
D	食品、调味品	河南省漯河市食品工业园区	56	总经理	面谈/电话/微信	4小时左右

4.4.1 A公司

A公司位于浙江省杭州市滨江区，成立于2012年，是一家数字病理高新技术创新型企业，专业提供区域数字病理一体化平台的开发和运营服务，以“开放、标准、创新”的理念，为区域数字病理集群提供一体化的数字病理解决方案，构建完整的区域数字病理生态系统，让病理世界触手可及。A公司属于医疗行业，主要经营领域是医疗信息化，产品包括数字玻片扫描仪(医疗器械)和MDT云平台(多学科远程诊断平台)。公司共有员工26人，其中拥有硕士及以上学位者占30%，有高级职称的占19%。核心技术团队在医疗信息化领域有超过10年的丰富经验，2位同业技术专家具有国外教育背景。

公司产品以数字病理显微软硬件应用系统为基点，逐步实现病理玻片全数字化，建立以数字切片为核心的数字病理数据中心，并汇聚专业病理知识与病理资源，形成标准化的数字病理数据集，基于大数据分析技术实现基于知识引擎的数字病理智慧云服务平台，向病理应用技术开发者开放技术开发框架与技术应用规则，以移动互联网 App 模式广泛地服务于病理诊断专家、临床患者、科研人员以及病理师生等群体。

作为 A 公司主打产品的 MDT 云平台，包含疑难会诊、数字读片、经典病例、后台管理四个模块，能进行远程传输与会诊，可以实现多学科、多医院网络协同诊断。该平台具有独创性，在国内具有垄断优势。另外一个主打产品是数字玻片扫描仪，目前国内外共有 8 个同行业厂商，国外有 4 家，国内有 4 家，A 公司业内排名第 3。

医疗信息化即医疗服务的数字化、网络化、信息化，是指通过计算机科学、网络通信技术及数据库技术，跨部门、跨医院提供病人信息，管理信息的收集、存储、处理、提取和数据交换，并满足所有授权用户的功能需求。随着科技和医疗行业的发展，我国医院对信息管理系统及其信息系统的升级需求都很旺盛。A 公司销售业绩增长速度很快，2016 年销售增长率高达 250%以上。

4.4.2 B 公司

B 公司成立于 2004 年，位于河南省郑州市高新技术产业开发区，是专业从事矿山安全监测设备和矿山通信系统研发、生产、销售及服务的省级高新技术企业。公司自主研发的核心产品主要有 KT518 矿用广播通信系统、KJ125 矿山人员管理系统、KBA10 矿用视频监控系统、钻场视频综合监控系统和煤矿综合联网平台等。其中 KJ125 矿山人员管理系统具有无缝集成移动瓦斯巡检、人脸身份识别、视频监控、无线手机通信等功能；KT518 矿用广播通信系统，具备广播功能、电话调度功能、视频监控功能、无线基站功能、钻场视频监控管理功能，集无线通信、电话、广播、视频多功能于一体，为矿井的安全生产和综合通信管理提供了有力保障。

B 公司产品在业内处于领先地位，获得了中国煤炭机械工业协会和煤矿与煤炭城市发展工作委员会组织技术专家的高度认可。目前产品已经遍及河南省内及山西、内蒙古、新疆、云南、贵州、陕西、湖南、湖北、河北等地的煤炭企业、非煤矿山及隧道行业。为确保公司产品技术的领先性，公司与世界上最大的模拟电路技术部件制造商——美国德州仪器公司建立了良好的合作关系。B公司曾荣获2008—2009年度河南十大诚信单位称号，拥有多项专利。

4.4.3 C公司

C公司注册于2012年，为浙江省广西商会的发起单位之一，现为浙江省广西商会副会长单位、义乌市广西商会副会长单位、金华广西同乡会会长单位。C公司专业从事不锈钢真空器皿的研发、生产、出口，现有标准生产厂房7000平方米，拥有员工110人，配备了全自动超声波清洗机、激光自动焊接机、有尾真空机、大型真空钎焊炉等生产设备，还拥有先进的抛光粉尘处理设备、污水处理等环保设备。公司有自营进出口权，主要产品出口日本等地。与国际知名品牌善魔师、孔雀等合作，为其代工，不但为企业获得了更多市场份额，也提高了公司的生产管理水平。公司积极履行和承担社会责任，每年都为贫困山区学校和家庭贫困学生提供援助。

国内不锈钢真空保温杯企业主要集中在浙江、广东和山东，共有1000家左右，其中浙江地区产量占到70%左右，C公司从规模上来说排在100名左右，从品质上来说则可进入行业10强。

4.4.4 D公司

D公司成立于2015年11月，主营业务是酱豆的生产和销售。公司把"做好酱豆，做有品质的酱豆"作为最基本的经营理念和生产要求。在产品质量的控制上，企业除了确保符合国家标准和行业标准外，还向工商管理部门申请了企业生产标准。企业拥有员工56人，在社会上建立了广泛的合作关系，如与相关的食品专业院校建立了研发合作关系，与全国各省经销商建立起良好的合作关系。同时，由于调味品市场品牌繁多，口味齐全，已基本满足人们日常烹饪和食用所需，人们需求趋于高档化、便利化、营养化，市场竞争激烈。D公司把产品定位于中高端市场，独辟蹊径采用河南省漯河地区多年传统配方，为消费者提供口味独特的"天赐一酱"。

4.5 数据分析

4.5.1 网络嵌入性

4.5.1.1 A 公司

A 公司的合作伙伴比较多，因为其主要致力于研发，通过合作伙伴来获取市场份额，所以第一类合作伙伴主要是医疗信息化领域的渠道商，包括上市公司和规模比较一般的企业，均属于信息技术类公司。第二类是技术研发类合作伙伴，包括扫描仪技术合作厂商、显微镜合作厂商等国内外厂家，如奥林巴斯株式会社、滨松光子技术股份有限公司等，都是精密、光学技术行业的资深企业，事业领域包括医疗、生命科学、影像等。第三类合作伙伴就是政府，卫健部门已经确定了我国卫生信息化建设路线图，即建设国家级、省级和地市级三级卫生信息平台；国家将投入数百亿资金进行医疗平台、基础数据库和专用网络建设，地方政府还有配套资金的投入。借此机会，A 公司入选杭州市滨江区“5050 计划”重点企业，获得 300 万元的创业启动资金、500 平方米以内办公场所租金补贴和两年内 500 万元银行贷款全额贴息等政府支持条件，当然 A 公司也在政府推动医疗信息化、网络化进程中充分发挥了自己的作用。

A 公司和这些合作伙伴之间的合作关系呈现日趋紧密的态势。A 公司产品——数字玻片扫描仪和 MDT 云平台具有不可替代性，而这些合作厂家只拥有产品的某些模块，缺乏系统性，A 公司致力于集成产品的生产与服务，与其他渠道商、供应商以及政府在双赢的基础上，保持长期密切稳定的合作关系。

在访谈过程中，该公司相关人员就 A 公司与合作伙伴之间的信任水平给出了 9 分的高度评价。A 公司虽然成立于 2012 年，但公司合伙人在医疗信息行业已有十余年的创业经历，并在行业内建立了良好的口碑，为当前的合作关系打下了坚实的基础。例如在某卫生信息平台建设营运项目中，预算不足，项目实施又有一定的紧迫性，为了协助合作伙伴顺利完成此项目，A公司适当压缩了利润空间，从而增强了与合作伙伴的信任度与凝聚力，可见A公司在社会网络关系建设方面投入力度还是挺大的。在与合作伙伴的沟通频率上，A公司保持着每个月两次以上的交互沟通行为，内容涉及产品更新、技术更新、项目进展与可行性报告、行业动态、客户反馈等。只要不涉及公司核心技术的信息(例如代码源等)，均可与合作伙伴互相提供信息。遇到问题，一般在相互信任的基础上通过沟通协商来解决，必要时会做出一些让利或者后期弥补行为。

4.5.1.2 B公司

B公司经过10几年的发展，拥有独立开发能力和自主知识产权，在业内拥有一定的知名度，建立了较为广泛的合作关系。其合作伙伴主要包括供应商、客户、代理商以及地方煤炭管理局。访谈过程中，该公司相关人员认为和各类合作伙伴的关系会越来越密切，毕竟市场的开发和维护，仅靠一个企业是无法完成的。和政府机构合作，特别是政府采购行为过程中，维持与政府的良好关系对工作开展还是大有裨益的。对于客户和代理商，则会按照对方的合作诚意、付款速度等指标进行等级评价，在交易和沟通时即可选择对应的合作策略。B公司拥有郑州煤炭工业(集团)有限责任公司、平顶山煤业集团有限责任公司等一大批优质客户。与客户通过拜访、电话联系、邀请来访等形式，每个月保持将近10次的沟通。B公司对客户、政府都提供无偿信息。在合作过程中，如果遇到技术类问题，通常是双方共同投入解决，B公司设置了24小时服务电话，以便能及时响应外界信息。

4.5.1.3 C公司

C公司作为一个集不锈钢真空器皿研发、生产、出口于一体的企业，主要的合作伙伴包括国外采购商、贸易公司、原材料供应商、相关政府部门和同行业企业。国外采购商严格按照国际生产标准寻找制造商，从清洁生产、用工制度、技术水平、行业竞争力等方面对制造商进行筛选。因此，一般一旦确定合作，合作关系就会比较稳定。而C公司对于供应商也是一样的态度，长期合作的供应商在10家左右，包括不锈钢供应商、包装箱供应商等。同时，与同行业企业在订单、技术、供应商资源等方面也有一定的交流和共享。

C公司成立以来，经过不断筛选，已经有了较为稳定的采购商和供应商，每年会增加新的客户，总体上生产和出口都保持稳定的增长态势。无论是采购商还是供应商，由于转移成本较高，双方都愿意为维持合作关系而努力，彼此信任。C公司与合作方保持经常的联系，特别是在新品研发投产阶段，双方会保持长期面对面的交流，确保产品质量，平时则通过电话和邮件保持稳定联系。在不违背商业道德的情况下，双方都向对方提供所需信息。在面临质量认定、产品设计、生产工艺等问题的时候，双方能本着共同解决问题的态度，积极寻找问题的平衡点。特别是采购方，通过与C公司的长期合作研发，已经很信赖C公司的技术，因此也尊重C公司的决定和说明。

4.5.1.4 D公司

D公司创立时间不长，生产能力和市场开发是其面对的主要问题，因此，其合作伙伴主要包括供应商、渠道商、高校、媒体4类。其中，与媒体的接触主要通过当地的渠道商实现；供应商主要包括豆油供应商、肉类供应商；渠道商是第二大类合作伙伴，包括代理商和零售商，D公司主要面向代理商。从公司发展需要来看，目前合作伙伴的数量还远远不够。不过从整体上看，这些合作伙伴关系还是比较密切的。在与合作伙伴的信任程度方面，与供应商的合作做到了完全信任，但与渠道商的合作因各种原因而参差不齐。来自漯河食品职业技术学院的教授与D公司的技术交流能保证开诚布公，双方经常相互拜访或者电话联系，就技术问题进行沟通。D公司要求市场经理或者客户经理与渠道商保持每周沟通1～2次，采用拜访、电话、微信等方式沟通。沟通过程中，双方能较为积极快捷地提供对方所需信息。但受企业资金能力限制，合作过程中也会遇到与资金投入有关的问题，除了协商，D公司尽量提供解决方案和执行人员，协同解决问题。综上所述，D公司在结构嵌入性方面处于一般水平，在关系嵌入性方面处于较高水平。

4.5.2 组织间学习

4.5.2.1 A公司

A公司非常重视研发投入和员工的自我提升，在这方面的投入高达利润的百分之60%以上。首先在提高研发人员工作能力和工作积极性方面下足了功夫，除提供可观的薪资水平外，经常为他们安排专业技能的培训：给公司管理人员安排高等院校的管理类课程培训；根据公司产品技术性要求，安排销售人员参加业内大型公司的研发会议、行业动态类会议以及公司内部技术类培训。公司每周定期举行研发人员的讨论会，分享参会或者培训学习内容；也会把工作中遇到的最新问题（连同解决方案）拿出来做案例分析，让所有参会同事了解可能用到的技术和方法。A公司员工总数不多，但团结一致，绝大多数员工都愿意与同事分享知识、协作项目、共同成长。

A公司作为IT行业企业，深知技术更新速度之快，会将从外界获取的知识、信息快速反映在公司产品的研发上，确保公司走在技术的最前端。公司每个月有两次技术迭代，包括新技术的采用和流程上的创新。

4.5.2.2 B公司

B公司属于技术类企业，其产品和服务关系到矿井、路桥、铁路等施工安全，产品的可靠性非常重要。对此，B公司提出了“自检互检，确保产品零缺点”“找方法才能成功，找借口只会失败”等口号。B公司进行组织间学习的方式包括网络搜寻行业信息、向竞争对手学习、参加行业会议等。由于公司业务繁忙，参加培训也采用了网络方式进行。另外，煤矿安全监管工作非常严格，中国煤炭机械工业协会和煤矿与煤炭城市发展工作委员会每年都会组织技术专家到企业进行产品评议，同时就行业发展动态、安全需求、产品技术等问题进行交流。公司内部知识性讲座比较少，知识扩散主要通过非正式方式如聚餐等实现。B公司通过向竞争对手学习合同管理、客户关系管理等技巧，结合网络课程学习，根据公司实际状况，完善了管理制度，进行了组织结构扁平化处理，优化了岗位设置。

4.5.2.3 C公司

C公司地处浙江省，接触的多是国际客户，认为信息技术的发展让行业技术越来越透明，技术更新速度跟不上行业发展速度就会被淘汰。因此，鼓励员工带薪参加技术培训和行业会议，还通过业内人员流动来获取其他企业的技术信息。管理知识则主要是通过与同行业高层管理者的交流来获得，同时也实现了同行业企业之间的信息共享、技术共享和市场共享，这种行为被C公司的相关负责人称为“抱团取暖”。公司内的知识分享活动采取的是有针对性的小范围分享，员工知识分享的程度和水平参差不齐，公司内尚未形成知识分享的激励制度和企业文化。在知识的应用上，C公司认为技术性知识在公司内更容易落地得到应用，而管理规则则难以复制并实践，需要企业逐步积累，从量变达到质变。

4.5.2.4 D公司

产品质量的控制和口味研发是食品企业创业初期的工作重点，也是难点。D公司聘请了漯河食品职业技术学院食品专业的专家指导生产，共同研发；并安排生产经理和质量管理人员进入学校课堂和实验室进行交流学习。派遣销售人员参与销售培训类课程，当年已安排公司销售人员参与了3期培训。D公司相关负责人表示，公司会陆续完善培训制度，不断派遣不同部门人员进行学习和交流。

D公司是一个集生产和销售于一体的企业，在设备做整修保养期间，会开展内部培训或者交流会议，公司所有人员都要参与学习，保证培训交流所习得的知识在公司内部得以扩散和消化，实现知识效用最大化，公司员工也愿意通过正式或非正式方式与同事分享知识经验。作为企业所有人，特别看重知识分享的氛围，采用了一些绩效奖励的方式来鼓励团队人员共同提高。D公司成立时间不是很长，限于人力资源和社会关系不足，向同行业企业交流学习的机会还不多，但相关负责人拥有5年的广告公司创业经验，加强企业学习和实践的愿望还是很强烈的，表示随着公司规模的扩大，交流活动会不断增多。

4.5.3 动态能力

4.5.3.1 A公司

A公司属于医疗信息化行业，属于公共行业，因此医疗改革政策会直接影响行业技术发展方向和市场需求，因此A公司认为必须第一时间掌握政策上的变化，甚至认为这是公司的一项核心工作。政策直接影响到公司技术研发方向、市场需求和产品设计，如国家对医疗信息化是有指南的，公司会根据最新的指南来修改业务流程。例如国务院办公厅 2015 年推进分级诊疗制度，A 公司就在产品功能中增加了转诊功能模块和远程会诊功能模块，实现快速转诊，方便基层医院得到专家的指导，有效解决医疗资源不足的问题。A 公司秉持“永远领先竞争对手半步”的理念，所以在参与行业会议过程中会刻意了解竞争对手的最新动态，也会去医疗机构现场调研，关注竞争对手产品的设计和使用。

A 公司实行项目负责制，对项目经理充分授权，项目经理不仅可以调动来自同一部门和不同部门的员工，必要时还可以调用或借用总经理资源，确保了项目经理的工作自主性、积极性以及工作效率。由于不同员工负责不同项目，所有人都需要其他人的协助，因此在公司形成了相互协助、合作共赢的氛围。

在外部环境发生变化时，A 公司能及时进行一些计划上的调整。特别是政策发生改变时，或者发现行业内有新的技术动向时。但是计划和战略调整需要经过部门负责人论证，确认问题本质及改变方向，再实施调整。

A 公司清醒地认识到小企业存在资源紧张匮乏的天然缺陷，所以非常重视内部知识分享，以达到资源利用最大化。一旦有人在新知识新技能方面有所收获，就非常愿意与同事分享，沟通也非常顺畅，这是该企业的优点。另外，小企业生存压力较大，失去重要客户或者研发失败，都会给公司效益带来明显影响，甚至影响整个公司的生存发展，因此不同部门可以做到目标一致，为每个项目的成功实施而共同努力。企业在支出预算方面把握得比较严格，资源浪费情况不明显。

4.5.3.2 B 公司

B 公司产品直接关系到煤矿、钻场工作人员的生命财产安全，因此行业协会和煤炭城市发展工作委员会对相关企业有较为严格的技术标准，B 公司也非常关注行业技术标准变化并及时根据要求革新产品技术。新能源结构调整等带来的煤炭行业景气状况、竞争对手产品、客户需求等变化，B 公司都能较为敏锐地感知到，并做出业务调整。除了生产部门以外，B 公司其他部门都采用弹性工作制，部门管理者有一定的工作自主性。公司要求人员进行岗位流动，基本掌握产品的设计、生产知识，以便各项工作的部门间配合和人员的临时调度。如生产部生产压力较大时，公司采取给予生产补贴的方式,鼓励和调动其他部门人员去生产部门提供帮助,部门之间人员流动灵活。访谈期间,公司负责人一再强调各个部门之间的协调和共赢效应,公司资源得到了更好的利用。

4.5.3.3 C公司

C公司作为外贸公司,对汇率变化有极高的敏感性,也十分关注国际形势、政治动态,以及国际市场价格变动、需求变化。保温杯属于日常消费品,C公司及时地了解市场走向,以免错失机会,根据环境条件变化做出相应战略调整。在提出问题解决方案时,能整合公司各部门的信息、能力、网络关系,提出全局性的解决方案。目前投资设备的闲置,是企业资源浪费的主要原因,根据公司相关负责人的表述,主要是因为对市场走势判断出现失误,导致购置设备后发生闲置。

4.5.3.4 D公司

漯河有“中国食品名城”之称,D公司位于当地一个食品工业园区,对环保、食品安全以及当地政府食品工业园区企业的税收补贴等相关政策基本能保持关注。对于市场反馈信息则能保持高度的敏感,快速采取相应的营销策略并注重经验的积累,形成新的工作流程。为了配合快速的市场反应,D公司内崇尚充分授权,实施目标管理,但也暴露出迫于生存频繁调整策略而对战略规划及其调整缺乏长远考虑,这是小微企业的通病。不同部门知识信息的整合利用在高层管理者这一层级实现,各个部门能迅速沟通,紧密配合,协同执行。D公司在制度建设上还没有跟进,所以仍存在一定的资源浪费。总体上来看,D公司的动态能力水平较高,其中机会感知能力一般,组织柔性能力较强,资源整合能力一般。

4.5.4 环境包容性

4.5.4.1 A公司

杭州市滨江区作为IT行业聚集地,政府对该区小微企业特别是科技型小微企业发展非常重视,推出了“5050计划”,引进海外高层次留学人才创新创业，申报该计划的创业项目主要包括通信设备制造、软件研发、数字电视、集成电路设计、安防设备制造、电子商务、计算机及应用、生物医药、新材料、新能源与节能、环境保护等，具有较好的产业化前景。A公司成功入选"5050计划"重点企业，获得300万元创业基金支持、办公室免租支持、贴息贷款以及税收优惠等。作为高科技、无污染、高产出、服务于公共事业的企业，A公司认为地方政府的支持力度和重视程度都比较高。目前我国医院已普遍引入信息管理系统，信息系统的升级需求旺盛。国内医疗行业每年对IT建设的投入规模约占卫生机构支出的0.8%左右，而发达国家这一数字高达3%～5%，因此医疗信息化行业的未来发展空间甚为广阔。A公司核心产品MDT云平台作为远程传输与会诊平台，适用于医联体的建设，把高端的医疗资源输送到医疗资源匮乏的区域，普惠民众。国务院办公厅印发《关于推进医疗联合体建设和发展的指导意见》，对公立医院参与医联体建设提出了指导性要求。为医疗信息化行业带来了巨大的市场空间。

从行业发展空间和获利机会上来看，市场需求旺盛，亦可通过合作或者引进等方式获取最新技术，但是A公司却遇到了人才瓶颈，主要原因是作为一个小企业，与上市公司相比缺乏足够的吸引力。

4.5.4.2 B公司

B公司是专业从事矿山安全监测设备和矿山通信系统研发、生产、销售及服务的省级高新技术企业。政府对该行业监管比较严格，但缺乏支持性政策。盈利机会一般，从2008年以后形势愈来愈严峻。技术、人才、信息等资源获取比较容易，但是贷款还是有难度。总体上来讲环境包容性水平较低。

4.5.4.3 C公司

金华市永康市是浙江省重点规划建设的现代五金产业带核心，C公司就处于该产业地带区域范围内。政府通过推动国际五金电器博览会、"互联网＋"商业思维的应用来支持本地区的五金产业发展。随着加入多个交易平台，浙江五金产业会更全面地推向国际市场，该行业未来尚有很大发展潜力。据相关负责人透露，C公司在人才招聘、融资贷款、技术信息的获取方面，都没什么难度。

4.5.4.4 D公司

D公司经历了创业最困难的阶段，深感小微企业融资之难，作为传统食品类小微企业，很难得到政府融资政策、用地政策、税收政策等支持。因此生存面临严峻的考验，再加上企业缺乏知名度，在吸引人才方面也有较大难度。因此，总的来说D公司环境包容性水平较低。

4.6 案例讨论与命题提出

本小节主要对每个案例分析的结果进行提炼和对比，归纳出主要变量之间的关系，初步提出初始命题假设。虽然在实际操作中会对每个案例进行重复归纳，但受篇幅限制，未对所有案例分析做一一阐述。

4.6.1 案例数据信息编码

在对案例数据做描述分析的基础上，针对各案例企业的现实情况，就网络嵌入性、组织间学习、动态能力3个主要变量进行了评判打分，用很高、较高、一般、较低、很低5个等级依次从高到低表示案例企业各项指标的水平。将网络嵌入性进一步分为结构嵌入性和关系嵌入性2个维度，将组织间学习进步分为知识获取、知识共享和知识利用3个维度，将动态能力进步分为机会感知能力、组织柔性能力、资源整合能力3个维度。将评价结果再次反馈给企业受访人，请受访人及专家做出审核和修正，结果见表4-3。

表4-3 案例数据编码结果

变量		A公司	B公司	C公司	D公司
网络嵌入性	结构嵌入性	较高	较低	较高	一般
	关系嵌入性	很高	较高	很高	较高
组织间学习	知识获取	很高	较高	较高	较高
	知识共享	较高	较低	一般	一般
	知识利用	较高	一般	较高	较低

续表

变量		A 公司	B 公司	C 公司	D 公司
动态能力	机会感知能力	较高	一般	较高	一般
	组织柔性能力	很高	较高	一般	较高
	资源整合能力	很高	很高	一般	一般
环境包容性		很高	较低	较高	较差

4.6.2 网络嵌入性对小微企业动态能力的影响

在理论预设中，网络嵌入性的 2 个维度结构嵌入性和关系嵌入性对动态能力的 3 个维度都有影响。4 个案例企业的被访者都肯定了小微企业发展合作伙伴加强网络嵌入的重要作用，从 4 个企业各自的网络嵌入程度和动态能力建设结果来看，很好地支持了理论预设的观点。例如 A 公司作为处于浙江省滨江区的一家数字病理高新技术创新型企业，虽然规模不大，但其技术水平一直走在世界前端。为保持技术优势，该公司充分利用合作伙伴的市场开发力量，包括奥林巴斯等知名企业；与来自美国的同行业公司合作开发新项目。业内合作厂家只拥有产品的某些模块技术，缺乏系统性，因此 A 公司在网络中占据了至关重要的位置。A 公司对政策敏感度高，团队意识强，对变化反应快速，能充分授权，以迅速参与决策。另外 3 个案例企业在结构嵌入性方面表现参差不齐，动态能力 3 个维度方面的表现也出现不同程度的变化，可以推断结构嵌入性对动态能力存在正向作用。

在关系嵌入性方面，A 公司也表现得非常突出，不惜适度牺牲经济利益保持与合作伙伴的友好关系。与客户保持高密度互动及相互提供信息，交流内容广泛。B 公司作为专业从事矿山安全监测设备和矿山通信系统的公司，与政府和各大煤矿关系紧密，以情感式交流为主。C 公司处于不锈钢真空器皿产业集群，与同行业和国外客户联络密切，技术和资源的交流是重点。B 公司在机会感知能力、组织柔性能力和资源整合能力方面的表现为一般、较高、很高，C 公司表现为较高、一般、一般，这与二者所处行业和合作伙伴类型有关。据此可以推断关系嵌入性对动态能力存在正向作用。

根据以上分析，本书提出如下初始假设命题：

命题1：网络嵌入性对小微企业动态能力有显著正向影响。

4.6.3 网络嵌入性对小微企业组织间学习的影响

在理论预设中，根据文献综述，我们预设网络嵌入性对组织间学习有显著的正向影响作用。4个案例企业从访谈中都表现出非常重视知识获取，除了网络搜寻、同行交流等免费方式，还资助高层管理人员及员工带薪参与行业会议（A公司、B公司、C公司）、接受培训（A公司、C公司、D公司）、购买网络培训资料（B公司）、聘请专家指导（D公司），所以在知识获取维度，4个公司的评价都比较高。在知识共享和知识利用上，则出现不同表现，部分原因是高层管理者认为专业知识应该在小范围内扩散，也有部分原因是认为外部知识与公司实践有距离。但总的来看，在网络嵌入性水平更高的A公司和C公司，其组织间学习3个维度上的总评也相应呈现较高水平，B公司和D公司则反之。

基于以上分析，本书给出以下初始假设命题：

命题2：网络嵌入性对小微企业组织间学习有显著正向影响。

4.6.4 组织间学习对小微企业动态能力的影响

由知识观可知，组织对知识的获取和管理可以改变组织的惯例建设和技术开发方向，以及其对资源的整合利用能力。从数据编码结果来看，组织间学习评价最高的A公司，动态能力综合评价也是最高的。其中知识获取对动态能力3个维度的影响，4个公司都显示出较高的一致性，知识获取评价最高的A公司和C公司，机会感知能力、组织柔性能力和资源整合能力也都优于B公司和D公司。在知识共享和知识利用对动态能力3个维度的作用上，B公司表现不一致，特别是在组织柔性能力和资源整合能力方面，经过与受访人讨论，认为B公司的特殊性在于该企业是唯一主要与政府和事业单位合作的企业，企业所有者本人在处理好与这些合作伙伴关系的情况下，整个组织的柔性能力和资源整合能力都表现得很好。

基于以上分析，本书给出以下初始假设命题：

命题3：组织间学习对小微企业动态能力有显著正向影响。

4.6.5 环境包容性的调节作用

环境包容性是指在企业经营环境中，企业所需资源的充裕程度，以及企业获取这些资源的难易程度。有研究者认为优厚的环境，反而会使企业资源出现组织刚性，不利于企业改变和创新。但从本书的 4 个案例企业来看，东南沿海地区环境包容性要优于华中地区，但分布在东南沿海地区的企业，却在应对瞬息万变的市场、寻求跨组织合作、吸取最新技术知识、寻求改变和创新上，表现出更为积极的态度，企业动态能力各维度评价水平也较高，可见，随着环境包容性的提高，网络嵌入性和动态能力关系、网络嵌入性和组织间学习关系反而得到了加强。故本书认为，较高程度的环境包容性，是该区域内文化、政策、经济、自然禀赋条件、传统等多重因素长期发展演变的结果，环境包容性发挥作用的模式，又和该区域的企业家精神和国际视野有密切关系。因此，认为优厚环境会造成组织刚性，起到负向调节的观点，在一定程度上是脱离研究情景的结果。而现实是，在环境包容性较高的环境中，企业通过外部获取知识提高其动态能力的行为更为主动和积极，因此本书初步假定环境包容性在以上两种关系中存在正向调节作用。基于案例访谈过程中的信息，环境包容性较强的 A 公司和 C 公司，网络嵌入程度和动态能力水平相关度显著，但环境包容性较低的 B 公司和 D 公司从网络获取知识和资源的愿望也很强烈。基于目前以小微企业为研究对象的环境包容性研究较少，本书的命题提出忠于探索性案例结论，因此给出以下初始假设命题：

命题 4：环境包容性正向调节网络嵌入性和动态能力之间的关系。

命题 5：环境包容性正向调节网络嵌入性和组织间学习之间的关系。

4.7 本章小结

本章以 4 家小微企业为研究对象，进行了探索性案例分析。首先，介绍了案例研究方法，结合第 2 章的理论综述，对本研究进行了理论预设，并介绍了案例企业成立、发展、业务范围、行业地位等基本情况。其次，详细分析了4个案例企业的网络嵌入性、组织间学习、动态能力及环境包容性等方面的表现和状况。最后,通过对访谈数据进行数据编码,采用内容分析法,探索性分析以上主要变量之间的关系。案例分析的结果支持了本章的理论预设,本章提出的理论预设将成为第5章研究模型的重要基础。在第5章和第6章中,将会结合本章对概念维度的初步细化和后续文献的支撑,对本章的4个命题做进一步细化和明确。

5 基于网络嵌入性的小微企业动态能力研究模型

从第 4 章探索性案例分析的结论中，我们得到了网络嵌入性对动态能力的初步作用机制，即小微企业网络嵌入性通过组织间学习的中介机制影响动态能力，即"网络嵌入性—组织间学习—动态能力"作用机制。

网络嵌入性从结构嵌入性和关系嵌入性两个维度表征其嵌入性特性，包括对企业嵌入网络的网络规模、位置、与其他成员之间的关系、合作程度等，直接影响着企业从该网络中获取、共享和利用的知识，进而影响企业动态能力及其竞争优势。企业通过产业集群、价值链、联盟等形式，发展多样化的合作伙伴，并与这些合作伙伴进行信息和知识的合作，特别是通过深度合作，获取缄默知识。企业将获取的知识在组织内部进行解释、扩散、利用，从而不断修正本企业的惯例、文化，提高本企业适应动态环境的能力。因而从网络嵌入性到动态能力，组织间学习起到了重要的中介作用。

5.1 网络嵌入性与小微企业动态能力

在全球化背景下，技术动荡程度和复杂程度越来越高，市场竞争格局日新月异，消费者的需求也随技术的日新月异和生产力的飞速发展而变得越来越变幻莫测。任何企业要想跟上这个时代的节奏，就不能只关注本企业内部的自我发展。李海舰等(2008)提出企业视野应从经营企业转向经营社会，认为当前企业已经从原子型企业假设进入网络型企业假设，企业之间的竞争已经不是单个企业之间的竞争，而是商业生态系统之间的竞争。任何一个企业只能扮演价值网络中的一个节点，不断地与其他节点进行资源的交流。因此，企业可以从网络中寻找缺乏的资源以及降低成本的途径等。

网络节点多样性能够有效促进网络整体的创新性和适应性，从而提高网络绩效开发和保持吸收能力（Lane et al.，2006）。从内外部获取知识，对开发、吸收能力都至关重要（Jansen et al.，2009）。嵌入性的分类视角很多，如结构嵌入性和关系嵌入性（Grannovetter，1985；Gulati，1998），认知、文化社会结构、政治制度嵌入性（Zukin et al.，1990），业务嵌入性与技术嵌入性（Forsgren et al.，2002；刘雪峰，2007），环境、组织间的双向嵌入性（Hagedoorn，2006）。

“整合、构建和协调内部和外部能力的能力”是 Teece 等（1997）给动态能力下的定义。其中，“外部能力”主要是指企业在与其他组织的合作和交流中有效利用外部资源的能力。企业通过个人或组织的社会关系网络，拥有更多获取资源的机会，且通过交流，有利于加强企业的开放性，提高其资源整合和释放能力，而这正是动态能力构建的核心过程。企业的网络嵌入性与动态能力具有密切的关系。

小微企业存在规模小、资源少、抗风险能力低等先天不足，加之经济全球化背景下全球市场一体化，更压缩了小微企业的生存空间。对中小企业来说，培养动态能力来支撑企业战略从而获取竞争优势，以适应多变的环境是非常重要的。企业间网络可以为小微企业提供更多更好的资源和知识，帮助它们克服先天劣势，提高它们适应动态环境的能力。这种降低知识交易成本的做法，在知识驱动型经济的背景下得到了更多认可和关注。Hampel-Milagrosa 等（2015）通过对来自埃及、印度和菲律宾 100 家小微企业升级的影响因素研究，发现企业家个人和组织两个层面的网络都对企业适应环境、企业成长带来重要影响，如图 5-1 所示。

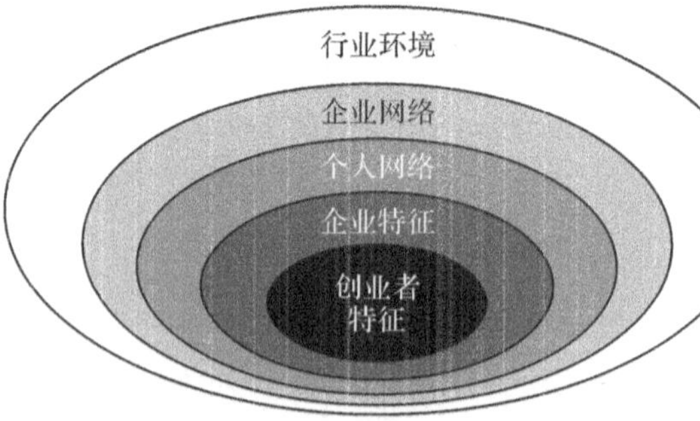

图 5-1 小微企业成长影响因素

5.1.1 结构嵌入性与动态能力

结构嵌入性主要关注嵌入网络的企业之间相互联系的总体性结构问题，它一方面从整体上强调社会网络的功能和结构，另一方面又关注某个特定企业作为一个网络节点在社会网络中的位置以及由此带给企业的影响(Hagedoorn,2006)。

5.1.1.1 结构嵌入性与机会感知能力

在结构嵌入性研究中，Burt(2002)提出的"结构洞"概念受到学界的普遍关注和追随。结构洞位置体现了企业在网络中的桥梁作用，跨越结构洞的桥联结可以使企业占据有利位置，有机会接触和获取多元化知识，两个节点之间具有非冗余联系。企业在网络中拥有的结构洞数量越多，意味着企业在整个信息传递网络中占据的位置越优越。焦点企业占据网络中心位置，它和众多合作企业有着直接联结(Scott,2013)，与其他企业进行交流与合作较为活跃，拥有甚至可以控制更多网络内关键信息通道，比其他企业更容易获取其所需的技术创新知识(蔡猷花,2021)。该观点在产业集群网络中也得到了证明，Hoang(1997)实证表明具有较高网络中心位置的企业，在产业集群内可以优先获得新知识和新技术；有利于其获取更多缄默知识(Beckman,2002;王发明等,2013)，这也直接降低了焦点企业搜寻信息所付出的成本，以低成本优先获取市场信息，从而有利于提高企业的机会感知能力。Alinaghian 等(2014)通过对来自 6 个国家不同行业的企业实证，构建了以供应链为基础的企业网络，发现结构嵌入对企业机会感知和机会攫取能力都有正向影响。另从探索性案例分析的结果看，A 公司和 C 公司的表现也支持这一观点。例如 A 公司的相关负责人谈到相关问题时说："我们是国内唯一生产该产品的企业，具有不可替代性……是属于医疗信息化的产品，技术的更新往往随着国家政策的改变而改变。所以我们要及时从相关部门获得最新政策信息，也要和一些技术供应商、客户保持密切联系，以便在第一时间获得最新信息。"

5.1.1.2 结构嵌入性与组织柔性能力

网络规模是网络结构是网络中成员间关系的一种度量，Lee(2007)把网络密度定义为一个公司与其他合作伙伴之间的互动关系。Burt(2002)提出，在规模较大的网络中，企业更具有以较低的成本获得资源与信息利益的可能性，大规模的网络带来的利益有三种表现形式：较宽的接口、更短的时间和优先推荐。较宽的接口为企业提供了更多获取有价值信息的渠道，并为学习如何运用这些信息提供了条件。高密度的网络关系可以增加合作伙伴之间的相互信任、互惠规范和共同身份，从而有利于组织间知识共享和合作，为网络成员提供非冗余信息(Schilling et al.,2007;Phelps,2010)。范志刚等(2014)借鉴资源观理论，认为处于网络中心位置的企业因为拥有优越的网络位置、良好的企业间关系以及强大的议价能力而更易协调资源，能够控制和引导创新资源向有利于自己的项目流动，甚至能够控制和协调网络内产生新知识的轨道和方向。因此结构嵌入性对组织柔性能力具有积极的影响。如A公司的相关负责人曾说："我们的重点还是在产品的研发打造上，依托来自这些合作伙伴的销售线索去做一些销售的工作，灵活性很大。比如中山市的一个项目，因为是援助西藏和新疆的项目，我们的业务部门很快就决定在对方预算不足的情况下降价给予支持。"

5.1.1.3 结构嵌入性与资源整合能力

企业的资源整合主要包括两个方面：一是对企业现有的资源进行重新配置以形成新的能力；二是积累和创造未来的资源以构建更强的能力(陈莉平等,2006)。根据Burt(2002)的论述，企业在网络中的位置越接近网络中心，越能以更短的时间获取资源和信息，特别是技术创新所需的知识，从而为其控制资源、整合资源提供了条件。企业在产业集群中越靠近网络中心位置，越容易获取新知识、新技术(Hoang,1997)。经过内化，这些新知识成为企业自身的知识，增加了企业异质性知识的存量(Cohen et al.,1989)。

在网络中占据更多结构洞的企业可以通过位置优势控制信息流，决策者得以更好地利用信息第一时间对外部环境中的机会和风险进行判断，降低不确定性，提高创新绩效(Soh,2003;蔡猷花等,2021)。Rank(2014)在研究德国区域生物技术公司时发现，网络中合作伙伴密集的程度积极影响着初创型小微企业的生存机会。通过对以上研究发现的整理，本书认为结构嵌入性对动态能力的资源整合维度具有正向影响。

5.1.2 关系嵌入性与动态能力

关系嵌入性是指是以网络成员直接联结为纽带的二元交易关系(Grannovetter，1973；洪茹燕，2012)，强调双方在合作关系中的质量。按照这种二元交易关系，联结的强度分为强联结和弱联结，衡量这种强度的维度包括联系时间、情绪强度、信赖、互惠等。Uizzi(1997)认为其内涵包含了信任、信息共享和共同解决问题三个方面。小微企业因为其自身资源限制和成长需要，在网络位置不占优势的情况下，一般都会主动加强与合作伙伴的关系建设，以增强双方之间的信任，从而加深合作，努力产生和强化锁定效应，加强自身在价值网络中的作用，以求在动荡性环境中不断提高自身适应能力。

5.1.2.1 关系嵌入性与机会感知能力

企业通过嵌入外部合作伙伴网络能够获取更为广泛的资源和信息(Hoang，1997；Døving et al.，2008)。从文献梳理和4个探索性案例中可以发现，这些信息包括政策信息、技术信息、资金信息、需求信息、竞争者信息、原材料信息、行业发展态势信息等，企业通过这些信息可以很容易地感知到外部环境中所蕴含的机会。

企业之间的信任在资源信息交换过程中起到至关重要的影响。企业之间或者个人之间的信任关系，是缄默知识分享的前提条件(Behrens et al.，2000)，基于这种信任关系的关系资本促进了组织间的信息转移，转移的数量和质量都随组织间信任程度的提高而提升(李丹等，2018)。企业间信息共享程度的加深能够提高企业在合作过程中信息交换的及时性、准确性与广泛性，亦有助于企业敏锐把握各种有效信息，提高其机会感知能力。

杜丹丽等(2015)对电子信息、生物医药、新材料、技术类、新能源等行业小微企业的调研实证，社会资本(社会网络、信任、共同语言与愿景)对动态能力具有正向的推动作用。如C公司的相关负责人在谈到相关问题时说：

"我们要及时地了解市场走向……我们这些同行的朋友会经常聚一聚,交流市场、原材料、汇率、国际环境等方面的信息……""我们有个日本的大客户,对产品标准要求非常严格,会经常过来调查,由对方确认各个生产环节和产品质量标准,还要建立生产规则……"

5.1.2.2 关系嵌入性与组织柔性能力

信任使得企业之间的关系更具开放性,提高交流资源、信息的准确性和价值,实现更深层次的资源互补(Kleinbaum,2012)。信息共享程度较深时,企业之间信息交换更为频繁,信息内容更为细致和复杂(McEvily et al.,2005)。在交互过程中会获得交流目标之外的信息,这为企业综合利用资源、改变决策和调整战略提供了更多可能性和便利性(Blomstrom et al.,2001)。在共同参与项目和解决问题的过程中,合作双方通过多方面的接触和交流,对合作伙伴的企业文化、工作惯例和企业愿景有了更深入的了解,能够在应用来自对方的知识时,将不同的组织与现实背景纳入对知识的理解中,形成特定的沟通语言,从而有助于双方企业高效率地进行工作改进和产品开发(Levine et al.,2012)。C公司的相关负责人在谈到相关问题时说:"合作的时间长了以后,他们的每个订单都希望由一个工厂来做,因为两个不同国家的企业的磨合期很长,培养出一家生产合作商,周期很长,成本很高,他不会随便选择其他厂家。"

5.1.2.3 关系嵌入性与资源整合能力

强关系是控制合伙行为的社会控制机制的一部分,企业与其他网络成员可以通过建立强关系,形成风险和成本分担或技能互补的关系(Forsgren,1995)。企业与其他企业之间的信任基础越好,越有助于快捷获得稀缺有效的资源,避免过多冗余无效的过程。这些资源对企业自身拥有的资源来说,具有互补作用或加强作用。在获得资源的同时,企业也就能够感知到资源如何得到整合利用。对于如何利用获取的信息和资源,企业可以在信息共享和共同解决问题的深度交流过程中,通过隐性知识的溢出而获得相关经验。

在探索性案例中,A公司、B公司的受访人都表示通过项目合作,双方负责人员就产品技术、工作方式、改进方向等问题进行了深度交流，对于重新发挥本企业的技术专长，推进产品升级换代有很大帮助。C公司则重点强调了产业集群内同行业人员之间的技术交流、客户对生产过程的深度参与等行为，促进了企业区域优势、技术能力、品牌优势的整合，保证了企业持续竞争力。

基于以上理论综述，结合探索性案例分析结论，本书提出以下研究假设：

假设1：网络嵌入性对小微企业动态能力有正向影响。

假设1-1：结构嵌入性对机会感知能力有正向影响。

假设1-2：结构嵌入性对组织柔性能力有正向影响。

假设1-3：结构嵌入性对资源整合能力有正向影响。

假设1-4：关系嵌入性对机会感知能力有正向影响。

假设1-5：关系嵌入性对组织柔性能力有正向影响。

假设1-6：关系嵌入性对资源整合能力有正向影响。

5.2 网络嵌入性与小微企业组织间学习

从嵌入网络的动机看，企业动机非常复杂，主要有降低交易费用、获得互补性资源、实现组织间学习、追求市场地位、分担成本和风险等，在有效管理的前提下，市场嵌入可以成为企业获取持续竞争优势的源泉（刘衡等，2009）。网络关系越接近公司核心业务，网络成员间的相互依赖、信任和帮助程度就越高，传递的知识由显性知识为主过渡到以隐性知识为主，带给企业的网络效应越突出（李焕荣等，2004；郑海元等，2021）。Arvanitis等（2013）基于荷兰和瑞士两国创新企业大型面板数据实证结果，发现获得外部知识主要有两个途径：购买和合作，这两个途径对组织的创新能力都有积极作用。

5.2.1 结构嵌入性与组织间学习

网络中心位置和较大的网络规模，都为企业带来更为便利的获取知识的条件。不仅如此，企业在多次获取知识的经验中，逐渐积累了更多的学习方法。建构主义学习理论认为学习是以学习者为中心、主动进行意义建构的过程。学习者可以主动根据自己先前的认知结构，注意和有选择地知觉外在信息，建构当前事物的意义（杨维东等，2011）。因此组织内个人作为学习的主体和知识的载体，在不断的学习体验中，丰富学习经验，提高知识获取和鉴别的能力，企业也能因此表现出较强的知识获取、知识共享和知识利用能力。

5.2.1.1 结构嵌入性与知识获取

组织在运作过程中，都会逐渐形成大量分散的、偶发的管理、技术、运营诀窍，每个组织的诀窍都有自己的独特性，表现为某一阶段在某一领域的领先性。这种领先性在特定情景下，会吸引同行、客户及其他利益相关者与其接触。双方可通过协议框架达成知识交换、相互学习的合作机制，由此构建起优于网络之外的知识优势。企业在网络中联系的成员越多，成员类型越丰富，离网络中心位置越近，接触有价值的诀窍的机会就越多。

信任作为人际或者组织间关系的基础，在双方的合作、交流和共同解决问题过程中，不断得到加强。例如在本书的探索性案例中，日本客户对C公司生产的保温杯质量、结构、色泽等有着近乎苛刻的要求，全程参与产品设计、工艺调试、质量控制，经过多次合作，双方对彼此的能力、标准、文化都有了较为深刻的了解，建立起了良好的信任基础，此后双方在技术等问题上，都愿意提供对方所需信息，且信息传达效率高，达到了深度知识交流。C公司通过与若干国外客户的合作，不但掌握了较为前沿的技术和动态信息，而且推动了本公司的能力建设。B公司也因从事较为专业的领域，在价值网络中结构嵌入程度较高，政府、行业协会和客户对B公司依赖性强，因此在政策变化、技术改进等方面都会主动与B公司沟通。阮爱君等（2014）通过实证研究发现，知识网络结构嵌入有利于企业获取新知识，而新知识的获取、共享和应用，又推动了企业产品创新。因此，知识网络结构嵌入增强了组织学习，这也从另一个方面印证了本书的案例分析结论。

5.2.1.2 结构嵌入性与知识共享

员工个体所拥有的知识以及员工间的知识交流与沟通是组织知识形成的基础，而组织知识共享的过程中，表现为知识在不同层次主体间的转移和扩散。Gupta 等(1994)认为知识共享是技术或技能在不同组织部门之间的流动,强调知识在更大范围内的扩散;Nonaka 等(1995)把知识共享定义为"个体间隐性知识和显性知识互动的过程,其模式分为外化、内化、结合、共同化,知识创新即为互动的结果,强调了知识在组织内的转化和作用结果。知识共享并非单纯的知识转移,更重要的是知识接受者的吸收、整合并重构其自身的知识基础。在某些行业内,价值共创网络中成员的信息共享与知识创造是价值产生的主要路径(狄蓉等,2020),这也从另一个侧面说明了网络成员间的知识共享对价值创造和竞争力提升的积极作用。刘超(2015)在研究科技型中小企业知识共享问题时,通过文献综述,绘制出中小企业内知识共享路径,如图 5-2 所示。

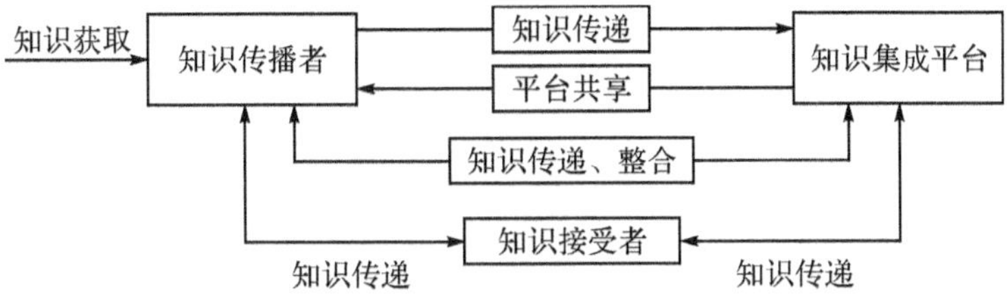

图 5-2 知识共享路径

资料来源:根据万青等(2012)和刘超(2015)等文献整理。

知识共享可以发生在组织内员工个体之间,也可以发生在跨组织界限的个体之间。知识共享作为企业网络行为影响企业合作及其成果,是不可或缺的(Möller et al. ,2004)。没有知识共享的能力,任何企业网络都无法利用其成员的专门资源和能力,也不能为创造未来业务机会而创新知识。组织间的相互作用研究表明,建立网络合作伙伴共同知识和期望,可以加强知识共享,网络类型也会对知识共享产生影响(Ring et al. ,1994)。刘佳佳等(2013)研究表明,与其他企业互动频繁的企业,具备知识共享平台。这种对知识的包容性不仅可以促进组织间的知识共享,也可以在组织内营造知识共享氛围,带动内部成员之间的知识共享行为。此观点在笔者的访谈中也有一定体现,如 D 公司的相关负责人谈道:"我们在和供应商的合作交流过程中,越来越发现知识共享的重要性,所以在公司内部也逐渐把学习平台搭建起来,增加部门之间、员工之间的知识分享和交流。"

5.2.1.3 结构嵌入性与知识利用

处于网络中心位置的企业获取的异质性知识对于其开发新产品或产生新技术想法非常关键(庄小将,2014)。网络中心度有利于中心企业搜索新颖知识,可以让供应商、客户等参与新产品开发,通过与合作伙伴之间的交流,将已有知识与新知识进行整合,运用到产品开发和生产过程中,同时实现知识创新,降低企业创新的成本和风险(Ahuja,2000)。

Chiu 等(2012)研究表明,桥接结构洞和其他网络成员连接有利于企业的吸收能力和创新能力。Zhuang(2016)也得出了类似的研究结论,发现结构嵌入性通过网络中心性、开放性和网络规模三个维度对企业的吸收能力产生影响,进而影响集群企业技术创新绩效。例如 A 公司的相关负责人在被问到"新的技术有没有运用到生产、服务、市场开发等其他一些具体的活动"时,回答如下:"这个一定会有,特别是像我们这种 IT 行业,比较专业的医疗产品在研发上一定会用到最新的技术……因为现在的技术发展非常快,新老技术工作效率上差别非常大,所以我们愿意采用新的技术。我们每个月有两次技术迭代,要么是采用了新技术,要么是创新了流程。"

5.2.2 关系嵌入性与组织间学习

5.2.2.1 关系嵌入性与知识获取

信任是企业对合作伙伴不会利用自身弱点谋取不正当利益的信心(Uzzi,1997),是企业间建立超越契约的牢固关系的基础。信任有利于企业间知识的转移,因为企业决策者不用担心合作伙伴的投机行为,也不用担心商业机密被泄露及其带来的风险。因此,信任程度越高,双方愿意相互转移的信息就越多,其准确性、及时性和可靠性就越高。网络成员在合作过程中,通过发现问题、共同解决问题,互动更加频繁,互动层次也更加深入,企业双方在共同的组织框架下形成共同语言,大大提高了知识交流的效率。

在良好的信任基础和共同的问题解决框架下,组织从其他网络中获取知识的效率更高,更重要的是能够促进隐性知识的转移。Nonaka 等(1995)指出,隐性知识是高度个人化的知识,根植于行为本身,难以形式化储存和传递，具有无意识性、环境依赖性、个体化和经验化的特征，是组织动态能力的主要来源。Norman(2004)研究发现，基于创业导向的战略联盟组织之间的信任关系可以使合作伙伴更少保护而更多分享知识，更少丢失而更多获取知识，从而获取更佳绩效(Zhang et al.,2021)。案例访谈中，在问及"你们在合作过程中是否愿意为对方提供对方需要的信息"时，4个案例企业均给出较为积极的答案："除了核心代码之外，一般非绝对核心的，我们是愿意提供的，双方相互信任的基础越好，提供会越多。""我们愿意无偿提供。因为我们打交道的机构以政府和国有控股企业为主，相对来讲风险会小一些。""与生产方面有关的肯定会提供他们想要的信息，在我们可接受的范围内去提供，但不是无限地去提供……如果是中间商需要的信息，我们都会提供，而且比较及时。"

5.2.2.2　关系嵌入性与知识共享

知识作为一种特殊的产品，其价值只有"在进行传递并使用的过程中才能显现出来"(KaiMertins,2004)。基于此观点，王娟茹等(2007)提出知识传递和共享过程中的关键性问题——需要相应的组织机构与之配套，促进知识的交流和融合。而网络嵌入被认为是配套的机制之一。在嵌入性背景下，企业与其他企业建立起良好的信任关系，通过频繁的交流共享信息，在项目合作中共同解决问题，企业不断从外界获取最新的技术、管理、竞争、政策、市场等信息，在双环学习理论中，这种信息不但可以改变企业的运营行为，也可以改变管理者和员工的心智模式(Argyris,1982)，实现人们的学习愿望，在组织内创造更为浓厚的学习和分享氛围，从而在对组织准则、目标、战略和价值观的质疑过程中学会发现问题和解决问题。李纲(2010)，杨传鑫(2015)分别从组织间视角实证了关系嵌入性对知识共享的积极作用。

事实上，在案例访谈的过程中，笔者发现，企业重视合作伙伴关系的维持，其中一个原因就是可以从对方那里获取有价值的信息，该企业也必然重视对该信息的充分利用，因此也会积极地在组织内将信息进行扩散和学习。

5.2.2.3　关系嵌入性与知识利用

在全球知识创新的环境下，企业利用外部知识的能力已经成为企业获取动态核心能力的根本手段(陈衍泰,2009)，毫无疑问，良好的网络关系是企业有效利用外部知识的必要条件。Uzzi(1997)指出企业间较强的关系可以促成更多的信任,这会直接影响到企业获取、处理新知识的效率。处于组织核心位置的高层管理者的个人社会网络对组织知识创造也带来了正向影响(Smith,2005),较强的网络关系更有利于克服障碍,提高黏滞知识转移的数量和质量。吴楠等(2015)以中小企业为研究对象,将网络嵌入性分为商业网络关系嵌入、技术网络关系嵌入和政府网络关系嵌入三个维度,从不同角度论证了网络嵌入性对企业消化、整合和利用外部知识具有积极作用。张利斌等(2012)通过文献梳理认为关系嵌入有助于提高成员合作满意度,促进知识整合,实现知识的转化、创新和释放。D公司的相关负责人在谈到与大学之间的技术合作和培训时说:"在生产闲暇时段,或者是机器设备维修时段,我们会安排员工去学校接受培训,回来分享他们的培训成果。从管理者到一线的生产人员都来学习,保证全部相关人员消化、吸收这些知识。"

基于以上理论论述,结合探索性案例分析结论,本书提出如下研究假设:

假设2:网络嵌入性对组织间学习有正向影响。

假设2-1:结构嵌入性对知识获取有正向影响。

假设2-2:结构嵌入性对知识共享有正向影响。

假设2-3:结构嵌入性对知识利用有正向影响。

假设2-4:关系嵌入性对知识获取有正向影响。

假设2-5:关系嵌入性对知识共享有正向影响。

假设2-6:关系嵌入性对知识利用有正向影响。

5.3 组织间学习与小微企业动态能力

动态能力研究框架强调了战略观所忽略的两个关键方面:①动态,强调了企业为适应市场环境的快速变化,必须不断更新自身能力;②能力,战略管理在更新企业自身能力以满足环境变化的要求方面具有关键的作用(董俊武等,2007),而这种更新企业自身能力的能力是一个知识获取、扩散、利用、创造及演化的过程。企业在组织学习和知识创新上的不断投入是动态能力构建和演化的主要推动力量。Easterby-Smith(2008)认为动态能力理论是由进化论、交易成本理论、组织学习和隐性知识概念整合形成并发展起来的，概念的核心是公司如何积极管理其资源以形成新的资产组合从而获得经济租金。在知识经济竞争环境中，知识对动态能力的作用尤为重要。

Zollo 等(2002)把动态能力定义为学习和稳定的集体活动模式，通过种种模式，组织系统地创新和修改其行为惯例，以提高效率。Zollo 在解释这个定义时举了两个例子：一个是组织通过一个相对稳定的活动致力于过程改进，以适应其运作过程；另一个是一个组织通过收购或合并企业吸收其经验。对于动态能力的来源，由其定义发展而来，认为动态能力源于学习；它们构成了公司修改操作程序的系统方法。在某种程度上，学习机制本身具有系统性，它们被视为“二阶动态能力”(Collis，1994)。学习机制描述了生成动态能力的操作路线(见图 5-3)，组织作为一个知识的集合体，其不断改变自身操作惯例、适应环境变化的能力的持续来源是组织学习(Zollo et al.，2002)。

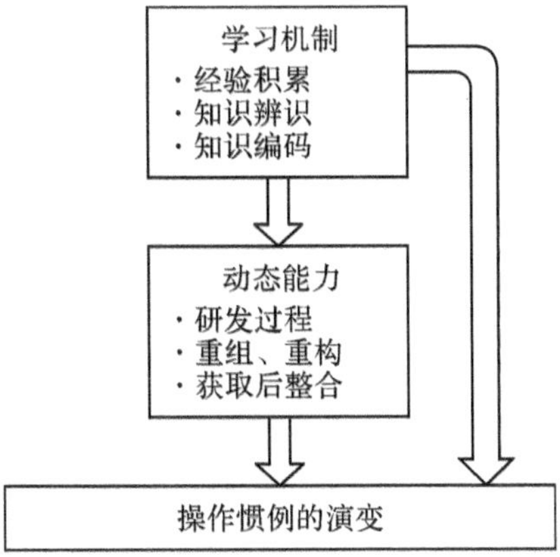

图 5-3 学习机制、动态能力和操作惯例

Nielsen(2003)按知识在企业能力提升中的作用将其分为具体性知识、整合性知识及配置性知识。具体性知识是指企业所具有的关于某个领域的知识，如技术或科学原理；整合性知识是将多个领域的特殊性知识整合起来形成的知识；开发和使用以上两种知识的知识就是配置性知识，配置性知识可以改变组织惯例，是导向动态能力的核心知识。Hedlund(1994)认为企业中知识的演化过程，包含显性知识和隐性知识的相互转变，以及个人知识和组织知识的相互转变。其中隐性知识到隐性知识，隐性知识到显性知识的转化，都可以改变企业惯例和员工的心智模式，形成难以复制的竞争力。

5.3.1 知识获取与动态能力

Henderson等(1994)对能力进行了非常详细的分辨，把企业能力分为成分能力和建构能力，其中成分能力是解决日常问题的能力和知识，包括其他学者所说的“资源”(Amit et al.，1993)、“知识和技能”或“技术系统”(Leonard-Barton，1992；Teece et al.，1997)；建构能力则是有效整合成分能力并开发组织所需新能力的能力，包括其他学者所说的“能力”(Amit et al.，1993)、“整合能力”(Lawrence et al.，1967)、“动态能力”(Teece et al.，1994)等。因此，动态能力可认为是企业为适应不断变换的环境必须更新自身能力，而提高和更新能力的方法，主要是通过新技能的获取、新知识和诀窍的学习和管理获得(董俊武等，2004)。

Polanyi(1958)将知识分为隐性知识和显性知识，Hedlund(1994)构建了两种知识相互转变而形成的SECI模型。其中隐性知识外化有助于全体员工进行集体学习，形成共同的价值观，掌握高效的工作惯例，形成迅速响应外部变化的能力和行事方式，从而提高企业对环境的适应能力。

如前所述，随着企业网络嵌入程度的加深，网络中心度越高，企业间信任程度越高，企业从网络中获取的知识从显性知识为主向隐性知识为主转变。显性知识的获取和模仿性学习，可以形成员工新技能，还可以产生具体的技术(Bastos，2001)，到此知识完成了初步内化，内化的显性知识被员工结合组织内固有的显性知识和隐性知识，完成组合化和社会化过程，该知识再次运用到实际工作之中，用于改变组织的惯例，就形成了新的隐性知识，这就是动态能力的构建过程。因此，知识获取对动态能力构建具有正向影响。例如在B公司，通过向竞争对手学习技术、合同管理、客户关系管理等技巧，并结合网络课程学习等，根据公司实际状况，完善了管理制度，实现了组织结构扁平化，优化了岗位设置。而C公司和D公司则更强调通过与国内外机构的合作，提高生产技术水平，改变企业的质量观念和生产规则。相关的访谈记录如下：“对我影响较为深刻的是冯晓强老师的《NLP总裁商战课程》，我让公司高层管理人员和部门经理观看了课程的影碟，然后把课程中一些非常实用的管理方法，运用到我们的公司管理当中。”

“不锈钢真空保温杯很多知名品牌都是日本的，他们对品质和款式都有苛刻的标准，有他们的生产流程，我们要按照他们的规范去做，如生产污染、用工制度、员工培训、供应商的稳定性等方面的规范。经过几年合作之后，我们公司在管理、生产、设计等方面，都具有了很强的竞争力。”

5.3.2 知识共享与动态能力

Gupta 等(1994)认为知识共享是技术或技能在不同组织部门之间的流动。Ahn 等(2017)认为虽然信任提供了知识交换的可能性，但是共享的代码和语言环境却使得对知识的正确理解及整合新的知识得以实现。知识的高度共享和理解是知识整合的本质，也是知识管理的关键和难点(朱晓亚，2018)。与其他员工的交流所获得的共享的代码和语言环境提供了共同的沟通基础，不同经验、知识和背景的个人通过这一共同基础，可以接受、转移和整合新知识、新观念(Malik et al.，2016)。

在 Hedlund(1994)显性知识和隐性知识相互转变的 SECI 模型中，四个知识转化程序前后连贯起来，就构成企业不断自我超越的螺旋式上升的程序。四个知识转化过程，同时也是知识分享、创造的过程。由高度个人化的隐性知识，通过共享化、概念化和系统化，最终升华成为组织所有成员的隐性知识。而组织动态能力则是惯例集的变异、选择和保留。因此，知识共享是推动学习行为从个体层面向组织层面发展的过程，也是推动知识从个体知识向集体知识转移的过程，从而推动组织惯例的改变，促进组织动态能力的构建和演变。相关访谈记录如下：

“每个部门的专业人员都有机会向全公司员工传达，这样才能让我们每个环节每一天做得都比前一天更好更完善，因为我们在不断学习在质量上产品的包括原材料采购各种方面的问题。”

“在我们这样只有几十个人的小公司里，大家都还是愿意分享信息的。从一个团队来说，共同完成一个项目需要大家一起协作，大家一起成长，才能做出更好的产品。在这个基础上，公司每个月的两次技术迭代才能顺利实施。”

5.3.3 知识利用与动态能力

组织只有实现从“知识”到“能力”的转化，才能让知识最终服务于组织目标的实现。这一体系包括了“个体知识—能力”转化、“团队知识—能力”转化和“组织知识—能力”转化，可以发现知识利用在这一复杂过程中起着关键作用，知识资源的利用在知识获取和竞争优势之间扮演着桥梁的作用。

Duncan(1972)从组织管理角度讨论了知识利用过程以及知识流的概念，从产学研结合的角度讨论了知识利用的过程，并提出了原始的知识利用框架。后来更多的研究则是从组织内部分析知识利用机制和影响因素。Menon 等(1992)从组织的视角提出了知识利用的概念模型，把知识利用分为三种类型：行动导向利用、知识提高利用、基于情感的利用。知识利用程度可以视为这三种利用影响决策过程的程度。

知识利用结果也受到广泛关注，如知识利用能够提高个人绩效，特别是利用别人的知识(Majchrzak,2004;Cheung,2008)。组织层面的知识利用同样为组织带来积极结果，如 Miller(2007)通过对 1644 家多元化公司的纵向研究，发现内部知识的使用对后续技术发明起到积极影响，充分肯定了部门间知识利用的作用。Brockman(2006)认为知识利用可以促进产品创新。杨柳青等(2012)认为企业在自主创新中应充分利用团队所掌握的知识资源，并提出了若干建议。相关访谈记录如下：

“除了请老师来厂里给我们讲解，还会安排生产经理、生产负责人去学校的实验室学习。但是从实验室到我们的市场还是有距离的，那就要我们的技术人员把从高校专家那里学到的知识落实到生产中去。”

“日本的孔雀、丹琪氏等高端客户把设计图纸给我们，我们的技术人员经过与他们的探讨，做出必要的修改，再实施生产。这个过程也是我们的设计和技术人员的成长过程。所以几年下来，他们对我们公司的生产能力非常信任，不太会轻易选择与其他厂家合作。”

基于以上对文献和第 4 章探索性案例的梳理，本书提出下述研究假设：

假设 3：组织间学习对小微企业动态能力有正向影响。

假设 3-1：知识获取对机会感知有正向影响。

假设 3-2：知识获取对组织柔性有正向影响。

假设3-3:知识获取对资源整合有正向影响。

假设3-4:知识共享对机会感知有正向影响。

假设3-5:知识共享对组织柔性有正向影响。

假设3-6:知识共享对资源整合有正向影响。

假设3-7:知识利用对机会感知有正向影响。

假设3-8:知识利用对组织柔性有正向影响。

假设3-9:知识利用对资源整合有正向影响。

5.4 组织间学习的中介作用

越来越多的企业意识到社会网络的重要性,通过网络寻求更低的交易费用、互补性资源、知识和技能、优势市场地位等。充分利用企业家个体、组织等不同层面的社会网络,加强外部交流,促进了企业间的知识转移与知识创造(周玉泉等,2005)。随着在网络嵌入的中心性加强、合作伙伴的增加、信任程度的提高和合作深度的加深,组织间的知识交流频率会不断提高,交流的知识由显性知识为主逐步过渡到以隐性知识为主。具备较高的组织间学习能力,不但有利于企业在获取新知识方面超越竞争对手,而且有利于企业将获取知识与组织内原有知识进行整合,充实知识库,对知识加以利用,将其运用到具体职能以及惯例的改变上,一方面,实现组织绩效提升;另一方面,通过"知识—能力"的转化,将从外界习得的知识,转化为企业机会感知能力、组织柔性能力和资源整合能力(简兆权等,2012)。如果企业没有建立组织间学习模式,就无法从网络中获得知识,网络中的知识和资源对企业动态能力提升也将毫无作用。

吴楠等(2015)对"关系嵌入、组织间学习能力和技术创新绩效"间关系的实证结果显示,组织间学习能力在关系嵌入与技术创新绩效间起着中介作用。李长立(2013)基于知识的中小企业动态能力提升路径的研究结果表明,组织学习是中小企业动态能力得以持续的保证,持续有效的组织知识学习是中小企业动态能力提升的有效途径。而嵌入性可以为企业提供知识学习的来源。赵爽等(2016)也实证肯定了组织间学习(知识获取和知识整合)

在企业人力资本与企业绩效之间的中介作用。郑继兴等(2015)以齐齐哈尔市小微企业为例,研究了小微企业社会网络、知识吸收能力与创新成果采纳的直接关系,发现知识吸收能力在网络中心性、关系强度、信任、关系互惠性与创新成果采纳之间起到部分中介作用,而在网络规模与小微企业创新成果采纳之间起到完全中介作用。

基于以上论述,本书提出以下假设:

假设 4:组织间学习在网络嵌入性与动态能力间起到中介作用。

5.5 环境包容性调节效应

Castrogiovanni(1991)对环境包容性定义进行了一定的发展,认为其是"在企业经营的环境中,企业所需资源的充裕程度,以及企业获取这些资源的难易程度"。

Goll 等(2004)对 62 家企业的实证研究表明,在优厚的环境中,公司更有可能从事更多的业务。环境的包容性在社会责任和公司绩效之间具有显著的调节作用。Adnan 等(2008)通过对马来西亚研发公司的实证,发现环境包容性对人力资本和企业绩效具有正向调节作用。王栋等(2009)认为企业在自身资源匮乏的条件下,无力开拓更多的渠道,企业在外界环境中发现和利用机会的能力也会随之下降。同时,即使企业发现了有价值的知识,也会因为投入不足而无法获取这些知识。因此在包容性弱的环境中,企业获取外部知识的难度相对较大,且又没有足够的资源来支持,这会对企业通过知识获取提高自身竞争力造成障碍,反之亦然。

Li(2013)利用 290 家中国制造业企业的调查数据,研究了探索性学习和开发性学习与新产品绩效之间的关系,其中环境的包容性加强了探索性学习对新产品绩效的影响,削弱了开发性学习对新产品绩效的影响。党兴华等(2017)以我国创新型公司为研究对象,考察了战略柔性对惯例更新的作用。我国作为新兴经济体的国情决定了企业对冗余资源重要作用的忽视(钱亚鹏等,2008),特别是小微企业很容易被效率优先、成本领先的理念所引导,未能建立起充分利用环境中冗余资源的意识,因此没能从长远培育企业适应动态环境的能力。环境包容性越高的地区，其企业越容易获取稀缺性资源，也越容易掩盖小微企业的“短视症”，进一步缩减了冗余资源存在的必要性。因此，环境包容性对资源柔性与企业惯例更新的关系产生负向作用。但是企业若能在压力条件下积极发挥能力柔性，从环境中获取自身所需资源时，环境包容性则发挥正向调节作用。

李金凯等(2015)考察了小微企业动态能力构建机制，研究结果显示，环境包容性在对网络嵌入性和动态能力的关系中起到负向调节作用。因为在包容性强的环境中，企业可以以较低成本和人为努力来获取所需资源，从而确保目标的实现，因而企业会因为这种易取得性而不愿付出更多的资源持有成本。同时，在包容性较强的环境中，企业经营人员也会持有乐观态度，从而失去对外部环境的敏感性，甚至因此产生“锁定效应”，不利于企业动态能力的不断演化。相反，在环境资源不够充裕的条件下，小微企业获取这些资源的交易成本很高，小微企业会选择强化与其他企业的合作关系，拓宽外部网络，通过网络渠道捕获市场信息、整合外部资源，夯实自身的动态能力，求得生存空间。

以上文献对环境包容性的调节作用存在一定的争议，可能的原因在于，第一，研究对象和视角不同；第二，对环境包容性内涵的界定有所区别；第三，个别研究对调节效应概念的理解存在一定的偏差。本书基于第4章探索性案例研究结论和Adnan等(2008)的研究结论，提出如下假设：

假设5：环境包容性在网络嵌入性与动态能力的关系中起到正向调节作用。

假设6：环境包容性在网络嵌入性与组织间学习的关系中起到正向调节作用。

5.6 本章小结

本章在第3章文献综述和第4章探索性案例基础上，对本书研究主题——网络嵌入性对小微企业动态能力作用机制做了进一步的深入分析。本部分通过对文献的进一步挖掘，对网络嵌入性、动态能力、组织间学习、环境包容性等关键概念的内涵和维度进行了更深入的论述。对变量之间的关系和相互作用通过文献梳理，给予了基本假设，确立了研究框架。网络嵌入性分为结构嵌入性和关系嵌入性；组织间学习分为知识获取、知识共享和知识利用；动态能力分为机会感知能力、组织柔性能力和资源整合能力，作用机制模型如图5-4所示。

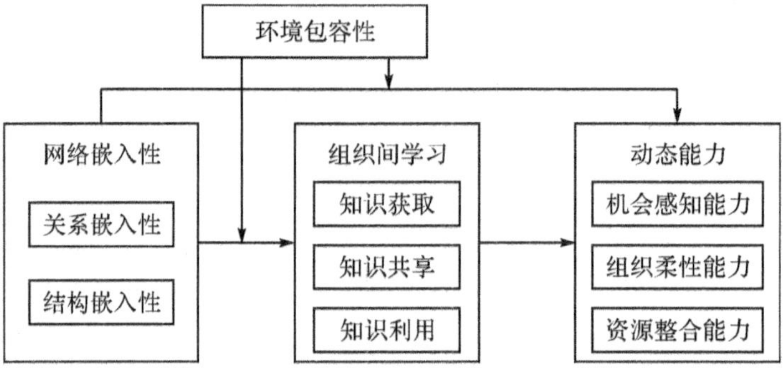

图5-4 知识网络嵌入性对动态能力作用机制概念模型

表5-1总结了与以上模型对应的研究假设。研究总体框架是“网络嵌入性—组织间学习—动态能力”。

表5-1 网络嵌入性对小微企业动态能力作用机制研究假设

假设1	网络嵌入性对小微企业动态能力有正向影响
假设1-1	结构嵌入性对机会感知能力有正向影响
假设1-2	结构嵌入性对组织柔性能力有正向影响
假设1-3	结构嵌入性对资源整合能力有正向影响
假设1-4	关系嵌入性对机会感知能力有正向影响
假设1-5	关系嵌入性对组织柔性能力有正向影响
假设1-6	关系嵌入性对资源整合能力有正向影响
假设2	网络嵌入性对组织间学习有正向影响
假设2-1	结构嵌入性对知识获取有正向影响
假设2-2	结构嵌入性对知识共享有正向影响
假设2-3	结构嵌入性对知识利用有正向影响
假设2-4	关系嵌入性对知识获取有正向影响
假设2-5	关系嵌入性对知识共享有正向影响

续表

假设 2-6	关系嵌入性对知识利用有正向影响
假设 3	组织间学习对小微企业动态能力有正向影响
假设 3-1	知识获取对动态能力有正向影响
假设 3-2	知识共享对动态能力有正向影响
假设 3-3	知识利用对动态能力有正向影响
假设 4	组织间学习在网络嵌入性与动态能力间起到中介作用
假设 5	环境包容性在网络嵌入性与动态能力的关系中起到正向调节作用
假设 6	环境包容性在网络嵌入性与组织间学习的关系中起到正向调节作用

6 研究设计与方法论

本书的研究对象是小微企业,研究的主题是小微企业在网络嵌入背景下如何通过组织间学习构建其动态能力。研究层面属于企业层面,相关数据无法通过公开数据获得,因而采取问卷调查方式来完成数据收集工作。本部分将详细论述本书研究过程中所涉及的问卷设计、数据收集、变量测度、问卷发放、问卷回收与筛选以及数据分析方法等问题。

6.1 问卷设计

6.1.1 研究构思与问卷设计过程

本书调查问卷中各变量的维度,是在学习大量研究成果、访谈小微企业企业家和高层管理者、参考国内外高层次研究项目的调查问卷基础上逐渐形成的。问卷设计的目的是调查当前我国小微企业的网络嵌入程度如何通过跨越组织边界的组织间学习构建其动态能力的问题。对问卷的基本要求是能提供本研究各个主题所需的有效数据。

首先,笔者进行了文献学习,以掌握关于小微企业发展、企业成长、网络嵌入性、组织间学习、知识管理、动态能力等相关文献,实证类的文章给出了很多关于关键概念的测度指标。借鉴相关理论对本书研究主题的研究成果和观点,特别是经过多次被引用和实证的指标,这在一定程度上首先保证了问卷的信度和效度,并结合本研究以小微企业为研究对象的特点,初步形成本研究的问卷设计思路。

其次,充分利用笔者有众多学生散布全国的优势,在浙江、河南、湖北等地区开展调研和访谈。一共对来自 6 个企业的 10 余位高层管理人员或者企业家进行结构化采访，不但对小企业的网络嵌入状况、知识的获取和利用以及行业竞争地位和优势等情况进行了深刻的了解，而且多次将问卷进行专家意见征询，对问卷进行了一定程度的修订。在访谈阶段，要达到的目的主要包括以下几个方面：①验证通过文献梳理得出的初步研究思路与企业现实是否相符合。②了解被访谈者对本研究相关问题的态度，了解小微企业在实际创业和成长过程中，真正的难题是什么，希望得到什么样的政策支持。③与访谈对象详细讨论本研究的各个子研究项目的意义，确定本研究的实际意义。④把本研究的重要概念拿出来和他们讨论，主要用来检验问卷中对各个变量的测度在实践中的可靠性。这一过程有利于加深笔者对本研究的认识深度，也有利于提高调研结果的信度和效度以及结论的可靠性。

最后，将修改后的调查问卷进行了小范围的试调研，主要目的是检验问卷中指标设置的合理性，问题表述的可理解性、清晰性。预测试的范围主要选择了浙江省小微企业，根据被调查者的反馈和建议，笔者简化了卷首语，对一些问题的表述方式进行了修改，以减少曲解。经过以上步骤，完成了调查问卷定稿（详见附录）。

6.1.2 问卷设计的可靠性保障

问卷设计的可靠性主要决定于问卷设计的严谨性、科学性和表述的准确性，以此来确保问卷的效度和信度。王重鸣（1999）认为问卷量表的设计按照形成过程包括理论构思和目的、问卷格式、问卷项目、问卷用语 4 个层次。问卷的内容和具体问题要根据调研目的而设计。问题应避免艰涩难懂或者带有引导性的表达方式，以免被调查者曲解，做出不正确的选择。钟柏昌等（2012）结合自己多年的研究经验，对问卷设计原则提出了清晰性、单一性、中立性、简单性、可靠性等要求。问卷设计的原则包括系统性原则、方便性原则、科学性原则、严谨性原则，设计程序则包括选择研究主题和确定研究问题、研究设计、提出研究假设、建立指标体系、探索性研究、完成问卷初稿、试调查和修改定稿 8 个步骤。

本书采用了 Likert 七级量表进行测度，在正确理解问题的基础上，被调查者的回答主要基于主观评价。在问题设置上，Fowler（1988）认为主要有四个可能的原因导致被调查者对题项做出非正确回答，4 个原因分别是：

①被调查者不知道该问题答案的信息(不了解);②被调查者不能回忆起该问题答案的信息(信息遗忘);③被调查者虽然知道这些问题答案的信息,但是不想回答(信息过滤);④被调查者不能理解所问的问题(表述问题或者被调查者资质问题)(转引自朱朝晖,2007)。

为了避免被调查者可能会出现的非准确性回答而导致研究结果的偏差,笔者在问卷设计和问卷发放过程中采取了以下 4 个方面的措施。

第一,筛选被调查者。为了避免被调查者对问卷的曲解,本调查选择的被调查者必须具有大专以上学历,具有 5 年以上的工作经验。另外,为了避免被调查者由于对企业不够了解导致结果偏差,调查过程中选择在该企业工作 3 年以上、对企业运作较为熟悉的中高层管理人员、部门经理、业务主管等人员,在问卷完成后与被调查者进行一定的信息沟通和确认。

第二,为了减少被调查者因回忆困难而产生的信息错误、模糊带来的负面影响,本问卷题目所涉及的问题均指涉企业近 3 年的情况,尽量避免非准确信息带来的偏差。

第三,为了减少被调查者对某些问题的回避,本问卷明确仅供学术研究的目的,内容不涉及商业机密,调查所得数据也不用于商业目的,并承诺给予保密,只要被调查者需要,本研究在完成之后愿意把本研究文本发给被调查者审阅,也愿意被调查者将本研究之结论用于企业实践。

第四,鉴于 Lee 等(2001)的建议,问卷在设计上没有说明拟研究的内容和逻辑,除非被调查者具有学术研究专长或者接收到暗示。因此,本问卷可以保障最后结果的可靠性。

6.1.3 问卷的基本内容

本问卷内容主要是围绕小微企业网络嵌入性与动态能力之间关系的概念模型展开的,对问卷内容的基本要求是能为本研究模型的实证提供所需数据。

根据这一基本要求和宗旨,本研究所设计的调研问卷根据每个变量的维度,包括以下内容。

(1)公司基本信息,主要用来甄别公司是否符合本研究样本特征需要,可据此剔除一部分无效问卷。

(2)网络嵌入性,包括结构嵌入性和关系嵌入性两个维度,结构嵌入性主要考察小微企业网络规模、网络中心性和网络位差,关系嵌入性主要考察小微企业与合作伙伴之间的信任、信息共享、共同解决问题程度。

(3)组织间学习,包括知识获取、知识共享和知识利用3个维度。主要考察小微企业从网络中知识获取、在组织内扩散、在企业实践中利用、改变组织惯例的情况。

(4)动态能力,包括机会感知能力、组织柔性能力、资源整合能力。

(5)环境包容性,主要考察小微企业所处环境资源丰富程度、环境对企业的支持程度。

6.2 数据收集

数据的时效性、真实性是确保研究结果准确性和科学性的重要基础。为了获得高质量的样本数据,笔者对发放问卷的对象、区域、渠道都进行了控制,并与个别较为特殊的被调查者进行了较多的沟通,确保其在正确理解问题的基础上,认真填写。尽量排除外部因素、偶然因素带来的影响。

第一,在问卷发放的区域上,既要保证样本的代表性,又要避免地区的巨大差异而带来的统计分析的不便,因此问卷发放主要面向浙江省、江苏省、河南省、湖北省、上海市、北京市等地区。

第二,问卷填写人员具有一定的选择性,主要是在该企业工作年限达到3年以上的中高层管理人员、业务主管、项目经理等人员,确保其对公司运营情况比较熟悉。同时,要求问卷填写人员具有大专以上学历,否则可以口述作答,由熟悉该问卷的人员代为填写。

第三,在问卷发放渠道上,为了提高问卷数据的可靠性,除了笔者直接走访发放,还委托了笔者的学生和朋友,在食品制造业、跨境电商业、外贸业、箱包制造业、教育培训行业等以多种形式发放问卷。

本次调研发放问卷350份,回收306份,从回收的问卷中,剔除企业规模不符合要求、选项回答一致性过高、答案缺失等问卷,得到有效问卷260份。被调查者的基本情况详见表6-1。

表 6-1　调查样本基本情况

企业属性		样本数/家	占比/%
成立年限	1～2 年	47	18.1
	3～5 年	59	22.7
	6～10 年	49	18.8
	11～15 年	39	15.0
	15 年以上	66	25.4
性质	国有	19	7.3
	民营	161	61.9
	合资	32	12.3
	独资	33	12.7
	其他	15	5.8
员工总数	20 人以下	53	20.4
	20～100 人	108	41.5
	101～199 人	99	38.1
上一年销售总额	50 万元以下	39	15.0
	50 万～100 万元	50	19.2
	100 万～500 万元	66	25.4
	500 万～1000 万元	53	20.4
	1000 万～2000 万元	52	20.0
所属行业领域	机电	24	9.2
	纺织	5	1.9
	建筑	16	6.2
	食品饮料	9	3.5
	医药	4	1.5
	汽配	9	3.5
	其他(制造行业)	40	15.4

续表

企业属性	企业分类	样本数/家	占比/%
所属行业领域	商业	19	7.3
	贸易	17	6.5
	电信	6	2.3
	金融	18	6.9
	咨询	9	3.5
	软件	13	5.0
	餐饮	8	3.1
	房地产	9	3.5
	其他(服务行业)	54	20.8

6.3 变量测度

本部分的主要变量包括网络嵌入性、组织间学习、动态能力和环境包容性。网络嵌入性包括结构嵌入性(外生潜变量)和关系嵌入性(外生潜变量);组织间学习包括3个维度:知识获取(内生潜变量)、知识共享(内生潜变量)、知识利用(内生潜变量);动态能力包括3个维度:机会感知能力(内生潜变量)、组织柔性能力(内生潜变量)、资源整合能力(内生潜变量)。本研究的变量均为难以客观量化测度,因此本研究采用Likert七级量表法打分给予测度。数字评分1~7代表从非常不同意到非常同意,依次从低到高,4分为中立态度或者评价的中间状态。

6.3.1 对网络嵌入性的测度

Granovetter(1985)将网络嵌入性分为结构嵌入性和关系嵌入性。结构嵌入性关注网络的结构以及网络节点之间的社会联系质量,主要分析研究对象公司在网络中所处位置与绩效之间的关系;关系嵌入性则是双方基于对未来利益的良好预期而主动展开的交易和互动关系。Zukin等(1990)提出嵌入性可分为4种类型:结构嵌入性、认知嵌入性、文化嵌入性、政治嵌入性。Andersson等(2001)则基于对企业内部的运营和价值链分析,把嵌入性分为业务嵌入性与技术嵌入性。Hagedoorn(2006)认为企业嵌入性特征选择与所处的环境、网络和双边关系有密切的关系,提出按照嵌入性的深度可分为3个层次,即环境嵌入性、组织间嵌入性、双边嵌入性,分别可以理解为企业行为选择受特定宏观层面的环境、微观层面的企业组织间及双边关系的影响程度。小微企业由于自身资源较为匮乏,规模小,资源获取和经营决策主要受与本企业直接发生业务关系的合作伙伴的影响,因此本研究将小微企业的网络嵌入性分为结构嵌入性和关系嵌入性两个维度(杜健等,2011;姜爱军,2012)。

6.3.1.1 对结构嵌入性的测度

结构嵌入性研究的重点是企业在网络中的位置等网络结构特征对企业行为和绩效的影响(Hagedoorn,2006)。对结构嵌入性的测度,不同学者有不同的观点。Gilsing等(2006)认为网络结构的内涵包括网络规模、密度、结构洞以及网络中心度等方面;后来采用网络密度、网络中心性、网络稳定性3个维度来测量结构嵌入性。Nahapiet(2000)认为,社会资本的网络结构包括网络联系的属性、网络配置、组织适应性。Siu等(2008)将网络结构划分两个维度,即网络规模和网络中心度。王志玮(2010)在研究企业外部知识网络嵌入性对破坏性创新绩效的影响时,对结构嵌入性采用了网络规模、网络中心性、网络位差3个维度进行测量。董保宝(2012)利用网络强度、网络密度、网络中心度来测量结构嵌入性。姜爱军(2012)在研究东北中小企业网络嵌入性与企业成长之间关系时,采用了刘兰剑等(2011)的量表来测量结构嵌入性。本书在以上研究的基础上,结合本研究需求,从网络规模、网络中心性、网络位差3个方面对结构嵌入性进行测量。网络规模指企业直接联系的外部知识源关系数量及外部知识源关系种类数;网络中心性指企业在网络中接近网络中心位置的程度;网络位差指网络关系中资源最丰富与最贫乏的有价值的资源之间的距离,反映伙伴企业的一致性程度或者网络的非冗余度(Burt,2002;邬爱其,2004),测量问题详见表6-2。

表 6-2 结构嵌入性测度题项

变量	测量题项	来源
结构嵌入性	贵公司与很多客户/供应商/同业企业/中介机构有联系	邬爱其(2004),Gilsing等(2006),Zhang(2005),陈衍泰(2007),董保宝,Chung(2000),刘兰剑等(2011)等
	贵公司与很多政府机构/高校/科研机构/金融、投资机构有联系	
	贵公司在网络联系中较对手更易获取某些资源	
	贵公司的地位能促使其他网络成员加强与贵公司合作	
	与贵公司进行知识交流合作的单位,类型和规模差异很大	
	与贵公司进行知识交流合作的单位,通常与贵公司原有知识是互补、异质性的	

6.3.1.2 对关系嵌入性的测度

关系嵌入性是指网络成员的直接联结,其重点就是以这种直接联结为纽带的二元交易关系问题(Granovetter,1983)。可从强联结和弱联结视角对关系嵌入性带给企业影响程度进行研究,而区分联结强弱程度的依据包括联系时间、情绪强度、信任、互惠程度等。Uzzi(1997)认为关系嵌入性的内涵包括信任、优质信息共享和共同解决问题。信任是企业之间进行交流的基础,可以使合作双方建立起信心,相信对方不会采取机会主义行为;信息共享则是知识流动的过程,促进双方共同解决问题,在解决问题的过程中,还可进行更深层次的技术、知识交流,使得流动的知识从显性知识为主逐步过渡到以隐性知识为主,从而促进组织内知识整合及创新能力和竞争力的增强(Uzzi,1997;McEvily et al.,2005)。本研究借鉴 Uzzi(1997)的观点,对关系嵌入性从信任、信息共享和解决问题 3 个方面进行测量,具体的测度题项详见表 6-3。

表 6-3 关系嵌入性测度题项

变量	测量题项	来源
关系嵌入性	合作企业/机构在与贵公司合作时能做到实事求是	McEvily 等(2005), Uzzi(2007),黄卢宇(2014),刘佳佳等(2013)
	合作企业/机构在与贵公司合作时能做到信守承诺	
	合作企业/机构与贵公司信息交流频繁,不会局限于双方协议	
	合作企业/机构与贵公司愿意相互提供对方所需的信息	
	合作企业/机构与贵公司能共同完成项目任务	
	合作企业/机构与贵公司共同合作克服困难	

6.3.2 对组织间学习的测度

Engestrom 等(2007)认为组织间学习过程包括知识共享、知识获取和知识内化 3 个阶段。李垣等(2008)指出,应从知识收集、转移、应用以及再创造 4 个方面的行为考察组织间学习。赵林捷等(2008)的研究表明学习愿望、组织间的信任互动、开放的文化、知识获取通道、知识传递与整合对组织间学习效果有显著影响。刘霞等(2012)在测量组织间学习时采用了组织间学习的愿望、组织间协作和组织学习能力 3 个项目。张琰(2013)通过知识获取和共享、转移和吸收以及整合和应用 3 个维度来衡量组织间学习。张红兵(2013)经过文献综述,给出了组织间学习测度的 4 个指标:组织间学习的愿望、组织间协作、知识传递与整合、组织学习能力。吴楠等(2015)基于组织学习的研究视角,将组织学习能力分为知识获取能力和知识应用能力。总的来看,对于组织间学习的测度基本都是依据学习行为发生的过程来划分维度的,只是划分的详尽程度不同,对每个维度内涵的解释也略有不同。本研究参考 Nevis(1995),赵艳秋(2012),徐嘉玲(2014),将组织间学习划分为知识获取、知识共享和知识利用 3 个维度。

6.3.2.1 对知识获取的测度

知识特别是隐性知识存在于人脑或者组织,难以表达和识别,因此知识获取的测度成为相关实证研究的障碍。Lyles 等(2015)提出从合作伙伴获取多样性知识程度的指标包括企业是否能从联盟伙伴获取新的产品研发知识和外来文化。Kale(2015)采用企业通过联盟提高现有能力或技巧的程度来测量网络知识获取所达到的程度。Susana 等(2005)将企业是否鼓励员工参加正式或非正式联盟活动、员工是否经常参与联盟活动等用作衡量知识获取的指标。Molina-Morale(2014)在对西班牙中小鞋业公司的知识获取进行研究时经过修订 Kale 等(2015),Maula 等(2003)的量表,采用"你的公司可以从联系人那里获得新的或重要的信息""你的公司可以从联系人那里获得关键能力或技能""你的人际关系或联系人已经帮助您的公司提高其现有的能力/技能""您的关系网络已经成为满足顾客需求或趋势需要的信息/技术诀窍的重要来源""您的关系网络已经成为您参与竞争的重要信息/技术诀窍来源""您的关系网络已经成为技术问题的重要信息/知识源"6 个题项作为其量表指标。耿紫珍等(2012)从市场知识获取和技术知识获取两个方面测度外部知识获取,一共分为 9 个题项。赵爽等(2016)以组织间学习为中介变量探讨企业人力资本与企业绩效的关系时,采用获取行业前沿技术、获取先进的流程管理知识、获取顾客需求的能力、获取系统开发知识 4 个题项进行知识获取测度。王宗军等(2020)从技术知识获取和市场知识获取 2 个指标 9 个题项进行测量。本研究参考以上文献的梳理,对知识获取的测度题项详见表 6-4。

表 6-4 知识获取测度题项

变量	测量题项	来源
知识获取	贵公司经常派遣人员外出学习新的技术、知识或参加交流会议	Pérezópez(2005),Kale(2005),耿紫珍等(2012),Flatten(2011),Molina-Morales(2014),赵爽等(2016),王宗军等(2020)
	贵公司经常与合作伙伴建立跨组织的学习/研发团队	
	贵公司会主动与合作伙伴进行沟通以获取对方的经验和知识	
	贵公司欢迎其他单位人员造访和交流	
	在贵公司,搜索行业信息是经常做的功课	

6.3.2.2 对知识共享的测度

知识共享过程是知识提供者通过一定的渠道,将知识传递给知识接收者并被吸收的过程(丁明莉,2012)。关于知识共享度量,Becerra 等(2008)

提出“企业与联盟伙伴交换客户、供应商和竞争者信息的程度”等 2 个评测指标，可见其将知识共享理解为组织间的知识交流。胡楠(2013)从主体因素和客体因素两个角度设置了“我愿意与其他成员分享自己掌握的知识”“企业内的分享行为得到了主管的认可和鼓励”等 10 个题项来测度。文鹏等(2010)，曹勇等(2014)采用了“当我学到新知识时，我会告诉我的同事”等 6 个题项来测度知识共享，李卫东(2014)借鉴之并修订，后采用了其中 4 个题项。晁罡等(2020)在研究上下级之间知识分享过程时，采用“我会和同事分享工作经验”“当同事有需要时，我会分享我的专业知识”等 4 个题项测量组织内知识分享。经过对上述文献的学习和修订，本研究对知识共享的测度题项详见表 6-5。

表 6-5　知识共享测度题项

变量	测量题项	来源
知识共享	贵公司会举行多种形式的活动(培训、讲座等)来促进新知识的传播	Liao(2007)，Wang(2012)，文鹏等(2010)，徐嘉玲(2014)，晁罡等(2020)
	贵公司鼓励员工表达并分享自己对工作程序、工作方法的意见和建议	
	贵公司能将自己某些部门的一些成功的做法在企业内部推广	
	在贵公司，工作团队间能定期就技术/管理/产品开发/营销等问题展开讨论和分享	
	在贵公司，员工愿意与他人分享自己掌握的知识和技能	

6.3.2.3　对知识利用的测度

仅仅拥有知识并不能提高个体、团队和组织的绩效，除非知识利用发生在决策、方案选择的时候。正是这些新决定为业务流程增加了价值，如研发、运营、营销、销售和客户服务。但是知识利用不是一个单独的、离散的事件，知识利用是在一个较长的时段里逐渐发生的，这一过程由信息提取、信息加工、信息应用 3 个事件组成(Rich，1997)。张千军等(2013)认为知识利用不仅意味着不同专业特产的成员能共享他们的专业领域知识，还能意味着要识别新知识的用途，采用“我们不断思考如何更好地利用知识”“我们精通于把技术知识转化为新的产品/服务”等 6 个题项测度知识利用。徐嘉玲

(2014)利用“公司员工能够很快应用知识来解决实际问题”等 4 个题项进行测度。Zhang 等(2009)采用“过去三年产品开发技术来源多样性程度”“过去三年产品开发项目信息来源于顾客的程度”等题项测量知识利用程度。基于以上对文献的整理，本研究开发了对知识利用的测度量表，详见表 6-6。

表 6-6 知识利用测度题项

变量	测量题项	来源
知识利用	贵公司可以利用新知识改变工作思路和方法	Zhang 等(2009)，张千军等(2013)，徐嘉玲(2014)
	贵公司可以利用新知识来改进工作流程	
	贵公司可以利用新知识来开发新产品	
	贵公司可以利用新知识来采纳新技术	
	贵公司可以利用新知识来开发市场	

6.3.3 对动态能力的测度

Teece(2007)对动态能力的定义是“企业为了应对迅速变化的环境而对内外部胜任力的整合、构建和重构的能力”。后来经过丰富的理论研究，对于动态能力的维度研究因研究对象、视角不同而有很大的不同。总的来说，已有文献认为动态能力维度包括市场导向的感知能力(Hunt et al.，1995；Teece，2007；Wang et al.，2007)、组织学习的吸收能力(March，1991；Dyer et al.，2000；Eisenhardt et al.，2000；Zollo et al.，2002；Wang et al.，2007)、社会网络的关系能力(Prahalad et al.，1990；Blyler et al.，2003；Ho et al.，2006)、沟通协调的整合能力(Teece et al.，1997；Ballou，2000；Eisenhardt et al.，2000)。另外，我国学者也对动态能力的内涵和维度进行了本土化研究。贺小刚等(2006)认为动态能力包含客户价值导向、技术及其支持系统、组织机构支持系统、制度支持机制、更新的动力、战略隔绝机制。肖洪钧等(2012)基于海尔的案例，将动态能力分为 4 个维度：机会与威胁的感知能力、资源的整合能力、创新能力、资源的重构能力，并认为 4 个维度之间是良性互动的关系。焦豪(2010)认为企业动态能力包括机会识别能力、整合重构能力、技术柔性能力、组织柔性能力 4 个维度。基于对以上文献的梳理，本研究将动态能力维度分为机会感知能力、组织柔性能力和资源整合能力。

6.3.3.1 对机会感知能力的测度

Teece(2007)曾提出,在资源重构能力之外,还应该考虑机会威胁感知能力和抓住机会能力。Barreto(2009),冯军政等(2011)在文献综述以及结合市场环境发展现状后都采纳了这一结论。Liao 等(2009)在考察资本存量、动态能力与企业创新绩效之间关系的时候,就把动态能力划分为机会识别型整合能力、机会利用型整合能力。外部机会识别整合能力的测量题项是观察顾客需求或问题,观察产品、服务或流程问题和观察竞争对手。Pavlou(2011)将企业感知能力解释为发现、解释和追求市场机会的能力,并用"经常扫描市场环境以寻求新的机会"等 4 个题项来测度机会感知能力。本研究在参考 Barreto(2009),焦豪(2010),Pavlou(2011)等文献基础上,对机会感知能力的测度题项详见表 6-7。

表 6-7 机会感知能力测度题项

变量	测量题项	来源
机会感知能力	贵公司能快速获取和分析消费者需求偏好变化	Barreto(2009),Liao 等(2009),焦豪(2010),Pavlou(2011)
	贵公司能够迅速收集有关产品/服务的最新市场供求信息	
	贵公司能够及时感知行业相关技术发展动态	
	贵公司能够准确地掌握竞争者的发展动态	
	贵公司能够及时地获知宏观政策变化	

6.3.3.2 对组织柔性能力的测度

焦豪等(2008)把柔性能力界定为决定权力与职责配置、信息流动等规则和程序的一种组织结构属性。Phillips(2000)认为柔性化组织应该具有与环境变化等同或者多于环境变化的能力。Chandler(1962)提出组织结构要服务于战略的制定与实施,强调了基于战略成功实施导向的组织柔性要求。组织战略的成功实施需要灵活打破正式职能部门之间原有的工作程序与规则,同时保持个体之间、部门之间的沟通渠道,如此才能保证组织可以适应环境变化。Zollo 等(1999)也认为组织结构要柔性化,如此才不至于使惯例僵化,形成能力刚性。Kanchanda 等(2011)基于对泰国 102 家电子制造企业的调查研究了组织柔性能力、创新优势与企业可持续发展之间的关系,从业务柔性、结构柔性和战略柔性 3 个方面来测度组织柔性能力,共开发了 26 个题项。陈国权等(2012)从战略管理角度提出柔性是指组织为了适应动态环境变化的需要、开发或维持竞争优势,以调整、组织竞争的种类与竞争的速度的动态能力。国内学者焦豪等(2008),程鹏等(2006),蒋峦等(2015)等都给出了较为具体的组织柔性测度方式。基于对以上文献的梳理,本研究采用如下题项测度组织柔性能力,详见表 6-8。

表 6-8 组织柔性能力测度题项

变量	测量题项	来源
组织柔性能力	贵公司内部有畅通的沟通渠道,部门成员之间信息传达准确快速	焦豪等(2008),程鹏等(2006),Kanchanda 等(2011),蒋峦等(2015)
	贵公司各部门工作自主性、灵活性高	
	贵公司具有鼓励创新精神的企业文化	
	贵公司允许打破正规的工作程序	
	贵公司能根据环境变化进行市场再定位	

6.3.3.3 对资源整合能力的测度

资源整合能力被定义为组织通过建立共同的理解和集体意识,将新知识嵌入新的业务能力中的能力。它表现为将个人知识贡献给集体(Eisenhardt,2002)、表现个体与群体的知识(Crowston et al.,1998)、来自不同主体的知识输入集体系统(郑江波等,2019)。由于业务能力是超个人的,不存在于任何特定的个体中,组织必须将个人知识集成到一个集体系统中,以部署新的业务能力。Pavlou(2011)在对新产品开发团队的动态能力的研究中,采用了"我们认真地将团队成员的行动联系在一起,以便应对不断变化的状况"等 5 个题项来测度资源整合能力。黄俊(2008)用"建立企业内外部的信息共享和沟通机制"等 4 个题项来测度整合能力。基于对以上文献的梳理,本研究采用如下题项来测度资源整合能力,详见表 6-9。

表 6-9　资源整合能力测度题项

变量	测量题项	来源
资源整合能力	贵公司可以将来自不同部门的新知识、新信息进行整合	Helfat 等(2003),黄俊(2008),Pavlou(2011),陈勇(2011)
	贵公司可以集中管理跨部门业务活动,保证工作效率	
	贵公司可以根据市场波动及时调整生产和销售活动	
	贵公司可以根据环境变化调整与供应链企业的关系	
	贵公司总的来说资源浪费现象不严重	

6.3.4　对环境包容性的测度

Dess 等(1984)在对环境维度进行研究时,通过对 52 个产业数据的因子分析方法,提取了 3 个公因子,即环境的包容性、复杂性和动态性,结果表明,3 个维度都得到支持并且统计显著。目前,在中观和微观层面的战略研究都广泛采纳了这一划分方式。利用产业销售收入对时间进行回归而得到回归系数,利用该系数除以行业平均值,即为环境包容性值(贾军等,2012),这种方法通常用于对某个产业进行面板数据分析。卫武等(2016)在参考 Castrogiovanni(1991)观点基础上,采用"在市场中容易获得资金的支持"等 4 个题项测量小微企业的环境包容性。郭海等(2014)在研究如何将创业机会转化为企业绩效时,采用"政府的发展规划为企业提供了有力的支持"等 5 个题项对环境包容性进行测量。经过对文献梳理及结合本研究对象小微企业的探索性案例访谈基础上,本研究对环境包容性的测度详表 6-10。

表 6-10　环境包容性测度题项

变量	测量题项	来源
环境包容性	在市场中容易获得资金的支持	Dess 等(1984),卫武等(2016),郭海等(2014)
	政府的发展规划为公司提供了有力的支持	
	贵公司所处的行业市场中有丰富的获得机会	
	在市场中容易获得运营和扩张所需的资源	

6.4 数据分析

本研究主要使用 SPSS 19.0 以及 AMOS 20.0 进行数据分析和假设验证。首先，进行描述性统计分析；其次，利用 SPSS 软件对问卷数据进行信度和效度检验，保证问卷题项测量的合理性；最后，利用 AMOS 软件建立结构方程模型，对本研究模型和假设进行检验，以证明模型的有效性和解释力。

6.4.1 描述性统计分析

描述性统计分析，是统计学中对样本数据的基本特征进行统计的方法，本研究包括企业成立年限、企业总人数、企业性质、销售总额以及所属行业等特征，保证样本具有普遍性。

6.4.2 信度效度分析

信度分析是统计学中对问卷数据的可靠性和题项间保持同等性程度的检验方法。本研究使用信度分析中 Cronbach's α 系数来判定问卷题项内容的可信度，Cronbach's α 系数越接近 1，说明问卷题项的内容信度就越高。

效度分析是统计学中用于判定问卷数据的效用性，能否正确地反映问卷题项内容意义的检验方法。效度分析分为内容效度、结构效度以及关系效度。本研究主要采用因子分析法和主成分分析法对实证研究数据进行结构效度检验。主要评判指标包括 KMO 值以及显著性大小。

6.4.3 验证性因子分析

验证性因子分析也是结构效度的检验方法之一，是在探索性因子分析的基础上，进一步对变量效度做验证，通过建立观测变量间的结构方程模型，来判定变量的因子主成分结构是否与预想的构念相符合。

6.4.4 结构方程分析

结构方程模型是社会科学及经济和管理研究领域常用来测定潜在变量、观测变量之间的相关关系，并用来检验模型适配成立程度的重要工具。本研究根据假设模型情况来构建结构方程模型，通过变量之间关系系数的显著性来判定相关研究假设。同时根据适配度指数指标以及修正指数的结果，对模型进行修正，从而形成解释力高、适配性强、效果性强的研究模型。

6.5 本章小结

本部分主要阐述本研究拟采用的实证方法，包括从问卷设计、数据构思到变量测度以及分析方法与程序等几个方面的内容。问卷设计从构思到最终实施调研，经过了研究设计、建立指标体系、试调查和修改定稿等8个步骤，从语句表达到问卷结构设计，采取多项措施尽可能提高题项回答的准确性，降低负面影响，从而保障问卷的科学性、合理性，以及分析结果的可靠性。在数据收集过程中，从控制问卷发放途径到被调研者选择，也进行了较为严格的筛选，为数据的有效性好了基础。

本研究所涉及的主要变量包括网络嵌入性、组织间学习、动态能力和环境包容性。本部分对每个变量的测度进行了设计：网络嵌入性包括结构嵌入性和关系嵌入性，结构嵌入性从网络规模、网络中心性和网络位差3个方面6个问题进行测度；关系嵌入性从信任、信息共享和共同解决问题3个方面6个问题进行测度。组织间学习包括知识获取、知识共享、知识利用3个维度，分别采用5个问题进行测度。动态能力包括机会感知能力、组织柔性能力、资源整合能力3个维度，也分别用5个问题进行测度。环境包容性采用4个问题进行测度。以上所有问题均采用Likert七度量表进行评定。采用问卷调查的方式收集数据，完成之后，建立数据库，拟采用AMOS 20.0软件进行信度检验、探索性因子分析、验证性因子分析和结构方程建模与拟合。

7 实证研究

在第3章文献综述和第4章探索性案例分析基础上，本书在第5章提出了研究模型和研究假设，第6章讨论了研究方法。本章将通过大样本调查实证研究，对第5章提出的理论模型进行验证。

7.1 信度效度检验

信度主要是指测量结果的可靠性、一致性和稳定性，即测验结果是否反映了被测者的稳定的、一贯性的真实特征（宋辉，2015）。效度是指正确性程度，即测量工具确能测出其所要测量的特质的程度。效度越高，表示测量结果越能显示出所要测量对象的真正特征。

7.1.1 网络嵌入性维度

7.1.1.1 信度检验

本研究首先对网络嵌入性维度中的结构嵌入性、关系嵌入性进行信度检验，结果详见表7-1。按照结果所示，结构嵌入性和关系嵌入性中各题目的项总计相关性均大于0.5，且项已删除的信度系数值均小于总体信度系数值，说明在问卷前测阶段已经完成了对题项的调整，量表内部具有较高一致性，不再需要删除题项。另外，结构嵌入性和关系嵌入性的总体信度值均大于0.8，说明本研究量表的可靠性较好，可以采纳并进行数据分析。

表 7-1 网络嵌入性维度信度检验情况(N=260)

变量名称	题项	题项—总体相关性	项已删除的 Cronbach's α 值	Cronbach's α 值
结构嵌入性	AS1	0.856	0.845	0.890
	AS2	0.838	0.848	
	AS3	0.754	0.836	
	AS4	0.746	0.857	
	AS5	0.882	0.913	
	AS6	0.896	0.932	
关系嵌入性	AR1	0.845	0.846	0.902
	AR2	0.712	0.872	
	AR3	0.812	0.854	
	AR4	0.585	0.910	
	AR5	0.809	0.853	
	AR6	0.686	0.874	

7.1.1.2 探索性因子分析

首先,通过探索性因子分析对网络嵌入性维度中的结构嵌入性、关系嵌入性进行效度检验。根据表 7-2,在 KMO 适当性检验和 Bartleet 球形检验中,KMO 值大于 0.7 且 p 值小于 0.05,说明该维度适合进行因子分析。

其次,利用主成分分析法,对变量各题项进行因子的成分分析。根据表 7-2,从 12 个题项中提取 2 个因子,各题项的因子载荷均大于 0.5,累计方差贡献率得到 77.27%,说明因子提取效果较好。

表 7-2 网络嵌入性维度效度检验情况(N=260)

题项	公共因子	
	1	2
AS1	0.878	
AS2	0.876	

续表

题项	公共因子	
	1	2
AS3	0.810	
AS4	0.806	
AS5	0.849	
AS6	0.791	
AR1		0.860
AR2		0.666
AR3		0.824
AR4		0.701
AR5		0.861
AR6		0.833
旋转后方差贡献率	43.009	34.260
累计方差贡献率	43.009	77.270
KMO 值=0.810,p 值=0.000		

7.1.1.3 验证性因子分析

本部分通过建立结构方程模型，对网络嵌入性维度中的结构嵌入性和关系嵌入性进行验证性因子分析，验证量表中各题项的建构效度是否有效，测量模型及拟合情况分别如图 7-1 和表 7-3 所示。

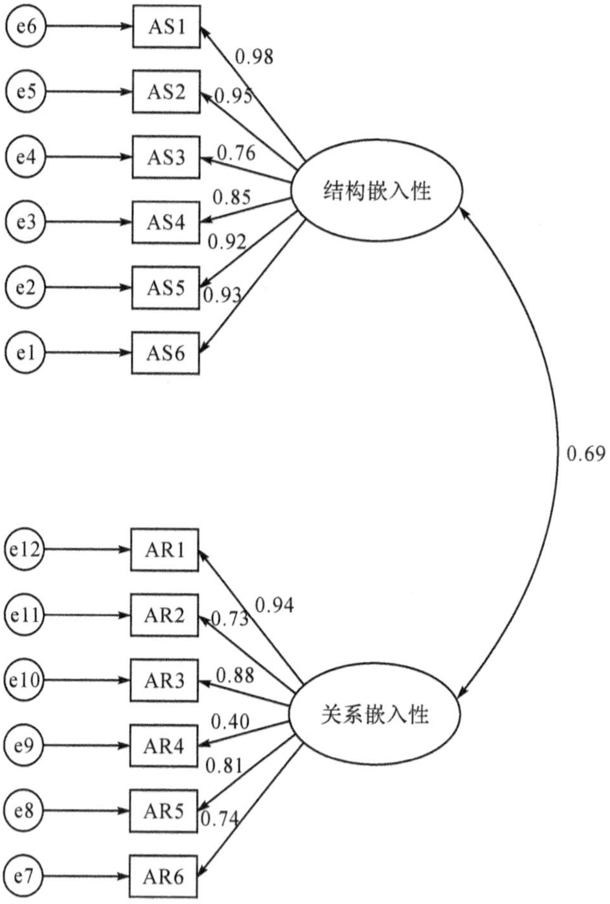

图 7-1 网络嵌入性的测量模型

表 7-3 网络嵌入性测量模型的拟合情况(*N*=260)

路径	Estimate	C. R.	*p*
AS6<---结构嵌入性	0.927		
AS5<---结构嵌入性	0.915	26.601	***
AS4<---结构嵌入性	0.853	21.664	***
AS3<---结构嵌入性	0.759	16.792	***
AS2<---结构嵌入性	0.955	31.040	***
AS1<---结构嵌入性	0.983	35.325	***
AR6<---关系嵌入性	0.742		
AR5<---关系嵌入性	0.811	13.420	***

续表

路径	Estimate	C. R.	p
AR4<———关系嵌入性	0.402	6.372	***
AR3<———关系嵌入性	0.883	14.752	***
AR2<———关系嵌入性	0.729	11.933	***
AR1<———关系嵌入性	0.938	15.707	***
χ^2/df 值=1.976，RSEMA 值=0.049，CFI 值=0.965			

注：*** 表示显著性<0.001。

网络嵌入性测量模型的拟合结果表明，χ^2/df（卡方自由度之比）值为1.976，小于3；CFI 的值为0.965，大于0.9；RMSEA（渐进残差均方和平方根）的值为0.049，小于0.1；各路径系数显著性小于0.001，说明该模型拟合效果较好，网络嵌入性中结构嵌入性和关系嵌入性的划分与题项测度是有效的。

7.1.2 组织间学习维度

7.1.2.1 信度检验

本研究首先对组织间学习维度中的知识获取、知识共享、知识利用进行信度检验，根据表7-4，各变量中各题目的项总计相关性均大于0.5，说明各变量题项设置的一致性较好，不需要删除题项。同时，知识获取、知识共享和知识利用的变量信度值大于0.8，说明问卷题项设置的可靠性较高，满足数据分析的基本要求。

表7-4 组织间学习维度信度检验情况（N=260）

变量名称	题项	题项—总体相关性	项已删除的 Cronbach's α 值	Cronbach's α 值
知识获取	BA1	0.806	0.866	0.900
	BA2	0.679	0.896	
	BA3	0.867	0.853	
	BA4	0.657	0.901	
	BA5	0.809	0.867	

续表

变量名称	题项	题项—总体相关性	项已删除的 Cronbach's α 值	Cronbach's α 值
知识共享	BS1	0.670	0.911	0.909
	BS2	0.633	0.919	
	BS3	0.894	0.864	
	BS4	0.810	0.882	
	BS5	0.878	0.866	
知识利用	BU1	0.804	0.881	0.883
	BU2	0.841	0.903	
	BU3	0.765	0.807	
	BU4	0.681	0.793	
	BU5	0.769	0.878	

7.1.2.2 探索性因子分析

本研究首先通过探索性因子分析对组织间学习维度中的知识获取、知识共享、知识利用进行效度检验。根据表 7-5，在 KMO 适当性检验和 Bartleet 球形检验中，KMO 值大于 0.7 且显著性小于 0.05，说明该维度适合进行因子分析。

然后利用主成分分析法，对变量各题项进行因子的成分分析。根据表 7-5，从 15 题项中提取了 3 个因子，各题项的因子载荷均大于 0.5，累计方差贡献率得到 83.583%，说明因子提取效果较好。

表 7-5 组织间学习维度效度检验情况（$N=260$）

题项	公共因子		
	1	2	3
BA1			0.819
BA2			0.620
BA3			0.849
BA4			0.794

续表

题项	公共因子		
	1	2	3
BA5			0.899
BS1		0.832	
BS2		0.625	
BS3		0.814	
BS4		0.851	
BS5		0.771	
BU1	0.847		
BU2	0.869		
BU3	0.895		
BU4	0.901		
BU5	0.776		
旋转后方差贡献率	37.036	24.021	22.527
累计方差贡献率	37.036	61.057	83.583
KMO 值=0.805，p 值=0.000			

7.1.2.3 验证性因子分析

本研究通过建立结构方程模型，对组织间学习维度中的知识获取、知识共享、知识利用进行验证性因子分析，验证量表中各题项的建构效度是否有效，测量模型及拟合情况分别如图 7-2 和表 7-6 所示。

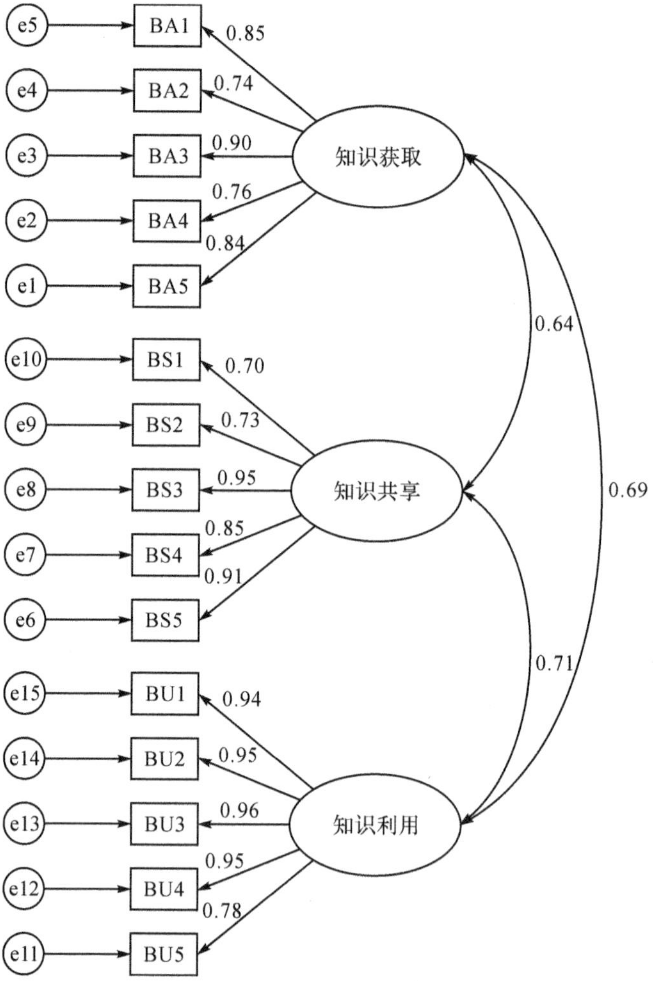

图 7-2 组织间学习的测量模型

表 7-6 组织间学习测量模型的拟合情况(N=260)

路径	Estimate	C. R.	p
BA5<———知识获取	0.836		
BA4<———知识获取	0.757	14.092	***
BA3<———知识获取	0.901	18.365	***
BA2<———知识获取	0.745	13.782	***
BA1<———知识获取	0.851	16.829	***
BS5<———知识共享	0.915		

续表

路径	Estimate	C. R.	*p*
BS4<———知识共享	0.854	20.544	***
BS3<———知识共享	0.946	26.717	***
BS2<———知识共享	0.734	15.188	***
BS1<———知识共享	0.701	14.054	***
BU5<———知识利用	0.781		
BU4<———知识利用	0.951	18.392	***
BU3<———知识利用	0.962	18.717	***
BU2<———知识利用	0.952	18.432	***
BU1<———知识利用	0.941	18.119	***
χ^2/df 值=2.081,RSEMA 值=0.074,CFI 值=0.936			

注：*** 表示显著性<0.001。

组织间学习维度测量模型的拟合结果表明，χ^2/df 值为 2.081，小于 3；CFI 的值为 0.936 大于 0.9；RMSEA 的值为 0.074，小于 0.1；各路径系数显著性小于 0.001，说明该模型拟合效果较好，组织间学习维度中各变量的划分与题项测度是有效的。

7.1.3 动态能力维度

7.1.3.1 信度检验

本研究首先对动态能力维度中的机会感知、组织柔性、资源整合进行信度检验，根据表 7-7，各变量中各题目的项总计相关性均大于 0.5，说明各变量题项设置的一致性较好，不需要删除题项。同时，机会感知、组织柔性和资源整合的变量信度值大于 0.8，说明问卷题项设置的可靠性较高，满足数据分析的要求。

表 7-7 组织间学习维度信度检验情况(N=260)

变量名称	题项	题项—总体相关性	项已删除的 Cronbach's α 值	Cronbach's α 值
机会感知	CC1	0.882	0.913	0.851
	CC2	0.724	0.841	
	CC3	0.917	0.906	
	CC4	0.638	0.722	
	CC5	0.706	0.828	
组织柔性	CO1	0.901	0.899	0.909
	CO2	0.833	0.913	
	CO3	0.914	0.896	
	CO4	0.698	0.837	
	CO5	0.754	0.878	
资源整合	CR1	0.821	0.911	0.883
	CR2	0.667	0.729	
	CR3	0.920	0.894	
	CR4	0.808	0.876	
	CR5	0.757	0.823	

7.1.3.2 探索性因子分析

本研究首先通过探索性因子分析对动态能力维度中的机会感知、组织柔性、资源整合进行效度检验。根据表 7-8，在 KMO 适当性检验和 Bartleet 球形检验中，KMO 值大于 0.7 且显著性小于 0.05，说明该维度适合进行因子分析。

然后利用主成分分析法，对变量各题项进行因子的成分分析。表 7-8的结果表明，从 15 题项中提取了 3 个因子，各题项的因子载荷均大于 0.5，累计方差贡献率得到 82.188%，说明因子提取效果较好。

表 7-8 动态能力维度效度检验情况($N=260$)

题项	公共因子		
	1	2	3
CC1		0.849	
CC2		0.754	
CC3		0.871	
CC4		0.837	
CC5		0.698	
CO1			0.938
CO2			0.894
CO3			0.943
CO4			0.809
CO5			0.837
CR1	0.736		
CR2	0.807		
CR3	0.868		
CR4	0.850		
CR5	0.813		
旋转后方差贡献率	28.048	27.369	26.771
累计方差贡献率	28.048	55.417	82.188
KMO 值=0.763,p 值=0.000			

7.1.3.3 验证性因子分析

本研究通过建立结构方程模型,对动态能力维度中的机会感知、组织柔性、资源整合进行验证性因子分析,验证量表中各题项的建构效度是否有效,测量模型及拟合情况分别如图 7-3 和表 7-9 所示。

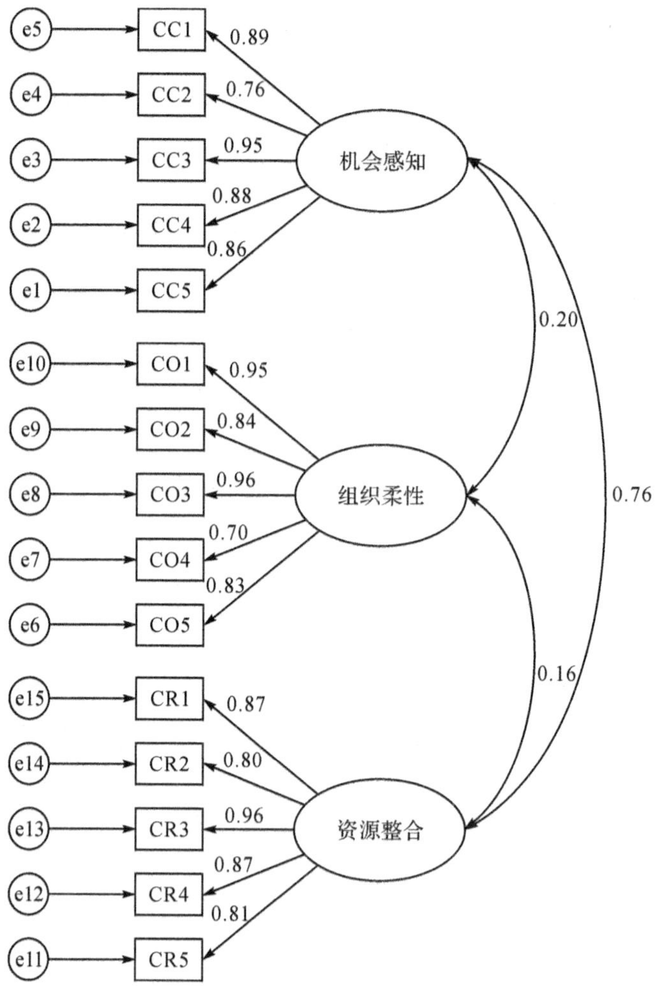

图 7-3 动态能力的测量模型

表 7-9 动态能力测量模型的拟合情况(N=260)

路径	Estimate	C. R.	p
CC5<———机会感知	0.860		
CC4<———机会感知	0.877	19.344	***
CC3<———机会感知	0.951	22.838	***
CC2<———机会感知	0.760	15.076	***
CC1<———机会感知	0.895	20.146	***
CO5<———组织柔性	0.828		

续表

路径	Estimate	C. R.	p
CO4<———组织柔性	0.705	12.989	***
CO3<———组织柔性	0.961	21.170	***
CO2<———组织柔性	0.842	16.890	***
CO1<———组织柔性	0.946	20.637	***
CR5<———资源整合	0.808		
CR4<———资源整合	0.865	16.810	***
CR3<———资源整合	0.960	19.679	***
CR2<———资源整合	0.802	15.054	***
CR1<———资源整合	0.874	17.073	***
χ^2/df 值=2.427，RSEMA 值=0.081，CFI 值=0.912			

注：*** 表示显著性<0.001。

动态能力维度测量模型的拟合结果表明，χ^2/df 值为 2.427，小于 3；CFI 的值为 0.912，大于 0.9；RMSEA 的值为 0.081，小于 0.1；各路径系数显著性小于 0.001，说明该模型拟合效果较好，动态能力维度中各变量的划分与题项测度是有效的。

7.1.4 环境包容性

7.1.4.1 信度检验

研究对调节变量环境包容性进行信度检验，根据表 7-10，变量中各题目的项总计相关性均大于 0.5，说明变量题项设置的一致性较好，不需要删除题项。另外，变量总信度值大于 0.8，说明问卷题项设置的可靠性较高，满足数据分析的要求。

表 7-10 环境包容性信度检验情况

变量名称	题项	题项—总体相关性	项已删除的 Cronbach's α 值	Cronbach's α 值
环境包容性	DE1	0.738	0.834	0.872
	DE2	0.753	0.827	
	DE3	0.622	0.877	
	DE4	0.835	0.794	

7.1.4.2 探索性因子分析

研究通过探索性因子分析对环境包容性单一变量进行效度检验。根据表的结果表明，在 KMO 适当性检验和 Bartleet 球形检验中，KMO 值大于 0.7 且显著性小于 0.05，说明该维度适合进行因子分析。

然后利用主成分分析法，对变量的各题项进行成分分析。根据表 7-11，从 4 个题项中提取了 1 个因子，各题项的因子载荷均大于 0.5，累计方差贡献率得到 73.13%，说明因子提取达到预期效果。

表 7-11 环境包容性效度检验情况

题项	因子 1
DE1	0.850
DE2	0.861
DE3	0.782
DE4	0.922
旋转后方差贡献率=73.133，累计方差贡献率=73.133，KMO 值=0.749，p 值=0.000	

7.2 结构方程检验

根据前文中所提出的模型及研究假设，本节将构建一阶、二阶结构方程模型对相关研究假设进行检验，并通过 AMOS20.0 对模型进行修正。

结构方程模型（SEM）主要是研究观测变量、潜在变量、误差变量之间的关系，通过构建相关变量的方程模型，不断提高模型的适配度来研究变量之间的影响效果。按照吴明隆(2009)的观点，在结构方程模型分析过程中，主要包括模型构建与识别、参数估计与假设检验和模型修正三个步骤。

7.2.1 分模型检验一

7.2.1.1 模型建立

本研究首先根据理论基础建立自变量与因变量维度之间的结构方程模型，对网络嵌入性两维度与动态能力三维度下各变量关系进行检验，模型图如图7-4所示。本模型主要首先检验网络嵌入性和小微企业动态能力之间的关系，即自变量和因变量之间的关系。

7.2.1.2 拟合结果

本研究将采用极大似然法进行结构方程模型的参数检验。根据统计学原理，将从模型适配度指标与假设路径的显著性来评价模型拟合结果。模型适配度指标是用于评判构念模型与案例中的样本数据是否互相契合，以证明假设模型在实证案例中的适配性。本研究选取 χ^2/df(卡方自由度之比)、RMSEA(渐进残差均方和平方根)、CFI(比较性适配指数)、TLI(Tueker-Lewis 指数)作为适配度判定指标。假设路径的显著性将用于判定各假设是否成立。

因此将样本数据导入 AMOS20.0 软件中并对初始模型进行检验，结果详见图7-4。

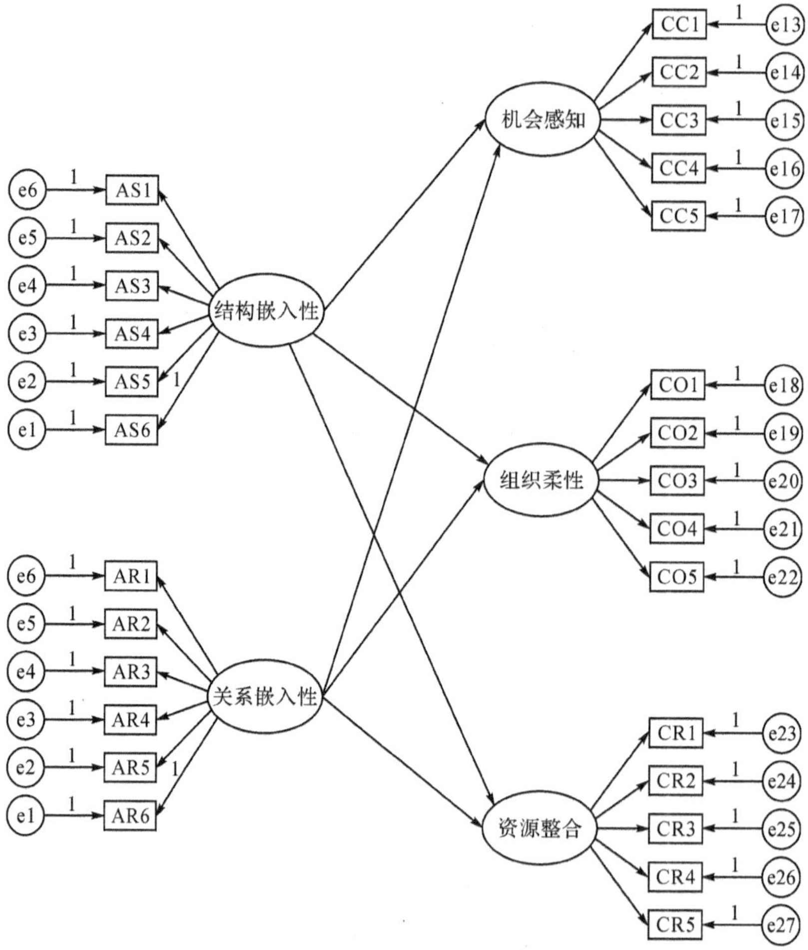

图 7-4 网络嵌入性与动态能力关系的初始模型

表 7-12 网络嵌入性与动态能力关系的结构方程模型拟合结果(N=260)

标准化系数	非标准化系数	临界比	p
0.383	0.301	3.724	***
0.031	0.054	0.322	0.812
0.234	0.203	2.328	**
0.407	0.395	4.215	***
0.324	0.403	3.353	***
0.092	0.136	0.986	0.445
χ^2/df 值=3.393,RMSEA 值=0.079,CFI 值=0.908,TLI 值=0.917			

注：*** 表示显著性<0.001，** 表示显著性<0.01，* 表示显著性 p<0.05。

根据表 7-12，模型适配度的主要指标 χ^2/df 为 3.393>3，其余指标也不完全满足模型合理适配的要求，因此根据结构方程模型检验要求，需要对该拟合模型进行修正。

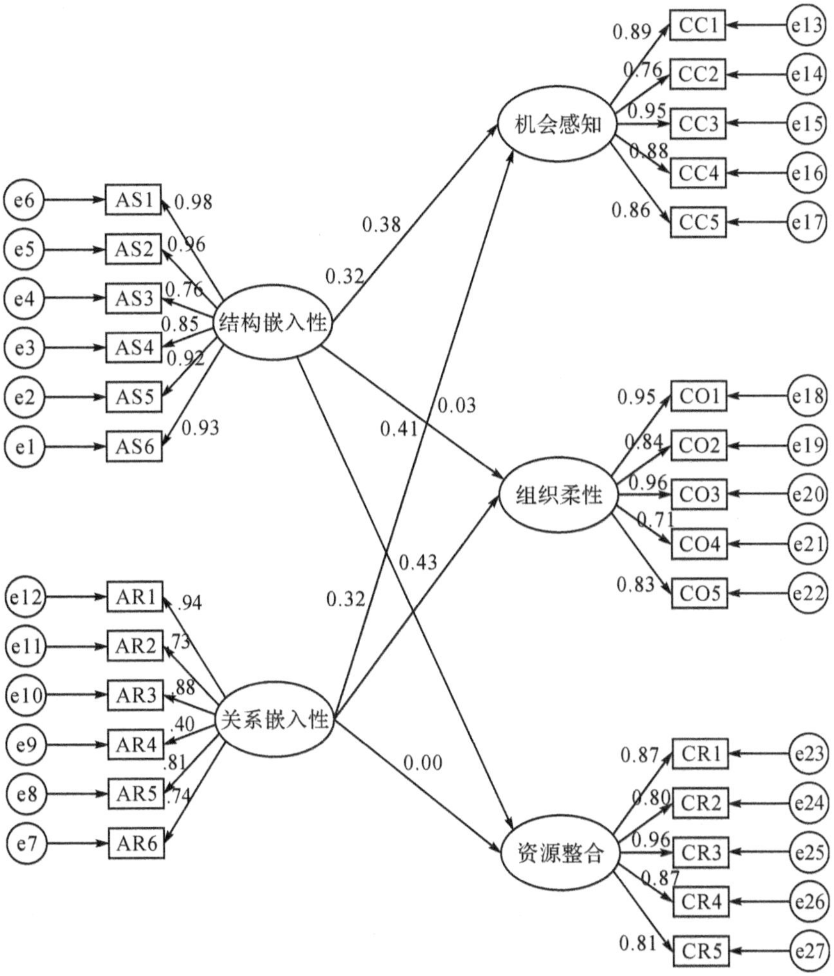

图 7-5 网络嵌入性与动态能力关系的结构方程模型拟合

在路径假设的检验汇总，结构嵌入性对组织柔性、关系嵌入性对资源整合的显著性>0.05 时，表明变量之间关系不显著，假设不成立。

7.2.1.3 模型修正

由于初始模型的 χ^2/df 大于 3，说明该模型的适配度不佳，需对之进行进一步修正。在结构方程模型中，修正指标值(modification indices，MI)是判断准则之一。修正指标值包括增加变量间共线关系以及路径系数。当模型整体卡方值降低时，说明修正的步骤产生了效果。Bagozzi 等（1988）认为当 MI 值＞3.84 时，就应该进行修正，当然研究者首先要在满足理论依据的前提下，才可进行相关路径搭建。

在初始模型中，原定假设各测量变量的误差项间均不具有相关关系。但从拟合情况中 MI 值显示，各变量误差项间的相关性较高，说明题项之间具有一定相似性，导致实证数据存在误差，因此建立 e1、e3、e4、e5；e7、e8、e11、e12，e14、e15、e16；e18、e20、e21、e22；e25、e26 之间的相关关系，以消除其对模型适配的影响。

从表 7-13、图 7-6 中可以看出，经过修正，模型的各项适配度指标基本满足良好标准，其中最为关键的指标卡方自由度之比经过修正后下降至 2.813，说明修正思路正确，有利于提高模型的拟合程度。修正以后的拟合结果表明，结构嵌入性对机会感知能力、资源整合能力具有显著正向影响，关系嵌入性对机会感知能力和组织柔性能力具有显著正向影响。

表 7-13 网络嵌入性与动态能力关系的结构方程模型拟合结果（修正）（$N=260$）

路径	标准化系数	非标准化系数	临界比	p
机会感知＜－－结构嵌入性	0.403	0.482	4.029	***
组织柔性＜－－结构嵌入性	0.029	0.041	0.217	0.792
资源整合＜－－结构嵌入性	0.231	0.277	2.408	**
机会感知＜－－关系嵌入性	0.356	0.364	4.012	***
组织柔性＜－－关系嵌入性	0.282	0.343	3.813	***
资源整合＜－－关系嵌入性	0.117	0.167	0.784	0.416
χ^2/df 值＝2.813，RMSEA 值＝0.071，CFI 值＝0.916，TLI 值＝0.922				

注：*** 表示显著性＜0.001，** 表示显著性＜0.01，* 表示显著性＜0.05。

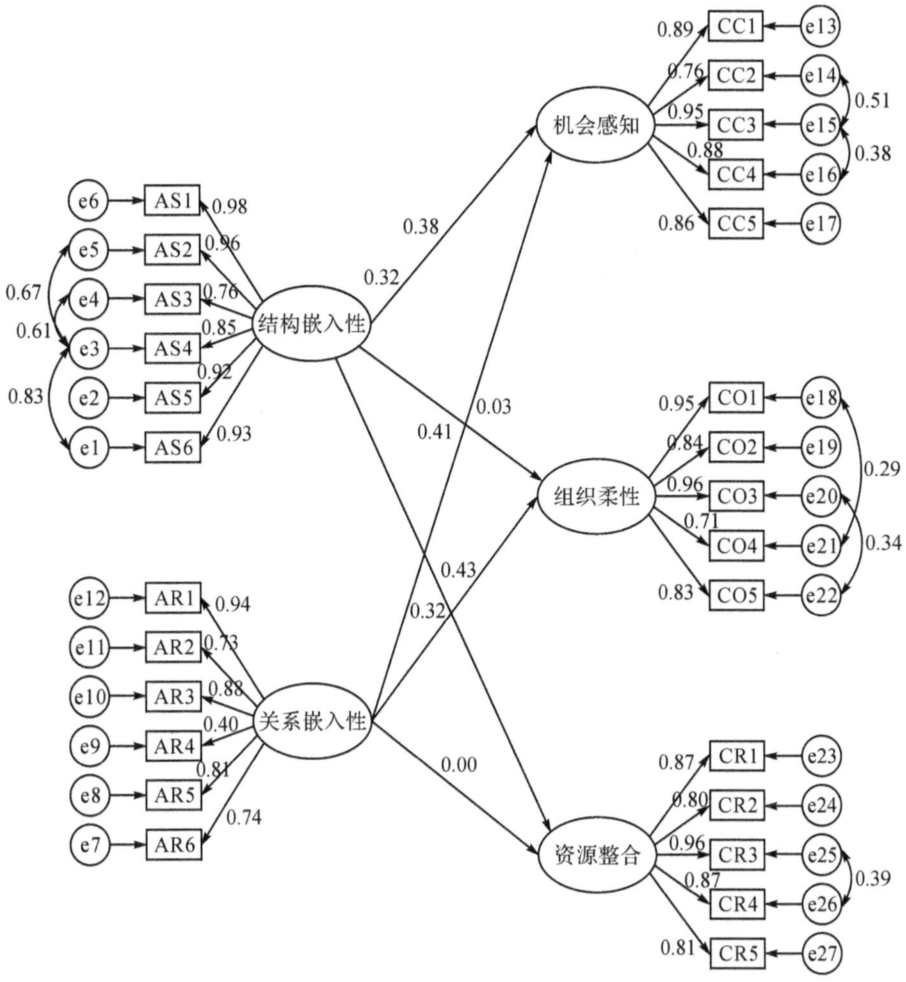

图 7-6 网络嵌入性与动态能力关系的结构方程模型拟合图(修正)

7.2.2 分模型检验二

7.2.1.1 模型建立

本研究其次针对自变量、中介变量以及因变量维度之间建立结构方程模型，对网络嵌入性、组织间学习以及动态能力维度下各变量关系进行检验，模型如图 7-7 所示。

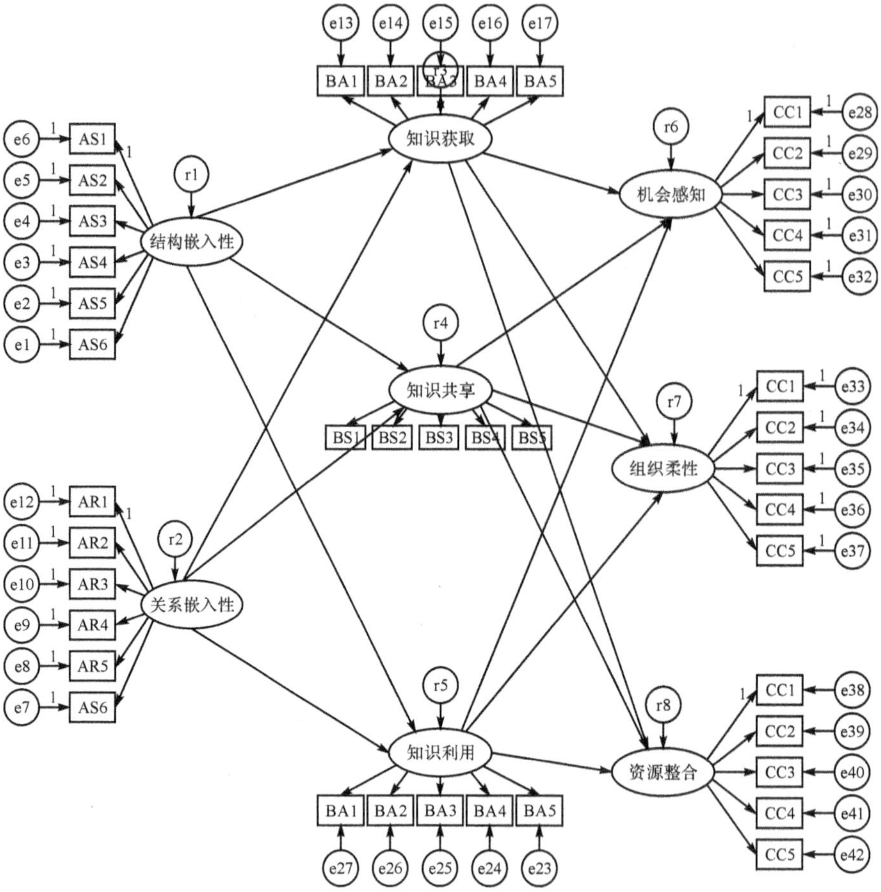

图 7-7　网络嵌入性、组织间学习与动态能力关系的初始模型

6.2.1.2　拟合结果

根据统计学原理，分模型检验二中的结构方程模型检验方法与分模型一的一致。因此，将样本数据导入 AMOS20.0 软件中并对初始模型进行检验，结果如图 7-8 所示。

从表 7-14 看出，模型适配度的主要指标 χ^2/df 的值为 4.027，大于 3，其余指标也不完全满足模型合理适配的要求，因此根据结构方程模型检验要求，需要对该拟合模型进行修正。

在路径假设的检验汇总，结构嵌入性对知识共享、知识利用对资源整合的显著性 $p>0.05$ 时，表明变量之间关系不显著，假设不成立。

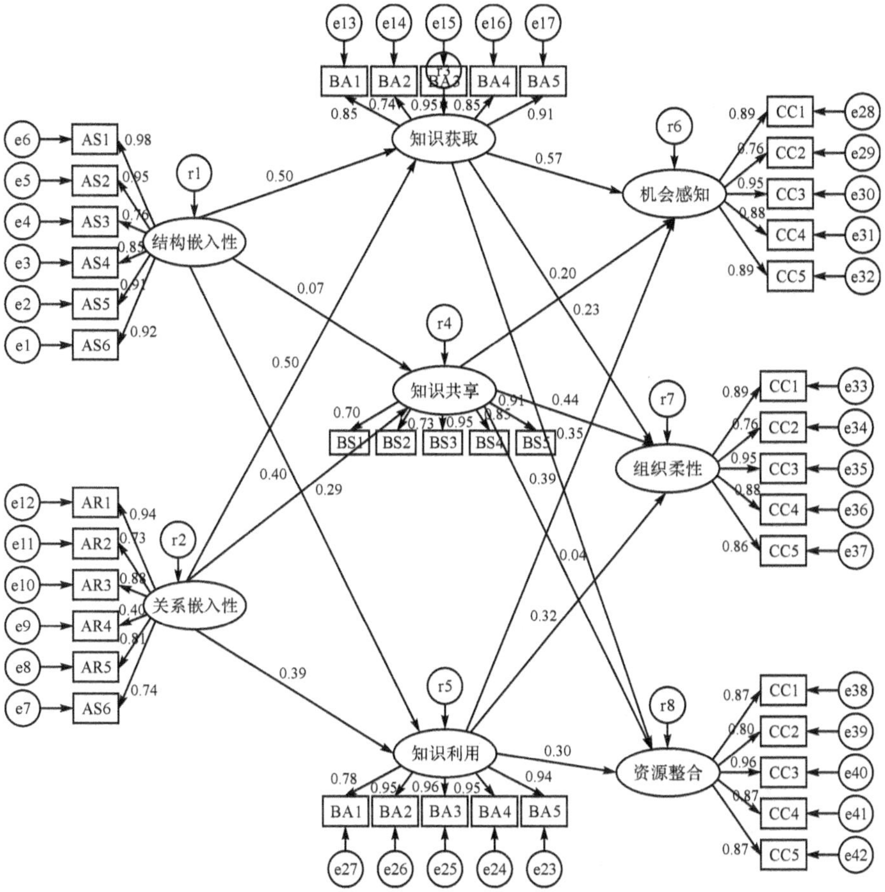

图 7-8 网络嵌入性、组织间学习与动态能力关系的结构方程模型

表 7-14 网络嵌入性、组织间学习与动态能力关系的结构方程模型拟合结果($N=260$)

路径	标准化系数	非标准化系数	临界比	p
知识获取＜－－结构嵌入性	0.503	0.363	6.749	***
知识共享＜－－结构嵌入性	0.071	0.034	0.982	0.386
知识利用＜－－结构嵌入性	0.239	0.263	2.374	*
知识获取＜－－关系嵌入性	0.497	0.634	4.871	***
知识共享＜－－关系嵌入性	0.401	0.579	4.329	***
知识利用＜－－关系嵌入性	0.292	0.262	2.986	**
机会感知＜－－知识获取	0.567	0.553	6.237	***
组织柔性＜－－知识获取	0.232	0.377	3.281	***

续表

路径	标准化系数	非标准化系数	临界比	p
资源整合<——知识获取	0.354	0.389	4.831	***
机会感知<——知识共享	0.202	0.307	2.243	*
组织柔性<——知识共享	0.441	0.625	4.452	***
资源整合<——知识共享	0.042	0.049	0.332	0.764
机会感知<——知识利用	0.387	0.392	3.229	***
组织柔性<——知识利用	0.271	0.285	2.953	**
资源整合<——知识利用	0.304	0.403	3.493	***
χ^2/df 值=4.027,RMSEA 值=0.085,CFI 值=0.868,TLI 值=0.831				

注：*** 表示显著性<0.001，** 表示显著性<0.01，* 表示显著性<0.05。

7.2.1.3 模型修正

由于初始模型的卡方自由度之比 4.027>3，分模型二(见图 7-8)模型的适配度不佳，根据理论做进一步的修正，修正思路与分模型检验一中的方法一致。

根据结构方程模型原理，原定初始假设的各变量误差项间是不具备相关关系。但从拟合情况中 MI 值显示，各变量误差项间的相关性较高，说明题项之间具有一定相似性，导致实证数据存在误差，因此建立 e1、e3、e4、e5，e7、e8、e11、e12，e14、e15、e16、e17，e18、e20、e21、e22；e23、e25、e26，e29、e30；e33、e35、e37 之间的相关关系，以消除其对模型适配的影响。

从表 7-15 和图 7-9 中修正结果看，经过修正，模型的各项适配度指标基本满足良好标准，其中关键性指标 χ^2/df 经过修正后有明显下降，虽然整体指标大于 3，但是小于 5，认为模型基本成立，说明修正思路正确，有利于提高模型的拟合程度。

表 7-15 网络嵌入性、组织间学习与动态能力关系的结构方程模型拟合结果(修正)(N=260)

路径	标准化系数	非标准化系数	临界比	p
知识获取<——结构嵌入性	0.513	0.384	6.089	***
知识共享<——结构嵌入性	0.041	0.051	0.872	0.401
知识利用<——结构嵌入性	0.204	0.293	1.971	*
知识获取<——关系嵌入性	0.457	0.503	4.332	***
知识共享<——关系嵌入性	0.401	0.379	4.092	***
知识利用<——关系嵌入性	0.282	0.241	2.063	**
机会感知<——知识获取	0.557	0.493	6.228	***
组织柔性<——知识获取	0.202	0.339	3.017	***
资源整合<——知识获取	0.374	0.402	4.013	***
机会感知<——知识共享	0.292	0.227	2.836	*
组织柔性<——知识共享	0.431	0.422	4.552	***
资源整合<——知识共享	0.072	0.155	0.303	0.352
机会感知<——知识利用	0.327	0.292	3.315	***
组织柔性<——知识利用	0.292	0.205	2.354	**
资源整合<——知识利用	0.301	0.406	3.193	***
χ^2/df 值=3.327,RMSEA 值=0.078,CFI 值=0.902,TLI 值=0.931				

注:*** 表示显著性<0.001,** 表示显著性<0.01,* 表示显著性<0.05。

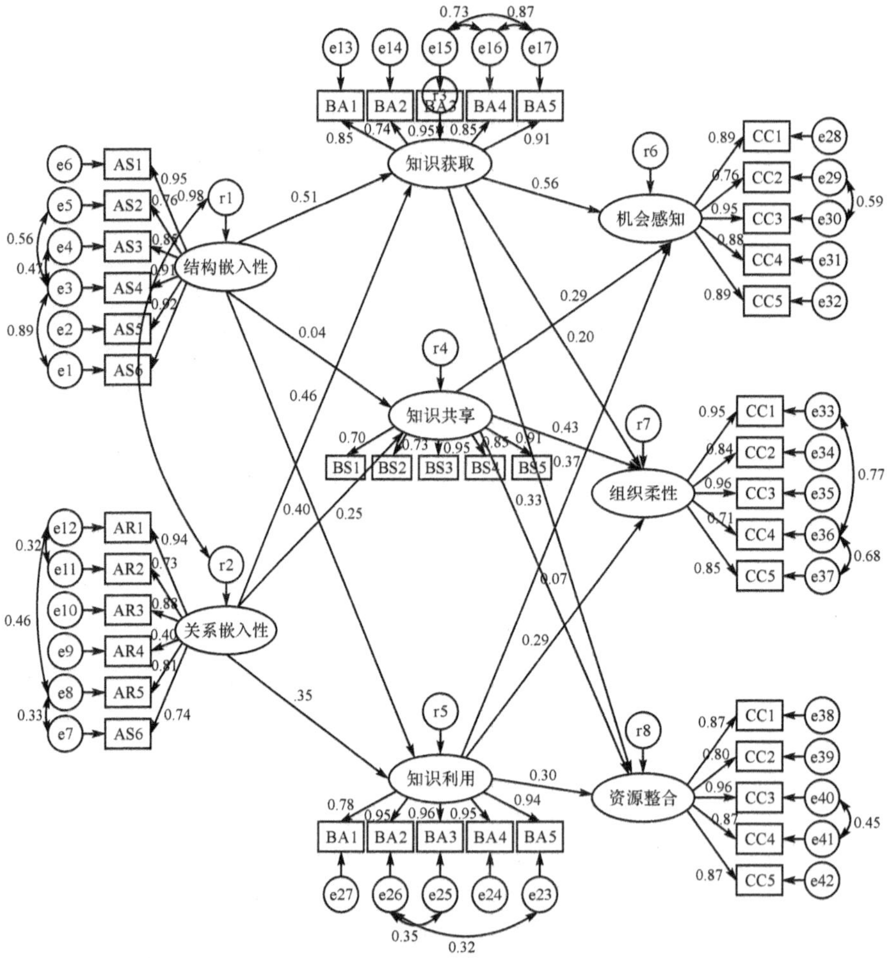

图 7-9 网络嵌入性、组织间学习与动态能力关系的结构方程模型(修正)

7.2.3 全模型检验

7.2.2.1 模型建立

研究通过建立二阶结构方程模型,对网络嵌入性、组织间学习以及动态能力三大维度之间的关系进行检验,模型如图 7-10 所示。

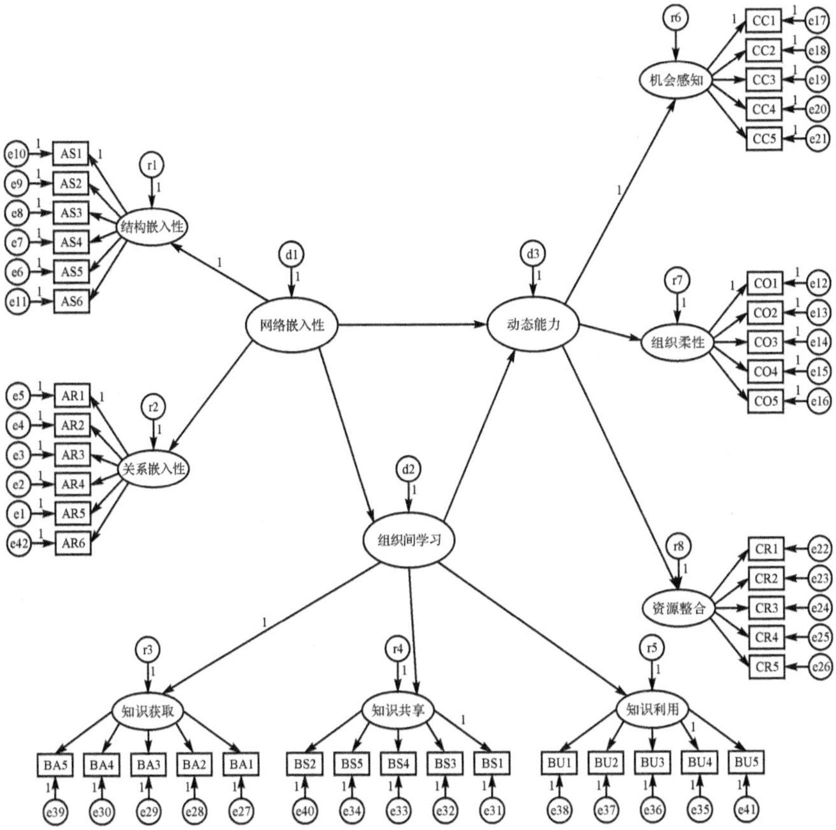

图 7-10 网络嵌入性、组织间学习与动态能力关系的二阶结构方程初始模型

7.2.2.2 拟合结果

根据统计学原理，全模型的结构方程模型检验方法与分模型的一致。因此，将全部样本数据导入 AMOS20.0 软件中，对全模型的初始模型进行检验，软件运行结果如图 7-11 和表 7-16 所示。

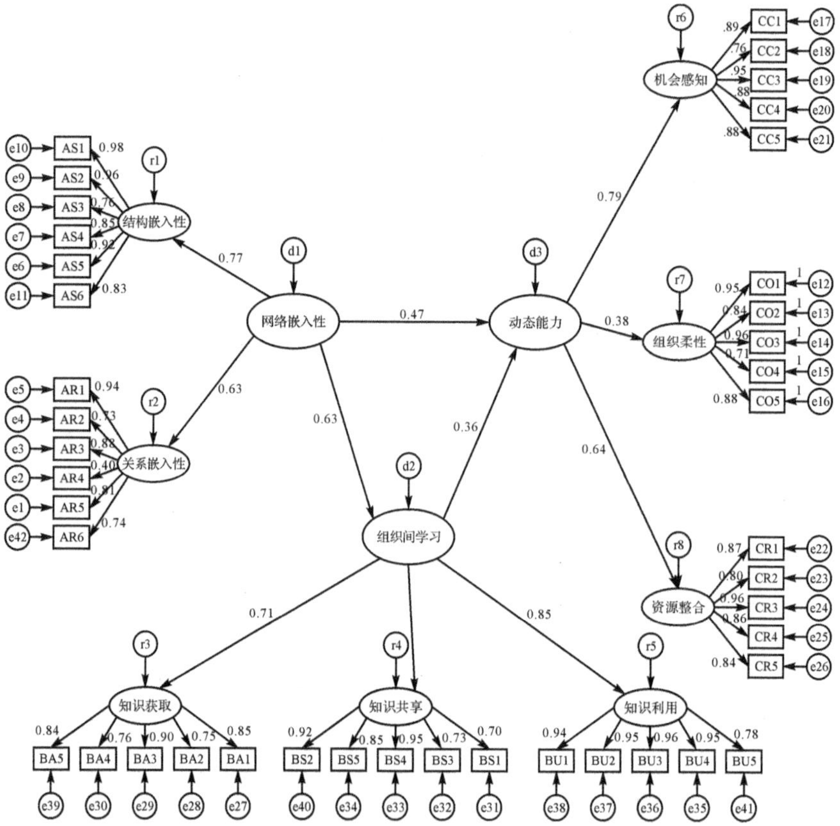

图 7-11　网络嵌入性、组织间学习与动态能力关系的二阶结构方程拟合图

表 7-16　网络嵌入性、组织间学习与动态能力关系的二阶结构方程拟合情况(N=260)

路径	标准化系数	非标准化系数	临界比	p
组织间学习<−−−网络嵌入性	0.631	0.532	7.029	***
动态能力<−−−网络嵌入性	0.474	0.397	4.617	***
动态能力<−−−组织间学习	0.360	0.412	4.108	***
χ^2/df 值=3.742,RMSEA 值=0.091,CFI 值=0.834,TLI 值=0.902				

注：*** 表示显著性<0.001，** 表示显著性<0.01，* 表示显著性<0.05。

从表 7-16 看出，模型适配度的主要指标 χ^2/df 的值为 3.742，大于 3，其余指标也不完全满足模型合理适配的要求，因此根据结构方程模型检验要求，需要对该拟合模型进行修正。

在路径假设的检验汇总，网络嵌入性对组织间学习、网络嵌入性对动态能力、组织间学习对动态能力的显著性 $p<0.05$ 时，表明变量之间关系显著，假设均成立。

7.2.3.3 模型修正

由于初始模型的 χ^2/df 值为 3.742，大于 3，说明该模型的适配度不佳，需要进一步进行修正。修正思路与分模型中的方法一致。

根据结构方程模型原理，原定初始假设的各变量误差项间是不具备相关关系。但从拟合情况中 MI 值显示，各变量误差项间的相关性较高，说明题项之间具有一定相似性，导致实证数据存在误差，因此建立 e1、e4、e5、e42，e7、e8、e9、e11，e12、e14、e15、16，e18、e19，e24、e25，e32、e33、e34、e40，e35、e36、e38；e29、e30，e33 之间的相关关系，以消除其对模型适配的影响。

从表 7-17 和图 7-12 可知，经过修正，模型的各项适配度指标基本满足良好标准，其中关键性指标 χ^2/df 经过修正后下降到 2.751，认为模型成立，说明修正思路正确，有利于提高模型的拟合程度。

表 7-17 网络嵌入性、组织间学习与动态能力关系的二阶结构方程拟合结果(修正)($N=260$)

路径	标准化系数	非标准化系数	临界比	p
组织间学习<−−−网络嵌入性	0.581	0.513	7.431	***
动态能力<−−−网络嵌入性	0.479	0.437	5.015	***
动态能力<−−−组织间学习	0.346	0.420	4.648	***
χ^2/df 值=2.751，RMSEA 值=0.078，CFI 值=0.924，TLI 值=0.935				

注：*** 表示显著性<0.001，** 表示显著性<0.01，* 表示显著性<0.05。

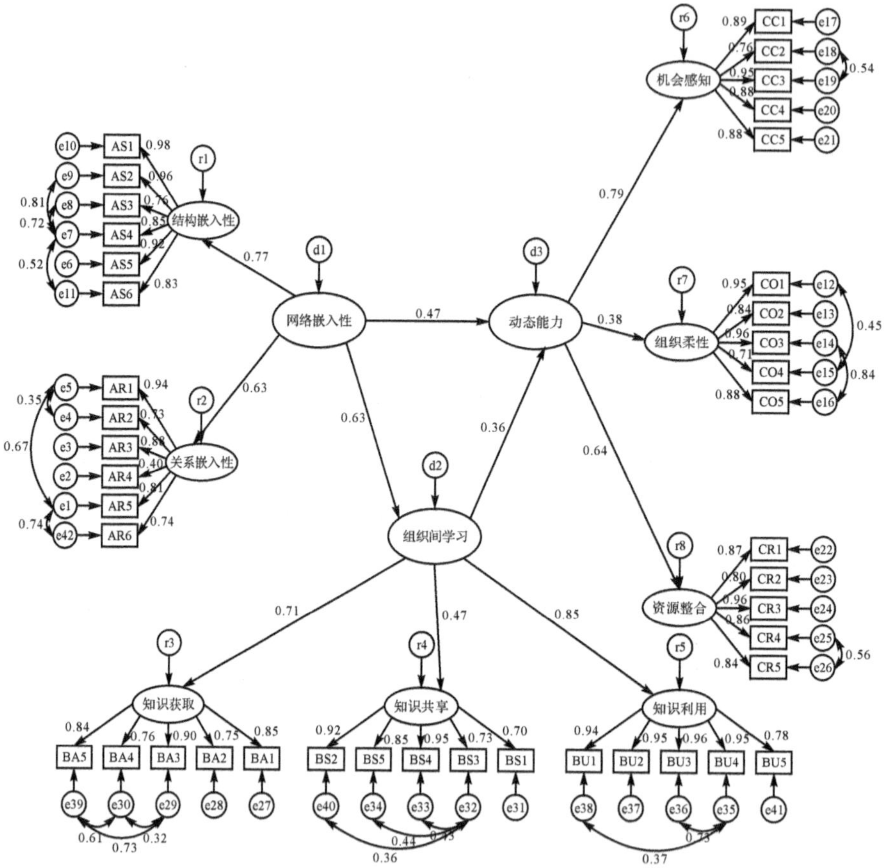

图 7-12 网络嵌入性、组织间学习与动态能力关系的二阶结构方程拟合图(修正)

7.2.3.4 中介效应

结构方程让变量间的关系能通过路径系数或因子载荷的方式直观呈现,特别是对于本研究特别关注的网络嵌入性与动态能力之间的直接关系和经由组织间学习形成的间接效应(中介效应),图 7-18 给出了明确的路径分析信息,将清晰地显示网络嵌入性对组织间学习和动态能力的影响效应。AMOS 软件对构念间影响关系的验证分为直接效应、间接效应和总效应 3 个方面。在本次拟合结果中,3 个构念间的路径系数都达到了显著水平,因此可以将影响效应分解如表 7-18 所示,网络嵌入性到动态能力作用直接效应系数为 0.479,间接作用系数为 0.278。根据统计学原理,各路径系数显著性成立,且中介变量系数发生变化,说明存在部分中介效应。

表 7-18 全模型中介效应影响关系($N=260$)

影响潜变量	影响效应	被影响潜变量	
		组织间学习	动态能力
网络嵌入性	直接效应	0.581	0.479
	间接效应	—	0.278
	总效应	0.581	0.757
组织间学习	直接效应	—	0.346
	间接效应	—	—
	总效应	—	0.346

7.3 调节效应检验

根据统计学原理,利用层级回归分析方法进行变量的调节效应检验。层级回归分析是通过在回归方程中加入自变量与调节变量所构成的交互项,进行逐步检验,进而得出调节变量对变量关系的影响程度及显著性。

表 7-19 环境包容性对网络嵌入性和动态能力的层级回归分析结果

题项		模型一		模型二		
		系数	p	系数	p	VIF
主效应	网络嵌入性	0.057	0.027*	0.125	0.046*	1.445
	环境包容性	0.274	0.004**	0.337	0.000***	1.812
调节效应	网络嵌入性 * 环境包容性	—	—	0.413	0.000	1.280
R^2		0.471		0.549		—
Adjusted R^2		0.449		0.518		—
DW		—		—		2.036

主效应方程:

$$动态能力=a+b_{网络嵌入性}+c_{环境包容性}+e$$

调节效应方程:

$$动态能力=a1+b_{网络嵌入性}+c1_{环境包容性}+c'_{网络嵌入性*环境包容性}+e$$

从表 7-17 看出，在环境包容性对网络嵌入性和动态能力的调节效应层级回归中，整体 R^2 大于 0.5，说明回归模型具有一定解释度；在共线性检验中，网络嵌入性、环境包容性以及两者交互项的方差膨胀因子值（VIF）均为 1～2，符合小于 10 的临界标准，说明回归方程不存在多重共线性的问题；在自相关检验中，DW 值接近于 2，说明该方程不存在自相关问题，以上各项指标均在合理范围，说明该回归方程模型有效。

由自变量与调节变量构成的交互项模型中，调节效应系数显著性 p 值小于 0.05，说明环境包容性对网络嵌入性和动态能力具有调节效应；且调节效应下斜率系数大于主效应下斜率系数 b，因此呈正向调节效应（见表 7-20）。

表 7-20 环境包容性对网络嵌入性和组织间学习的层级回归分析结果

		模型一		模型二		
		系数	p	系数	p	VIF
主效应	网络嵌入性	0.125	0.031*	0.143	0.039*	1.513
	环境包容性	0.274	0.011**	0.351	0.001***	1.702
调节效应	网络嵌入性 * 环境包容性	—	—	0.374	0.017**	1.317
R^2		0.437		0.501		—
Adjusted R^2		0.401		0.485		—
DW		—		—		2.175

主效应方程：

$$组织间学习 = a + b_{网络嵌入性} + c_{环境包容性} + e$$

调节效应方程：

$$组织间学习 = a1 + b1_{网络嵌入性} + c1_{环境包容性} + c'_{网络嵌入性 * 环境包容性} + e$$

从表 7-18 看出，在环境包容性对网络嵌入性和组织间学习的调节效应层级回归中，整体 $R^2 > 0.5$，说明回归模型具有一定解释度；在共线性检验中，网络嵌入性、环境包容性以及两者交互项的 VIF 均在 1～2，符合小于 10 的临界标准，说明回归方程不存在多重共线性的问题；在自相关检验中，DW 值接近 2，说明该方程不存在自相关问题，以上各项指标均在合理范围，说明该回归方程模型有效。

由自变量与调节变量构成的交互项模型中，调节效应系数显著性 p 值小于0.05，说明环境包容性对网络嵌入性和组织间学习具有调节效应；且调节效应下斜率系数（$b+c'$环境包容性）>主效应下斜率系数b，因此呈正向调节效应。

7.4 控制变量检验分析

根据相关文献研究的经验，本研究选取企业的年限、规模、行业三个样本特征作为控制变量，探究其对模型中各解释变量的影响关系。根据统计学原理，控制变量的研究分析有多种方法，文章利用SPSS 19.0中方差分析进行检验。

7.4.1 年限对各解释变量的影响分析

企业年限分组为1～2年、3～5年、6～10年、11～15年、15年以上。通过单因素方差分析中ANOVA检验，探究年限分组对各变量的影响是否具有差异。当显著性$p<0.05$时，则说明有差异性。

从表7-21可以得出，企业年限对结构嵌入性、知识共享、知识利用、机会感知、组织柔性及资源整合具有显著的差异；而对关系嵌入性、知识获取的影响无明显差异。说明不同年限的小微企业，在关系嵌入性和知识获取方面的差异性比较小，至少在态度和主观自我评价上如此。而对结构嵌入性、知识的共享和利用以及动态能力三个维度上，则随着企业年限的增长产生明显的区别。

表7-21 企业年限对各变量的单因素方差分析

因子	变异来源	平方和	df	均方	F	p	判断
结构嵌入性	组间	58.396	4	12.064	21.372	0.014	差异
	组内	201.604	256	0.784	—	—	
	总数	260.000	260	—	—	—	
关系嵌入性	组间	6.397	4	2.723	2.988	0.068	无差异
	组内	253.603	256	0.826	—	—	
	总数	260.000	260	—	—	—	

续表

因子	变异来源	平方和	df	均方	F	p	判断
知识获取	组间	5.451	4	14.532	3.190	0.091	无差异
	组内	254.549	256	0.757	—	—	
	总数	260.000	260	—	—	—	
知识共享	组间	53.275	4	17.092	21.230	0.000	差异
	组内	206.725	256	0.772	—	—	
	总数	260.000	260	—	—	—	
知识利用	组间	12.362	4	4.121	4.300	0.006	差异
	组内	247.638	256	0.958	—	—	
	总数	260.000	260	—	—	—	
机会感知	组间	58.129	4	14.532	19.190	0.000	差异
	组内	201.871	256	0.757	—	—	
	总数	260.000	260	—	—	—	
组织柔性	组间	6.961	4	1.948	2.101	0.081	无差异
	组内	253.039	256	0.795	—	—	
	总数	260.000	260	—	—	—	
资源整合	组间	41.994	4	2.249	2.300	0.032	差异
	组内	218.006	256	0.978	—	—	
	总数	260.000	260	—	—	—	

7.4.2 规模对各解释变量的影响分析

企业规模分组为 20 人以下、20～100 人、101～199 人、201～299 人、299 人以上。通过单因素方差分析中 ANOVA 检验，探究规模分组对各变量的影响是否具有差异。当显著性 $p<0.05$ 时，则说明有差异性。

从表 7-22 可以得出，企业规模对结构嵌入性、知识共享、知识利用、机会感知及资源整合具有显著的差异；而对关系嵌入性、知识获取、组织柔性的影响无明显差异。说明随着企业规模的扩大，其业务范围在不断扩大，其在网络中的结构嵌入程度提高，对知识的共享、利用能力逐步产生本质变化，而机会感知能力和资源整合能力也得到相应提高。但是组织柔性并未发生明显改变，这与本研究的研究对象规模限制有直接关系。

表 7-22 企业年限对各变量的单因素方差分析

因子	变异来源	平方和	df	均方	F	p	判断
结构嵌入性	组间	58.129	4	14.532	19.190	0.000	差异
	组内	201.871	256	0.757	—	—	
	总数	260.000	260	—	—	—	
关系嵌入性	组间	7.679	4	1.670	2.034	0.091	无差异
	组内	252.321	256	0.952	—	—	
	总数	260.000	260	—	—	—	
知识获取	组间	8.521	4	2.030	2.129	0.077	无差异
	组内	251.479	256	0.971	—	—	
	总数	260.000	260	—	—	—	
知识共享	组间	53.275	4	17.092	21.230	0.000	差异
	组内	206.725	256	0.772	—	—	
	总数	260.000	260	—	—	—	
知识利用	组间	58.521	4	25.207	44.553	0.000	差异
	组内	201.479	256	0.566	—	—	
	总数	260.000	260	—	—	—	
机会感知	组间	26.991	4	5.398	5.992	0.000	差异
	组内	233.009	256	0.901	—	—	
	总数	260.000	260	—	—	—	
组织柔性	组间	6.961	4	1.815	1.910	0.160	无差异
	组内	253.039	256	0.967	—	—	
	总数	260.000	260	—	—	—	
资源整合	组间	41.547	4	5.935	7.041	0.000	差异
	组内	218.453	256	0.843	—	—	
	总数	260.000	260	—	—	—	

7.4.3 行业对各解释变量的影响分析

控制变量行业可分为制造业和服务业，属于二分变量，本部分采用独立样本检验的方法。独立样本 t 检验分两步进行。首先，判断样本方差的齐次性，当 $p>0.05$，方差齐性，说明分组样本数据的方差相等性的，当 $p<0.05$ 时，则方差是非齐性的，即两组样本的方差是不相等的。其次，根据 t 检验进行显著的判断，当方差齐性时，则选取方差齐性的 t 值作为检验值；若方差不齐性时，则选择方差不相等 t 值作为检验值。

表 7-23　行业对各变量的独立样本 t 检验

因子	方差方程 Levene 检验			均值方程的 t 检验		判断
	F	p(外侧)	t	p(双侧)	t	
结构嵌入性	假设方差相等	0.012	0.913	0.147	0.884	无差异
	假设方差不相等	—	—	0.147	0.883	
关系嵌入性	假设方差相等	19.137	0.000	1.868	0.063	无差异
	假设方差不相等	—	—	1.809	0.073	
知识获取	假设方差相等	2.701	0.102	0.277	0.782	无差异
	假设方差不相等	—	—	0.280	0.780	
知识共享	假设方差相等	1.148	0.201	2.209	0.034	差异
	假设方差不相等	—	—	2.208	0.036	
知识利用	假设方差相等	3.687	0.056	3.769	0.000	差异
	假设方差不相等	—	—	3.727	0.000	
机会感知	假设方差相等	1.346	0.247	4.200	0.000	差异
	假设方差不相等	—	—	4.241	0.000	
组织柔性	假设方差相等	16.377	0.000	1.989	0.048	差异
	假设方差不相等	—	—	2.058	0.041	
资源整合	假设方差相等	2.361	0.126	0.086	0.932	无差异
	假设方差不相等	—	—	0.086	0.931	

从表 7-23 可知，制造业和服务业在知识共享、知识利用、机会感知、组织柔性等变量上有显著差异；而对于结构嵌入性、关系嵌入性、知识获取、资源整合无明显差异。说明无论是制造业企业还是服务业企业都关注到网络嵌入性对企业的重要性，且在通过网络获取资源和知识的行为上没有明显不同，但是行业性质的不同，因其对技术范式的差别及对技术需求程度不同而导致对知识共享、知识利用采取不同的态度和方式。企业与市场接触程度不同亦会表现在其机会感知能力和组织柔性能力的差异。

7.5 本章小结

本章针对实证的样本数据，对本书的概念模型以及相关假设进行修正和检验。基于统计学相关方法论，利用 SPSS 19.0 和 AMOS 20.0 对样本数据分别进行信度、效度检验，以验证样本数据的真实性、有效性，减少研究误差。同时，建立结构方程模型，对研究假设进行检验，并根据模型适配度指标对模型进行修正，以提升模型效用性和预测性。表 7-24 为相关研究假设的结论。同时也采用方差分析，分析控制变量年限、规模和行业在各解释变量的影响关系。

表 7-24 研究相关假设检验结果($N=260$)

序号	假设	检验结论
1	网络嵌入性对小微企业动态能力有正向影响	成立
1-1	结构嵌入性对机会感知能力有正向影响	成立
1-2	结构嵌入性对组织柔性能力有正向影响	不成立
1-3	结构嵌入性对资源整合能力有正向影响	成立
1-4	关系嵌入性对组织柔性能力有正向影响	成立
1-5	关系嵌入性对机会感知能力有正向影响	成立
1-6	关系嵌入性对资源整合能力有正向影响	不成立
2	网络嵌入性对组织间学习有正向影响	成立
2-1	结构嵌入性对知识获取有正向影响	成立
2-2	结构嵌入性对知识共享有正向影响	不成立
2-3	结构嵌入性对知识利用有正向影响	成立
2-4	关系嵌入性对知识获取有正向影响	成立
2-5	关系嵌入性对知识共享有正向影响	成立
2-6	关系嵌入性对知识利用有正向影响	成立
3	组织间学习对小微企业动态能力有正向影响	成立
3-1	知识获取对机会感知有正向影响	成立

续表

序号	假设	检验结论
3-2	知识获取对组织柔性有正向影响	成立
3-3	知识获取对资源整合有正向影响	成立
3-4	知识共享对机会感知有正向影响	成立
3-5	知识共享对组织柔性有正向影响	成立
3-6	知识共享对资源整合有正向影响	不成立
3-7	知识利用对机会感知有正向影响	成立
3-8	知识利用对组织柔性有正向影响	成立
3-9	知识利用对资源整合有正向影响	成立
4	组织间学习在网络嵌入性与动态能力间起到中介作用	部分中介
5	环境包容性在网络嵌入性与动态能力的关系中起到正向调节作用	成立
6	环境包容性在网络嵌入性与组织间学习的关系中起到正向调节作用	成立

8 小微企业已有扶持政策梳理与效果分析——以浙江省为例

8.1 国内外小微企业扶持政策经验

8.1.1 融资支持

很多国家小微企业占据国民经济的主导地位，对于小微企业融资问题高度重视。意大利政府出台鼓励性法规和措施，解决小微企业贷款难的问题。并且政府采取公开申报、自动审批的方式给予小微企业扶持资金补贴。在意大利，政府支持小微企业成立专门的扶持组织体系，包括金融部门、民间联合会等其他组织机构，其中民间联合会扮演着重要作用，帮助企业获得优惠政策、争取合法利益，特别是与银行谈判信贷优惠方面。其次，政府支持建设孵化器，以公益性和政府提供支持性两种类型，为企业提供寻求资金、合作、国际化等服务，帮助企业成长（王萍，2018）。韩国小微企业数量逐年递增，且在韩国市场上占有重要份额，这得益于韩国政府不断改善小微企业融资环境，不断完善小微企业政策性金融体系，自 20 世纪 90 年代以来，韩国陆续颁布《中小企业科技保护法》《中小企业振兴法》《政府出资研究机构支援中小、中坚企业活跃性方案》等一系列配套政策，让韩国初步形成了小微企业政策扶持体系（刘爽，2018）。

日本则成立专门针对小型企业的金融机构，保持较低利率、较长期限和较低要求的担保条件等特征，配套安全贷款制度和担保制度；成立中小企业互助基金，入会企业可以获得无息贷款；另外对中小企业进行技术创新的相关债务由政府买单；向中小型科技企业提供贷款优惠，鼓励其技术创新，增强竞争优势（吴松强等，2017）。

8.1.2 人才培养

金晶(2013),刘爽(2018)指出韩国十分重视人才培养,特别是培养创新技术人才。通过制定《中小企业人力支援特别法》《女性企业支援法》《残疾人企业活动促进法》等法律,培养国内理工类研究人才,引进支援、放款签证等政策引进外国优秀人才。针对优秀女性,韩国实行津贴支援,每人每个月80～100万韩元等一系列举措,确保小微企业人力资源供应。除了推行政策,韩国政府还投入大量资金,联合多所高等院校和小微企业推进产学合作实践活动,帮助青年就业的同时为小微企业提供了人才资源。王萍(2018)指出,意大利在20世纪90年代就颁布《扶持中小企业创新与发展法》,公共机构给企业人员强制性培训等方法,提高人员素质,促进经济发展和就业。

8.1.3 鼓励创新

王汉伟(2013)指出,德国十分重视技术创新在小微企业中的重要作用,并视小微企业为创新的发动机,德国政府和地方政府采取一系列扶持措施扶持科技型小微企业的发展,推进小微企业技术创新。德国政府通过制定"ZIM计划",开展"研究奖金计划",推行了一系列的科研补贴优惠政策,建立科技城园区和提供创新中心服务,实行企业主导型和政府主导型两种形式的产学研合作;德国地方政府因地制宜建立"FIT计划""巴州突破计划"等支持,帮助小微企业加快创新步伐,提高其创新能力和竞争力。意大利颁布一系列扶持政策。其中通过提供资金援助,引进国外先进技术、设备,加强产学研合作,削弱政府对大学的集中控制,提升大学自治水平和重视大学技术转移中的知识产权问题研究,设立应用研究基金和技术创新基金,发展各类中介服务机构等,进一步提高了小微企业的创新能力(张寒,2017)。

8.2 浙江省小微企业支持性政策发展梳理

从搜集的数据和文献看来,对于小微企业的高度重视始于2012年,因此本研究政策梳理以2012年为起点,截止时间为2021年8月。利用中国政府网和浙江省人民政府网站中的政策资料，以"小微企业""企业融资""企业创新"等词条检索关于近10年来小微企业支持性发展的政策文体，剔除已经废止、已经失效的文本，主要选取法律法规、指导意见、行动意见、行动计划、通知等重要文件，最终收集到现行有效的政策27个(郑书莉等，2021b)。

8.2.1 国家层面政策

在27个政策中，国家政策16个，主要是从宏观层面在财政支持、融资服务、降低税费、优化营商环境等方面进行引导和要求，发文机构主要包括国务院、财政部、税务总局等，具体内容详见表8-1。

表 8-1 国家层面扶持性政策

序号	发布时间	发布机构	文件名称	主要内容
1	2012年	国务院	《国务院关于进一步支持小型微型企业健康发展的意见》(国发〔2012〕14号)	加大对小微企业的财政支持力度，缓解融资困难，推动其创新发展和结构调整，加大开拓市场力度
2	2013年	国务院	《国务院办公厅关于金融支持小微企业发展的实施意见》(国办发〔2013〕87号)	对小微企业金融服务方式、增信服务和信息服务、发展小型金融机构，拓展直接融资渠道，降低融资成本、政策支持、金融环境方面提出意见
3	2013年	中国银监会	《关于进一步做好小微企业金融服务工作的指导意见》	进一步推进银行业小微企业金融服务工作，进一步落实差异化监管政策和正向激励措施，引导银行金融机构服务理念，支持建立村镇银行、贷款公司等小型金融机构
4	2014年	财政部	《关于大力支持小微文化企业发展的实施意见》	高度重视小微文化企业发展，增强创新发展能力，打造良好发展环境，健全金融服务体系，完善财税支持政策，提高公共服务水平
5	2014年	国务院	《国务院关于扶持小型微型企业健康发展的意见》	要求各地区、各部门落实好从税收、就业、创业投资、融资、金融服务、信息互通各方面政策

续表

序号	发布时间	发布机构	文件名称	主要内容
6	2014 年	人民银行	《中国人民银行关于加快小微企业和农村信用体系建设的意见》(银发〔2014〕37 号)	完善信用信息政绩体系，建立信用评价机制，健全信息通报与应用制度，推进试验区建设，健全政策支持体系，加强工作宣传引导
7	2015 年	财政部	《关于支持开展小微企业创业创新基地城市示范工作的通知》(财建〔2015〕114 号)	开展小微企业创业创新基地城市示范工作，中央财政给予奖励资金支持
8	2015 年	税务总局	《国家税务总局 中国银行业监督管理委员会关于开展“银税互动”助力小微企业发展活动的通知》(税总发〔2015〕96 号)	在全国范围内共同建立银税合作机制，开展“银税互动”助力小微企业发展
9	2015 年	财政部、税务总局	《关于进一步扩大小型微利企业所得税优惠政策范围的通知》(财税〔2015〕99 号)	对小微企业所得税优惠政策范围问题进行公告
10	2015 年	税务总局	《关于贯彻落实扩大小型微利企业减半征收企业所得税范围有关问题的公告》(国家税务总局公告 2015 年第 17 号)	对小微企业获得优惠政策提出具体细则，并提出小微企业预缴时享企业所得税优惠政策的具体执行规定
11	2015 年	税务总局	《国家税务总局关于认真做好小型微利企业所得税优惠政策贯彻落实工作的通知》(税总发〔2015〕108 号)	进一步扩大小微企业税收优惠政策范围，支持小微企业发展和创业创新
12	2015 年	银监会	《中国保监会工业和信息化部 商务部 人民银行 银监会关于大力发展信用保证保险 服务和支持小微企业的指导意见》	通过创新发展方式，提高服务能力，营造政策环境，夯实基础建设，注重协作监督推动小微企业发展工作

续表

序号	发布时间	发布机构	文件名称	主要内容
13	2015年	银监会	《中国银监会关于进一步落实小微企业金融服务监管政策的通知》(银监发〔2015〕38号)	进一步落实各项监管扶持政策。坚持问题导向，确保政策落地；加大信贷投放；推进贷款服务创新；完善不良贷款容忍度指标，优化内部资源配置；严格执行“两禁两限”；建立履职回避制度；强化监管，加强信息共享
14	2019年	国务院	《国务院办公厅关于有效发挥政府性融资担保基金作用切实支持小微企业和“三农”发展的指导意见》(国办发〔2019〕6号)	坚持聚焦支小支农融资担保业务，切实降低小微企业和“三农”综合融资成本，完善银担合作机制，强化财税正向激励，构建上下联动机制等措施
15	2020年	税务总局	《关于发挥“银税互动”作用助力小微企业复工复产的通知》	加大税收信用贷款支持力度，实施重点帮扶、创新信贷产品，落实扩围要求，提高服务质效
16	2021年	国务院	《国务院关于深化“证照分离”改革进一步激发市场主体发展活力的通知》(国发〔2021〕7号)	直接取消审批、审批改为备案，实行告知承诺、优化审批四种方式分类推进审批制度改革

8.2.2 浙江省层面政策

浙江省层面的扶持性政策共搜集到11个，内容涉及财税扶持、鼓励创新、加强海关支持、优化平台以及小微企业成长升级等方面，详见表8-2。

在梳理国家和省级政策基础上，采用扎根理论方法，利用NVivo软件，对2012—2021年有关小微企业支持性政策发展的国家政策和浙江省政策内容进行编码。将重要信息的编码内容归入分析框架进行词频统计，呈现浙江省10年来小微企业政策的关注重点及变化趋势。

表 8-2　浙江省层面扶持性政策

发布年份	发布机构	文件名称	主要内容
2012	省人民政府	《浙江省人民政府办公厅关于促进小型微型企业再创新优势的若干意见》(浙政办发〔2012〕47 号)	优化小微企业提升发展、创新发展、集约发展，完善创业服务体系、创新支撑体系、企业信用体系，加大财税扶持力度、融资促进力度、组织领导力量
2013	浙经信企资	《关于进一步加强小微企业融资服务指导意见》(浙经信企资〔2013〕555 号)	对小微企业融资服务工作提出指导意见，推动企业创业创新、转型升级
2015	省人民政府	《浙江省"小微企业三年成长计划"(2015—2017)》(浙政办发〔2015〕62 号)	推动小微企业由"低、散、弱"向"高、精、优"迈进，升级构建有效工作机制和平台，优化小微企业整体发展
2016	省人民政府	《浙江省人民政府办公厅关于加快融资租赁业发展的实施意见》(浙政办发〔2016〕112 号)	加快融资租赁业创新发展。通过健全产业生态、拓展公共服务、优化政务环境；加大财政支持力度、落实税收支持政策、拓宽跨境融资渠道、加强海关政策支持和保障落实各项政策的方式，推动融资租赁发展
2017	省人民政府	《浙江省人民政府办公厅关于推进中小微企业"专精特新"发展的实施意见》(浙政办发〔2017〕15 号)	建立"专精特新"企业培育库，培育创新型小微企业，加强小微企业园建设管理，加强公共服务平台建设，促进创新成果转化，支持企业技术改造，提高产品质量标准，加强商标品牌培育，提高技工队伍素质，加强专业化协作配套，提升基础管理能力，提高信息化应用水平，推动市场拓展，加强融资对接，完善企业信用体系
2019	省财政厅	《浙江省财政厅 国家税务总局浙江省税务局关于浙江省贯彻实施小微企业普惠性税收减免政策的通知》(浙财税政〔2019〕4 号)	对减税降费的优惠政策进行详细说明，激发微观主体活力，确保各项政策落地生根

续表

发布年份	发布机构	文件名称	主要内容
2021	省人民政府	《浙江省科技企业“双倍增”行动计划（2021—2025 年）的通知》（浙政办发〔2021〕1 号）	加大科技企业梯次培育力度，优化企业创新平台布局，提升企业自主创新能力；发挥区域创新平台集聚作用；努力提升公共服务水平；强化资源要素支撑保障
2021	省人民政府	《浙江省人民政府办公厅关于继续实施惠企政策促进经济稳中求进的若干意见》（浙政办发〔2021〕9 号）	持续实施部分减费措施，持续降低企业用电价格，持续减免车辆通行费，保留部分涉企收费减免政策，持续返还、减缓工会经费等；持续实施精准减税，持续减免房产税、城镇土地使用税，持续实施普惠金融有关税收优惠政策；持续推进普惠金融服务，持续降低融资成本等加大对重点行业恢复发展的支持；加强对企业科技创新、产业升级的支持；进一步深化优化涉企服务

8.3　政策文本分析

8.3.1　政策文本样本编码

将 27 个小微企业发展政策文本录入软件，逐句进行阅读、标注和编码，形成自由节，得到树状节点，建立“节点—子节点—材料来源—参考点”关系。根据对象词出现的频率，将小微企业发展政策内容按照财政支持、创新发展、服务体系建设、管理水平、监督管理、普惠金融力度、人才培养、融资体系建设、文化发展、信息化水平、政府采购支持进行划分并作为节点，按照参考文献数量进行升序排列（见表 8-3）。从表中可以发现国家和浙江省对于小微企业的支持主要集中于融资体系建设、财政支持和创新发展方面，这 3 方面的体系相对其他方面较完善，更加细节化，而对于创新、信息化建设、人才培养方面的政策还未成熟。但是面对人民群众对高品质生活的需要，改善科技创新生态，激发创新创造活力，加强信息化建设，给广大科技人才提供平台和支持已经变得越来越重要。因此，有关政策需要加快完善，为中小企业的发展注入全新活力。

表 8-3　小微企业支持性政策编码

节点	子节点	文本数量	使用频次	使用频次合计
融资体系建设	金融支持	11	17	34
	融资渠道	8	8	
	融资成本	4	4	
	融资担保	4	4	
	融资创新	1	1	
财政支持	税费优惠政策	13	17	26
	财政资金支持	6	6	
	银税互动	2	3	
创新发展	技术创新	7	16	25
	资金支持	4	5	
	创新机制	2	2	
	知识产权保护	2	2	
信息化建设	信用建设	10	11	20
	信息共享	5	6	
	数据化建设	3	3	
公共服务	金融服务	6	8	18
	融资服务	5	6	
	信息服务	2	3	
	公共文化服务	1	1	
监督管理	监督考察	10	16	17
	风险管理	1	1	
人才培养	就业	4	5	12
	职业技能培训	3	3	

续表

节点	子节点	文本数量	使用频次	使用频次合计
人才培养	人才激励	2	2	
	人才政策	2	2	
其他	普惠金融力度	4	6	18
	管理水平	5	6	
	政府采购支持	3	3	
	文化市场环境	1	3	

8.3.2 文件高频词可视化分布

在政策文本的词汇分析结果中选择显示 300 个最常见的词，并将词语最小长度设置为“2”，删除无意义词汇，最终形成所研究的政策文本的主题词词语云（见图 8-1）。字体越大，说明该词的频次越高。从图中可得知，总体上“服务”和“融资”是两大主题，两级政府对于小微企业的支持都重点关注了这两大主题。另外，担保和信用是关于小微企业政策中的重要组成部分，浙江省政策与国家政策的政策方向大体一致。区别之处在于，国家级政策落地需要下属各个机关的执行，因此“机构”“银行”“部门”等词频也较高；而浙江省政府在国家级政策基础上，从本地经济发展特色出发，基于小微企业数量多、传统企业亟待转型升级、数字化转型成为趋势等现状，创新、人才、科技、市场秩序等关键词不断纳入省内重要政策，为浙江省经济发展提供新台阶。

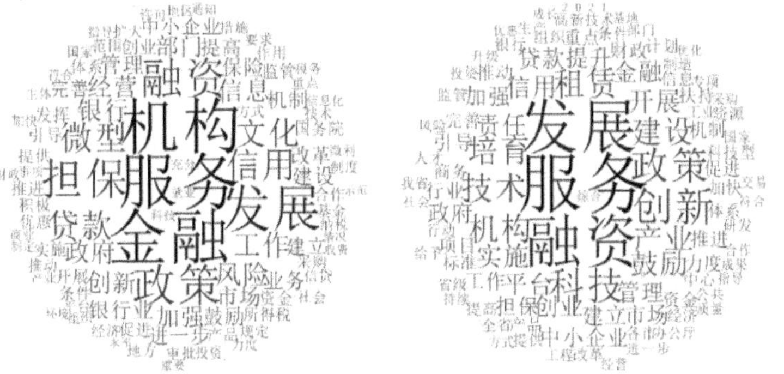

(a)国家 (b)浙江

图 8-1 小微企业支持性政策词语云

8.2.3 从高频词变化看小微企业政策主题演变

为了探索浙江省小微企业政策演变的轨迹，在删除无政策意义词汇之后，分两阶段进行高频词汇总，结果见表8-4。从结果上看，“十二五”期间，国家层面的政策主要集中在解决小微企业融资及其他相关金融服务问题，浙江省除了发布金融、信用担保等方面政策外，政策还涵盖了创新创业、技术创新以及互联网等领域。说明该时期国家和浙江省都着力解决小微企业的资金链问题，把融资难问题摆在首位。同时，浙江省的政策在国家层面政策基础上，结合本地区民营经济活跃、互联网产业发展迅猛等特点，具有地区特征和前瞻性。

表8-4 不同时期高频词比较

序号	“十二五”时期（2011—2015年）				“十三五”时期（2016—2020年）			
	国家政策词频		浙江省政策词频		国家政策词频		浙江省政策词频	
	高频词	词频数	高频词	词频数	高频词	词频数	高频词	词频数
1	服务	265	服务	120	担保	160	融资	156
2	金融	252	融资	71	融资	111	服务	149
3	信用	126	信用	60	监管	41	租赁	114
4	贷款	110	技术	56	金融	40	创新	99
5	银行	94	创业	53	贷款	35	科技	99
6	融资	86	创新	53	风险	30	金融	46
7	创新	83	担保	43	服务	29	贷款	42
8	保险	81	科技	42	信用	26	财政	41
9	银行业	68	科技型	22	创新	21	高新技术	37
10	所得税	50	互联网	6	银行业	19	担保/信用	27

“十三五”期间，国家层面政策中有关“担保”“融资”的相关数据最多，其次是“监管”“金融”“贷款”“风险”等，说明在支持型政策基础上，加强了风险管控，更加注重高质量发展和可持续发展。而浙江省层面的政策中有关“融资”“服务”“租赁”“创新”“科技”的高频词最小长度为2的计数量也达到了100以上。“金融”“贷款”“财政”“人才”“信用”“担保”的词频计数量在20

至50之间，"高新技术""科技型""制造业""专业化"出现的次数在词频最小长度为3的计数量最多达到15以上。这说明，在"十三五"时期，在立足国家政策的背景之下，浙江省更加关注省内自身的发展特色，小微企业作为浙江省的特色产业和经济增长的主要推动力量，浙江省不断建立符合本地小微企业实际的支持性政策，从创新、科技、核心竞争力等方面持续优化升级产业结构和发展质量。相较于"十二五"时期，更注重小微企业的"增效提质"和"内涵式发展"。

8.4 存在的问题

国家高度重视小微企业的发展，不断通过扶持政策促进小微企业健康发展，通过供给侧结构性改革，提高发展质量和效益，打造公平便捷的营商环境，激发小微企业活力。浙江省小微企业是浙江省经济发展的重要组成部分，浙江省市场监管局统计数据显示，到2020年末，浙江省小微企业数量有250.09万家，按常住人口规模计，平均每26个浙江人里就有一家小微企业。以杭州市为例，截至2020年11月底，小微企业数63.53万户，比2017年末第一轮"小微企业三年成长计划"收官时分别增长40.09%、42.05%和60.03%，小微企业占企业总数也从2017年底的76.96%提高到现在的86.74%。虽然2020年浙江省小微企业受新冠肺炎疫情冲击明显，但是整体上小微企业在创业活力、规模效益、创新水平上都有明显提升。

8.4.1 扶持政策内容有待进一步完善

与一些先进省份经验相比，浙江省对小微企业的重视程度虽然越来越高，但依然存在专门立法少、政策内容不够具体、特色不够鲜明等问题。相关的法律只有《中华人民共和国中小企业促进法》，法律支撑明显不足。技术密集型、知识密集型小微企业除了需要传统的融资、财税政策上的支持，对人才、技术、知识产权方面有着更为迫切的需求，但是分析相关政策发现，在技术、创新、人才方面的内容不丰富，可操作性不大，大多是以提倡、鼓励、支持、加大投入等原则性规定居多。

8.4.2 扶持性政策落实程度有待进一步提升

浙江省因地制宜提出小微企业三年计划，推进"专精特新""隐形冠军"企业的发展，但是在实际落实方面还存在问题。文本分析结果显示，国务院和浙江省政府颁发的政策提倡性意见较多，缺乏相应的奖惩措施，这既容易造成执行难度，也容易给操作端不作为提供可能性。尤其是在产业升级方面，县域领军型企业、科技孵化器、公共服务平台、众创空间等平台建设滞后，部分孵化器与相关认定标准差距较大，有的已申请专利企业数占比不达标，有的在孵企业数低于最低数量要求，孵化器建设质量不高。2020 年，大数据审计发现浙江省内 42 个地区制定创新券政策与省级政策不符、31 个地区不支持省外创新载体总付创新券、省级创新载体中仅 6.64%的载体向企业和创业者提供技术创新服务等问题。浙江政府强调简政放权、"放管服"改革的重要性，但是越位、错位、缺位问题依然存在。小微企业重复提交资料的情况以及部门之间的信息壁垒没有完全解决，政府信息化程度有待提高。

8.4.3 扶持政策尚没有形成合力

通过前文对政策文本样本进行词语云编码，可以发现国家层面和浙江省层面政府面对小微企业的长久发展十分重视，但是由于浙江省小微企业的生存和发展有其独有的地域特性，国家政策有时不能完全适应浙江省的企业环境，会有脱节现象。比如浙江省重点培育创新型小微企业、鼓励支持加大技术改造，必定会涉及人才引进、鼓励技术创新、创业园区建设等问题，因此需要更加具体的政策作为基础支撑。在顶层设计的引导下，各级政府的政策应该结合当地经济发展特色和资源禀赋，进行政策分解和细化，促进不同层级、不同部门的政策形成合力，共同推进小微企业成长。

8.5 政策走向建议

从对政策梳理的结果可以发现，浙江省对小微企业的支持性政策重点，正在从解决"融资难"问题向"鼓励创新"转移。具体措施有减税降费、改进行政服务、拓宽融资渠道等，2019年以来推进小微企业园建设，推进小微企业集群式成长和绿色创新发展。但是依然可以在以下方面进一步优化政策内容、推动政策落实，推进小微企业加快走上高质量发展的轨道。

8.5.1 从小微企业痛点出发，强化政策的可操作性

从调查可知小微企业目前的痛点包括人力资源、运营成本、社会资本、知识产权保护等。这是一个知识经济时代、数字化时代，科技创新和商业模式创新是企业内生性成长原动力，是小微企业提升核心竞争力和持续发展能力的关键途径，粗放式经营时代已经结束。仅仅解决融资困难和减税降费只能提供短时间内"输血"，要从政策机制上提升小微企业对人才的吸引力、保护其知识产权、扩大其社会资本网络，引导各界为小微企业的发展提供支持，实现资源整合的收益最佳化，形成小微企业的"造血"能力。当前已有政策对以上建议有所涉及，但以鼓励引导为主，操作性措施有待进一步明确化。

8.5.2 支持与激励并重，形成长效机制

政府从政策上改善小微企业环境，实施金融、税收、信息、技术等方面的支持；更重要的是加强区域制度和文化建设，形成良好的区域企业生态环境和竞争氛围，使企业具备现代化、国际化竞争意识，克服企业惰性，在更为广阔的市场空间持续进取，形成可持续竞争力。建议政府在对小微企业加大财税支持力度的同时，又要对在技术创新、节能减排、吸纳就业等方面有突出能力的企业，特别是在实现要素驱动向创新驱动的转变有实质性探索的企业，进行激励性支持。引导小微企业同时注重外部资源利用和内部能力建设，培育可持续竞争力，形成"外部优化、内部提升"的长效机制。

8.5.3 进一步督促政策落实工作

针对有些地区企业建设、众创空间、公共服务平台等建设滞后的问题，政府应该深入推进"放管服"改革，加强新媒体对政策的宣传，或者深入企业进行政策普及、提供服务；及时了解企业发展中的难题并提供解决途径和帮助，同时完善"最多跑一次"服务，通过完善线上线下政务平台建设，为小微

企业提供优质的问政服务，及时解决小微企业的疑难杂症。面对“越位”“缺位”的问题，政府要提高执行力，实行政务公开，接受政府内部和群众的双重监督，进一步加强市场监管，提高政策的有效性和公平性。

8.5.4 优化政府合作关系

支持性政策落实问题并不是某个政府部门的责任，需要多部门共同协作，政策形成有效合力，真正做到改进营商环境，为小微企业纾困，提供发展推动力。数据分析发现，目前国家和浙江省发布的政策文件大多是单个部门独立发布，极少数是联合多个政府部门共同制定的，这会让不同部门制定的政策形成“断链带”，最终影响政策落实程度和落实效果。因此，政府各个部门应该重视彼此的合作交流，充分协调，提高政策质量。同时，中央要赋予地方更多的自主权，让地方政府在顶层设计的引导下，因地制宜制定更具可操作性的地方性政策。这有利于激发各级地方政府的主动性，及时发现问题并有效破除小微企业发展中的体制障碍，为小微企业实现可持续性发展提供有利环境。

9 结论与展望

9.1 主要研究结论

本研究在继承动态能力理论和嵌入性理论的基础上，融入组织学习理论，立足于我国小微企业发展现实，提出了针对小微企业动态能力构建模型。本研究综合运用了文献和理论分析、探索性案例研究、问卷调研等定性定量分析相结合的方法，分析如下问题：①小微企业动态能力内涵如何理解？包括哪些维度？②网络嵌入对小微企业的构建有无影响？③网络嵌入对于组织学习有无影响，如何影响？④组织间学习行为如何影响小微企业动态能力构建？⑤组织间学习在网络嵌入性和动态能力关系之间有无中介效应？即基于网络嵌入性背景下，小微企业的动态能力构建路径如何？⑥环境包容性在小微企业网络嵌入与组织间学习、网络嵌入性与动态能力构建关系上有没有起到调节作用？

经过全本书前 6 章内容的分析论证，针对以上 5 个问题形成的主要结论和观点如下。

第一，小微企业的动态能力概念可以被认为是“企业通过获取、整合、利用内外两种资源，以不断改变自身惯例，以适应环境变化的能力”，此概念包括了 3 个维度：机会感知能力、组织柔性能力和资源整合能力。

通过对动态能相关研究文献的梳理，特别是继承 Teece (2000) 和 Winter (2003) 对动态能力的界定的基础上，同时结合嵌入性理论和知识观，提出以上概念界定。本研究认为对小微企业来说，持续从外界获取知识和资源对小微企业保持惯例更新、适应环境能力起到关键性作用，对小微企业的生存发展具有决定性影响。而小微企业能敏锐地感知到外部环境机会和威胁，并能保持组织柔性，及时整合内外部资源进行战略调整，适应外部环境变化，是小微企业动态能力的典型表现(Zheng,2021)。因此，在本研究的动态能力概念中，包含以上3个维度。本研究根据这一构念进行了探索性案例分析和问卷设计，该概念和维度不仅在案例中得以明显体现，也在数据分析时取得了良好的信度和效度。

第二，网络嵌入性对小微企业动态能力有着显著并直接的正向影响，结构嵌入性和关系嵌入性对动态能力各个维度的影响不同。

在全球化、全球大分化不断深化的时代，任何企业都要发生从经营一个企业步入到经营社会的转变，成为价值网络上的一员。而网络嵌入对小微企业来说，成为其以低成本获取信息和知识、提升自身能力的重要来源。实证结果表明，小微网络嵌入性对动态能力之间存在显著的正向关系。这也验证了Teece等(1994)及Teece(2000)对动态能力界定时的观点。在探索性案例中，各企业家和高层管理人员都支持社会网络关系为企业从资源、知识、信息等方面带来影响，促进了组织观念、文化、管理方式、生产流程、技术研发等系列改变。

实证结果表明，网络嵌入性对小微企业动态能力构建具有显著的正向影响。其中关系嵌入性对企业的机会感知能力和组织柔性能力都有显著影响，而结构嵌入性则只对机会感知能力影响显著。说明小微企业在网络中很难居于网络中心位置，结构性嵌入带来的优势，小微企业很难据为已有，因而在关系嵌入方面，小微企业可以通过自身努力，增加合作伙伴的数量，维持双方合作的密度和深度，建立信任，积极参与到问题解决过程中，从而扩大信息源，提高外部环境敏感程度，掌握资源整合技巧，灵活应对市场变化。

第三，网络嵌入已经成为企业重要知识来源，对小微企业来说尤其如此。

小微企业自身资金短缺、人才匮乏，案例访谈中，4家企业均表示了招聘人才的困难，无论是具有创新能力的技术型人才，还是具有胜任力的商务人才。因此，小微企业要实施自主研发、开拓新业务难度可想而知。而通过外部网络获得新的技术信息、联合开拓市场就成了小微企业必然之选。从结构嵌入性来看，越接近网络中心位置，合作伙伴越具有多样性，对小微企业获取新知识越有帮助，但是对于促进其知识利用和知识共享的影响不显著或无影响。从关系嵌入性来看，良好的信任基础，能够加强组织间异质性知识的获取共享、扩散吸收，支持了以往研究成果结论（Argyris，1982；Norman，2004；Louise，2000）。但是对知识利用的影响显著性下降。从实践上来解释，小微企业迫于生存压力，对于冗余性信息观念上不够重视，又由于处理能力限制，对来自外部的知识进行解释、扩散、积累和利用还不够。粗放的知识管理方式，一定程度上影响了小微企业对惯例的改变，也对小微企业动态能力构建和企业成长造成不利影响。这一点在探索性案例访谈中也有体现。

第四，组织间知识转移对小微企业动态能力的构建起到显著的正向影响。

企业需要不断更新自身能力以满足环境变化的要求。而这种自我更新的能力本身就是一个知识获取、扩散、利用、创造及演化的历史过程，组织作为一个知识的集合体，其不断改变自身操作惯例、适应环境变化的能力的持续来源是组织学习（Zollo et al.，2002；董俊武等，2004）。本研究实证结果表明，组织间知识获取对组织机会感知能力、组织柔性能力和资源整合能力均有显著正向影响，充分肯定通过网络嵌入获取知识对小微企业能力建设的重要性。而知识共享对资源整合作用的假设不成立，对机会感知能力的影响显著性下降；知识利用对组织柔性能力作用的显著性下降。本研究的解释是小微企业由于资源匮乏，知识获取愿望强烈，而对知识共享和知识利用的理解则有偏差，例如认为有些信息小范围扩散即可，有些信息和知识在短期内无法给企业带来回报，企业则没有加以实践。特别的，在案例访谈中企业多次谈起有助于新产品开发的技术信息，而对于改进组织管理、组织文化的信息则容易被过滤掉。

第五，组织间学习在网络嵌入性对动态能力的影响中起到部分中介作用。

企业嵌入于社会网络动机是非常复杂的，对于小微企业来说，自身资源的制约和环境动态性，使得获取互补性资源和组织间学习成为其嵌入网络的主要目的。互补性资源的获取，可以通过“购买”和“合作”两种途径获得（Arvanitis et al.，2013），从降低交易成本的角度考虑，小微企业更愿意选择通过与供应商、客户等“合作”来获得，并形成自身竞争优势。然而，对来自外部的知识和信息，要转为自身能力的一部分，都需要企业对知识的获取、共享和利用过程。江积海（2009）把企业假定为一个彼此异质的知识的集合体和积累知识的有效制度，认为资源匮乏、竞争优势不明显的产业后进入者,通过与其他企业之间的知识传导已经成为企业竞争优势的源泉。因而,网络嵌入性为小微企业提供了获取资源和知识的可能性,而进行组织间学习才能将外部信息进行吸收、扩散,进行显性知识的内化和隐性知识的社会化,从而实现个体知识到集体知识的转化,增加企业知识储存量,企业的一阶能力和二阶能力都将得到延伸。

在本研究的实证中,对组织间学习的部分中介效应的解释如下:我们认为基于网络嵌入性视角的小微动态能力路径包括两条:从网络嵌入性到动态能力,其内在机制是小微企业可以通过网络获取互补性资源,如劳动力资源、资金、供应商、市场等。而技术诀窍、组织惯例、组织文化等则更多以隐性知识的形式存在,需要小微企业通过跨学习,实现获取、吸收、扩散、利用、创新等流程,才能转化为企业适应环境变化的感知能力、柔性能力及整合能力,印证小微企业知识管理的重要性。但在不同规模和年限以及不同行业内,小微企业的多个变量表现存在一定的差异。

第六,环境包容性在小微企业在网络嵌入与组织间学习、网络嵌入性与动态能力关系上存在正向调节效应。

虽然 Dess 等(1987)采用"行业销售增长率"来测量环境包容性,但是从当前文献对环境包容性的测量维度上看,环境包容性的衡量包括了来自政府发展规划、金融政策、行业发展空间及来自市场的资源支持等因素,而这些因素在一定程度上又与当地经济发展和地区文化有着必然的联系。具体表现为,在经济较为发达、与国际接轨程度较高的地区,环境包容性程度较高,而当地小微企业的危机意识、竞争意识和成长意识也领先于其他地区同类企业。因此随着环境包容性程度的提高,网络嵌入对小微企业动态能力的作用得到进一步加强,同样,网络嵌入对企业知识的获取作用也得到了进一步的加强。因此环境包容性在"网络嵌入性—动态能力"关系与"网络嵌入性—组织间学习"关系起到正向调节作用。

在探索性案例中,位于杭州市滨江地区的 A 公司,在 4 家案例中拥有最为优裕的环境资源,具有国际战略眼光,选择与来自美国、日本等地一流公司进行技术研发和市场开拓方面的合作,在"永远领先竞争对手半步"的理念引导下,A 公司一直保持着向各利益相关者学习的态度,积极肯定了嵌入合作网络对组织获取知识和能力提高的作用。B 公司和 D 公司环境包容性较差，2 家公司的高层管理者虽然明确地肯定了从外部进行资源和信息获取对企业竞争力培养的作用，但是网络嵌入性对知识获取和动态能力的作用却因环境中其他因素而弱化。

第七，不同年限、规模及行业企业在关键变量上表现的差异性。

不同年限的小微企业，在关系嵌入性和知识获取方面的差异性比较小，显示出小微企业基本都意识到关系嵌入和获取知识的重要性，而从业时间长短，却对结构嵌入性、知识的共享和利用以及动态能力 3 个维度造成明显的区别。

随着企业规模的扩大，其业务范围在不断扩大，其在网络中的结构嵌入程度提高，对知识的共享、利用能力逐步产生本质变化，机会感知能力和资源整合能力也得到相应提高。但是组织柔性并未发生明显改变，一定程度上，小微企业样本内部在这一维度上差异性难以体现。

研究还表明，无论是制造业企业还是服务业企业都关注到网络嵌入性对企业的重要性，通过网络获取资源和知识的行为，没有因为行业而产生明显差异。但却因技术范式的差别及对技术需求程度不同而导致对知识共享、知识利用采取不同的态度和方式。同时，制造业和服务业相比，离价值链终端的距离较远，表现在其机会感知能力和组织柔性能力的差异。

9.2 理论贡献

现有文献对动态能力的概念界定有多个视角，从战略管理视角、演化经济学视角到技术创新视角、组织学习视角以及网络视角，都给出了不同概念界定。因此，难以测量、难以实证就成了对动态能力进行进一步研究的障碍。再加上动态能力概念自诞生以来，已有文献少有将小微企业作为研究对象，学术界更关注小微企业融资、信贷、经营管理、人力资源等问题。事实上面对竞争激烈的市场环境和迅速变迁的技术环境，小微企业如何提升自身动态能力，形成内生的可持续竞争优势，才是小微企业必须解决的重大课题（王琦等，2017）。戴维奇（2007）实证发现作为知识和能力载体的人力冗余比财务冗余对公司的成长更具有实质性的推动作用。小微企业构建自身动态能力的重要性显而易见。

本研究将小微企业视为价值网络中的一个节点，研究其如何在此背景下构建自身动态能力。具体理论贡献主要体现在以下 3 个方面。

第一，结合组织学习视角和网络视角，以小微企业为研究对象，推动动态能力研究的严谨性和系统性，以及动态能力的量化研究发展。

本研究引入了组织学习视角和网络视角，明确了动态能力的来源及其构成。将动态能力认定为“企业通过获取、整合、利用内外两种资源，以不断改变自身惯例，以适应环境变化的能力”，包括了机会感知能力、组织柔性能力和资源整合能力 3 个维度。更加明确了小微企业动态能力的来源，不仅包括组织内部的知识创造、资源整合，还源于外部网络的资源和知识。这更加应和了动态能力的宗旨——适应外部环境。本概念既继承了 Teece 和 Winter 等前人研究的成果，又在一定程度上克服了对动态能力“同义反复”的批评，同时也结合了小微企业网络嵌入性的特征。另外，通过讲动态能力分为机会感知能力、组织柔性能力、资源整合能力 3 个维度，并分别给予测度，推动了动态能力的定量研究。

第二，剖析了网络嵌入背景下动态能力构建路径，引入组织间学习，形成“网络嵌入性—组织间学习—动态能力”路径。

动态能力构建路径的研究中，有伴随着知识演化的“知识吸收—企业创造力和构思—能力变异”路径、基于资源观的“资源整合—动态能力”路径（董保宝等，2015）、基于演化经济学视角的“实质能力—动态能力”的阶层进化路径、基于创业导向和组织学习视角的“创业导向—组织学习—动态能力”路径（Lim et al.，2020）、基于企业内部视角的“信息管理—组织学习—动态能力”（李晓宇等，2019），近来也有学者关注到了网络嵌入与动态能力之间的关系（尤成德等，2016；熊焰等，2020）。本研究继承学习观和演化经济学视角的观点，引入网络嵌入性理论，将小微企业置于价值网络中，从结构嵌入性和关系嵌入对企业动态能力的影响入手，将组织间学习作为中介变量，探讨小微企业通过加入并经营网络，从网络中获取知识，并对知识进行分享和利用，从而提升企业的机会感知能力、组织柔性能力和资源整合能力，形成“网络嵌入性—组织间学习—动态能力”路径。

第三，发现了环境包容性在“网络嵌入性—组织间学习”关系和“网络嵌入性—动态能力”关系的调节作用，丰富了环境包容性对组织行为影响的认识。

本书从网络嵌入性对小微企业动态能力作用机制出发，以组织间学习为中介变量，探讨了小微企业在嵌入性背景下动态能力构建路径。环境中资源丰富程度对这一机制有何影响？资源丰富程度又会对企业在网络中的行为有何影响？这两个问题也成为本研究的关注点。虽然案例访谈中来自四个企业的高层管理者分别表示环境资源丰富程度不会影响他们从外部进行知识获取的行为，但是实证发现，环境包容性对“网络嵌入性—组织间学习”关系和“网络嵌入性—动态能力”关系均存在正向调节作用。也就是说，随着环境包容性程度提高，网络嵌入性对组织间学习的正向作用加强，网络嵌入性对动态能力的正向作用加强。这一发现强化了“从经营企业到经营社会”的观点，也引发一些实践启示和政策思考。

9.3 实践启示

在人类知识更新周期不断缩短的时代，面对百舸争流的外部环境和资源匮乏的内部困境，小微企业构建自身动态能力已经成为生死攸关的重大课题。然而小微企业又面临着何为动态能力、如何构建动态能力、动态能力的源泉又在哪里的迷茫。本研究经过定性与定量相结合、理论与实践相结合的方法，针对这一课题进行研究，研究结论对小微企业在网络嵌入背景下如何构建自身动态能力有积极的指导意义。

第一，小微企业应高度重视动态能力的培育和提升。

知识经济时代的特征就是知识更新周期缩短，技术创新、商业模式创新速度加快，是一个充满机会的时代，也是充满挑战与风险的时代。然而要抓住机遇，规避和抵御风险，适应瞬息万变的市场，就需要企业具有机会感知能力、组织柔性能力和资源整合能力。特别是对小微企业来说，虽然具有灵活的优势，但是存在人才匮乏、集体知识存储较少、技术力量薄弱、创新投入不足等问题，总体抗风险能力较弱。小微企业应该以培育和提升动态能力为切入点，充分利用外部网络资源和机会，克服自身知识特别是技术知识资源禀赋的缺陷，真正践行小而美的商业模式。Wilhelm(2015)研究了德国200家中小型企业，也发现了动态能力对中小企业的重要性，特别是在动态环境中，动态能力为小企业带来了优厚的回报。这需要我国众多小微企业的企业家和高层管理人员进行一场思想上的革新，克服短视症，着眼于企业的持续发展和成长，构建动态能力。

第二，小微企业应积极嵌入外部网络，注重网络关系建设。

外部网络类型很多，产业集群网络、价值链网络、战略联盟、价值网络、商业生态系统等。小微企业应积极选择性嵌入外部网络，并提高自己的不可取代性。研究表明结构嵌入性和关系嵌入性对组织从网络获取知识、进行动态能力构建均有积极作用。小微企业虽然很难占据网络中心位置，但是应该在嵌入和搭建过程中，主动联结焦点企业，尽量靠近中心位置。另外建议小微企业进行利益相关者管理，在网络维护成本一定的条件下，将利益相关者按照利益关系进行分类，并依据其重要性进行排序，分别采取不同的方法维护关系，加强信任，积极参与项目，增加共同语言，促成共同的问题解决框架，在交流中获取更多有价值的显性知识和隐性知识。

第三，小微企业在重视从网络获取信息和资源的前提下，要加强内部知识共享、知识利用和整合。

Colin 等(2016)基于对213家企业的调查结果表明，开放式创新的有效性取决于知识获取能力和知识共享能力的存在。具体而言，一个企业加强内部活动以加强激进的创新，更有可能受益于知识共享能力，而不是知识获取能力。与此相反，一个坚定的实践出站活动更有可能通过知识获取能力提高激进的创新绩效，而不是通过知识共享能力。在本研究中，从网络嵌入性对动态能力的作用来看，结构嵌入性对组织柔性能力无影响，关系嵌入性则对资源整合能力无影响，从组织间学习对动态能力的关系来看，知识利用对组织柔性能力无影响，知识共享对资源整合能力无影响。可见在小微企业内，知识获取对动态能力的作用要比知识共享和知识利用更为显著。知识共享和知识利用更多发生在组织内部，是对外部获取的显性知识和隐性知识的扩散和实施，形成企业的能力。虽然小微企业对知识、技术诀窍获取愿望强烈，但是由于人才和知识原始积累的不足，对信息的解释、扩散和利用都还有很大的提升空间，因此小微企业在动态能力构建过程中，提升自身知识解释、扩散、吸收、利用的能力尚需加强。

第四,政府改善小微企业环境需要采取支持和激励相结合的方式。

我国幅员辽阔,经济发展水平地区间差异明显,各地政府因地制宜制定了很多与小微企业相关的政策,以规范和支持当地小微企业的发展。因此,本研究在探索性案例研究及调研问卷设计初期阶段,通过与案例企业接触,经过对比认为,对小微企业,既要有支持性政策保障本地小微企业的生存空间,又不能简单地支持了之。后期的实证结果也支持了这一观点。环境包容性对“网络嵌入性和组织间学习”“网络嵌入性和动态能力”关系具有正向调节作用,说明了随着环境包容性提高,网络嵌入性对组织进行知识获取和利用的作用在增强,对组织动态能力构建的作用也在增强。这种正向调节作用的解释如下。首先,较高的环境性从客观上为小微企业提供了更为优厚的生存条件,对资源匮乏的小微企业来说,来自外部的知识和资源所带来的弥补效应更加明显,小微企业无论是动态能力构建还是知识获取,对外部来源的依赖性得到进一步的强化。其次,从环境包容性和企业的能动性的形成原因来看,环境包容性程度与区域经济发展程度、政府引导、区域文化等因素都有关系,一般来讲(探索性案例访谈发现),经济较为发达地区,市场化程度高,竞争意识强,政府鼓励性政策多,环境包容性程度高,企业也愈发重视外部网络嵌入及通过知识获取提高企业竞争力。故环境包容性强化了网络嵌入性和组织间学习、网络嵌入性和动态能力之间关系。

基于以上分析,政府一应从政策上改善小微企业环境,实施金融、税收、信息、技术等方面的支持。二应加强区域制度和文化建设,形成良好的区域企业生态环境和竞争氛围,使企业具备现代化、国际化竞争意识,克服企业惰性,在更为广阔的市场空间持续进取,形成可持续竞争力。三应在对小微企业加大财税支持力度的同时,对在技术创新、节能减排、吸纳就业等方面有突出能力的企业,特别是在实现要素驱动向创新驱动的转变有实质性探索的企业,进行激励性支持。引导小微企业同时注重外部资源利用和内部能力建设,培育可持续竞争力,改变我国小微企业寿命较短的局面。

9.4 研究局限

本研究受作者主观能力和客观条件约束，不可避免地存在诸多不足之处，主要包括如下三个方面。

第一，量表打分的测度及打分过程仍有改进空间。

尽管所有变量的测度都是在文献整理以及经过对企业访谈的基础上形成的，并通过了信度和效度检验。但是由于针对小微企业动态能力的研究成果非常有限，文中量表的参考难免针对性不足。在采用 Likert 七级量表由被调研者打分的过程中，由于地域限制，部分问卷是通过网络发放，被调查者的控制一定程度上没有得到严格执行，再加上被调查者对于量表评分存在一定的主观性。如果在分析过程中能结合行业层面的客观数据，对本研究数据研究结论加以评估和佐证，将会进一步提高研究质量，然而作者没有找到此类可供参考的文献，因此这一想法没有得到实践。

第二，尚未根据行业特性和地区差别做进一步细分研究。

在本研究的调研中，以小微企业为研究对象，涉及的行业包括机电、化工、材料、纺织、建筑、贸易、金融、软件、餐饮等行业门类，调研的企业来自全国若干省份和直辖市。虽然本研究将企业年限、规模和行业作为控制变量，分别探索了其对各个解释变量的差异，但是其影响方向却未做更为深入的探索。特别的，在调研初期，没有考虑地区对环境包容性和企业行为模式的影响，因此未对企业所在地区设置问题，成为本研究的一个遗憾。事实上，各行业所处生命周期不同，其行业竞争激烈程度、行业发展驱动力也不同。这些因素都造成企业动态能力来源有所不同，外部网络嵌入和组织间学习对该企业的动态能力构建作用机制也有所不同。在本研究的探索性案例中，选择的四个案例既包括高新技术企业（A 企业和 C 公司），也包括传统制造企业（B 企业和 D 公司），不同行业在对外部网络的重视程度、对组织学习态度都不同。另外，来自不同地区的企业在网络嵌入和组织间学习的观念上差别较大。位于经济发达、国际化程度较高的沿海地区企业，即使环境包容性水平较高，但还是表现出锐意进取、与国际接轨、保持学习保持竞争力的精神。

第三，没有考虑组织间学习三个维度之间的交互作用。

对于组织间学习模式的研究，基本上都考虑知识从获取到最后转化为组织能力的过程（Huber，1991；Nevis et al.，1995）。本研究在进行文献整理和继承的基础上，将组织间学习划分为知识获取、知识共享和知识利用三个维度，也是遵从了知识从个体到集体、从获取到应用的过程。考察了网络嵌入通过知识获取、知识共享和知识利用对动态能力的影响，但是这三个维度既然是存在一定的内在逻辑，则应该有相互影响机制。鉴于学术界对此类研究还较为模糊，加之如果探讨交互影响的作用，会导致本研究研究模型过于庞大复杂，变量和维度之间关系相互交织，反而影响本来的模型结论，因此暂未付诸实践，但可以作为下一步研究的方向。

9.5 研究展望

目前国内对基于网络嵌入性的动态能力构建机制研究还非常少，特别是将小微企业作为研究对象，本人在取得一些心得之外，也为本研究存在的不足提供进一步完善的思考，以及对后续研究方向做进一步讨论。

第一，继续开展小微企业动态能力构建和演化机制的研究，开发更具有针对性的变量测量量表。

目前学术界对小微企业培育动态能力的关注度还不够，而现实是小微企业的发展困境重重，又迫切需要理论指导，因此，笔者认为小微企业动态能力这一主题将是一个亟待深入研究的领域。随着研究的深入，具有针对性的相关变量测量量表也将被开发出来。

第二，基于网络嵌入性的企业能力提升研究值得关注。

当今世界的每个组织都主动或者被动的成为各种网络的一个节点，企业运营的每个环节都与外界有千丝万缕的联系。企业各种能力的提升，离不开外部环境的促动因素，也离不开对外部资源的利用。企业以个体为载体，不断与外部进行着有形和无形资源的交换。在吸收资源观、演化经济学、企业成长理论等理论的观点基础上，基于网络嵌入性视角探讨企业能力建设，并给予企业管理策略建议，将成为一个值得关注的研究方向。

第三，在研究模型中加入对维度之间的交互影响研究。

在本研究基础上，可继续深入进一步考察组织间学习三个维度在企业进行知识获取后的学习行为，知识获取、知识共享、知识利用三维度之间如何进行交互影响，以及由此带来对动态能力的影响，对于打开动态能力黑箱许更有帮助。

第四，可以就小微企业环境包容性及其网络行为关系进行区域比较研究。

本研究在后期的写作过程中，越来越发现区域文化、经济、政治、技术、国际等宏观环境因素给小微企业/企业家行为模式带来很大的影响，而这些宏观要素同时又是形成某一区域的环境包容性的基本条件。在我国发展不平衡的地区间行进这一主题的比较研究就显得非常有趣。

第五，环境包容性对“组织间学习—动态能力”之间的调节作用。

本研究认为基于网络嵌入视角研究动态能力形成路径，环境包容性是一个重要的情景变量，对“网络嵌入性—动态能力”“网络嵌入性—组织间学习”具有调节作用，然而对于环境包容性对“组织间学习—动态能力”之间是否具有调节作用给予了忽视，在后续的研究中，该主题仍有深入讨论的价值。

综上所述，网络嵌入性、组织间学习和动态能力之间关系的研究是一个极具理论价值和现实意义的研究方向，在本研究基础上，还有多个有意义、有乐趣的研究主题吸引着我们的注意力，值得在未来研究中做进一步的探索。

参考文献

【中文文献】

[1] “我国小微企业发展状况研究”课题组,2016.小微企业发展状况的中外比较研究[J].调研世界(3):8-15.

[2] Mertins,Heisig,Vorbeck.2004.知识管理:原理及最佳实践[M].赵清涛,彭瑞梅,译.北京:清华大学出版社.

[3] 鲍长生,2016.小微企业经营困境:是市场萎缩还是资金短缺?——基于上海市青浦区小微企业数据的因子分析[J].华东经济管理(4):12-16.

[4] 蔡猷花,傅令菲,梁娟,2021.联盟关系演化、网络结构洞与企业合作创新绩效[J].中国科技论坛(10):94-103.

[5] 曹红军,王以华,2011.动态环境背景下企业动态能力培育与提升的路径——基于中国高新技术企业的实证研究[J].软科学(1):1-7,18.

[6] 曹勇,向阳,2014.企业知识治理、知识共享与员工创新行为——社会资本的中介作用与吸收能力的调节效应[J].科学学研究(1):92-102.

[7] 晁罡,刘倩雯,钱晨,等,2020.自我概念下领导—成员交换与知识共享关系研究[J].科技管理研究(18):188-195.

[8] 陈春花,刘祯,2010.案例研究的基本方法——对经典文献的综述[J].管理案例研究与评论(2):175-182.

[9] 陈国权,2017.面向时空发展的组织学习理论[J].管理学报(7):982-989.

[10] 陈国权,马萌,2000.组织学习的过程模型研究[J].管理科学学报(3):15-23.

[11] 陈国权,王晓辉,李倩,等,2012.组织授权对组织学习能力和战略柔性影响研究[J].科研管理,33(6):128-136.

[12] 陈莉平,万迪昉,2006.嵌入社会网络的中小企业资源整合模式[J].软科学(6):133-136.

[13] 陈衍泰,2009.企业利用外部知识能力与企业绩效的关系研究——基于知识平台与知识资产经营的视角[J].研究与发展管理(3):113-114.

[14] 成思危,2001.认真开展案例研究,促进管理科学及管理教育发展[J].管理科学学报(5):1-6.

[15] 程鹏,毕新华,2006.组织柔性的影响因素分析及实证[J].工业技术经济(7):65-67.

[16] 戴万稳,2006.组织学习理论研究视角综述[J].南大商学评论(4):156-166.

[17] 党兴华,李全升,2017.战略柔性对惯例更新的影响研究[J].华东经济管理(6):125-134.

[18] 狄蓉,赵袁军,刘正凯,2020."互联网"背景下服务型企业价值共创机理研究——以知识整合为中介变量[J].首都经济贸易大学学报(5):102-112.

[19] 丁明莉,2012.知识共享在供应链企业中的角色研究[J].农业网络信息(11):77-79.

[20] 丁蔚,2000.从信息管理到知识管理[J].情报学报(2):124-129.

[21] 董保宝,2012.网络结构与竞争优势关系研究——基于动态能力中介效应的视角[J].管理学报(1):50-56.

[22] 董保宝,于东明,王侃,2015.资源异质性与动态能力对新创企业竞争优势的影响[J].技术经济与管理研究(9):53-57.

[23] 董俊武,黄江圳,陈震红,2004.动态能力演化的知识模型与一个中国企业的案例分析[J].管理世界(4):117-127,156.

[24] 杜丹丽,曾小春,2017.速度特征视角的我国高新技术企业创新能力动态综合评价研究[J].科研管理(7):44-53.

[25] 杜丹丽,姜铁成,曾小春,2015.企业社会资本对科技型小微企业成长的影响研究——以动态能力作为中介变量[J].华东经济管理(6):148-156.

[26] 杜健,姜雁斌,郑素丽,等,2011.网络嵌入性视角下基于知识的动态能力构建机制[J].管理工程学报(4):145-151.

[27] 杜小民,2015.基于知识自组织演化的企业动态能力衍生路径研究

[D]. 长春:吉林大学.

[28] 樊新敬,2011. 基于外部环境的战略性组织变化对企业绩效影响的实证研究[D]. 成都:成都理工大学.

[29] 樊耘,门一,张婕,2013. 超竞争环境下资源对高管团队即兴能力的影响[J]. 商业研究(6):9-18.

[30] 范志刚,刘洋,吴晓波,2014. 网络嵌入与组织学习协同对战略柔性影响研究[J]. 科研管理(12):112-119.

[31] 方建国,2010. 基于动态能力观的企业技术创新能力研究——以我国高新技术产业上市公司为例[J]. 科技进步与对策(16):72-77.

[32] 冯军政,2012. 环境动荡性、动态能力对企业不连续创新的影响作用研究[D]. 杭州:浙江大学.

[33] 冯军政,魏江,2011. 国外动态能力维度划分及测量研究综述与展望[J]. 外国经济与管理(7):26-33.

[34] 高孟立,范钧,2018. 外部创新氛围对服务创新绩效的影响机制研究[J]. 科研管理(12):103-112.

[35] 高原,余仲华,2016. 中小微企业人才开发须有长远眼光[N]. 光明日报 11-08(16).

[36] 格鲁夫,2002. 只有偏执狂才能生存[M]. 安然,译. 北京:中信出版社,大连:辽宁教育出版社.

[37] 耿紫珍,刘新梅,杨晨辉,2012. 战略导向、外部知识获取对组织创造力的影响[J]. 南开管理评论(4):15-27.

[38] 郭海,沈睿,2014. 如何将创业机会转化为企业绩效——商业模式创新的中介作用及市场环境的调节作用[J]. 经济理论与经济管理(3):70-83.

[39] 杭州市"小微企业三年成长计划"推进领导小组办公室,2015. 六千企业调查讲述杭州小微企业发展生存状况[N]. 杭州日报 8-25(A06).

[40] 何青松,尹肖妮,李湛. 2013. 科技型小微企业企业家政治关联对企业技术选择方向的影响[C]. 科技型小微企业创新发展论坛论文集:113-116.

[41] 何铮,顾新,2014. 知识网络中组织之间交互式学习研究[J]. 情报理论与实践(3):95-100.

[42] 贺小刚，李新春，方海鹰，2006. 动态能力的测量与功效：基于中国经验的实证研究[J]. 管理世界(3)：94-103.

[43] 洪茹燕，2012. 关系嵌入与吸收能力的协同对企业知识搜寻的影响——全球制造网络效应下对中国轿车企业自主创新分析[J]. 重庆大学学报(社会科学版)(1)：71-76.

[44] 胡楠，2013. 外部知识获取、内部知识共享对制造企业产品创新影响研究[D]. 太原：中北大学.

[45] 黄江圳，董俊武，2007. 动态能力的建立与演化机制研究[J]. 科技管理研究(8)：9-11.

[46] 黄俊，2008. 动态能力、自主创新能力与联盟绩效关联性研究[D]. 重庆：重庆大学.

[47] 黄艳，陶秋燕，马丽仪，2016. 社会网络、资源获取与小微企业的成长绩效[J]. 技术经济(6)：8-15.

[48] 贾军，张卓，2012. 环境包容性和动态性对技术关联与绩效关系的调节效应研究[J]. 科学学与科学技术管理(10)：18-25.

[49] 简兆权，郑雪云，占孙福，2012. 组织学习与技术转移绩效的关系研究[J]. 管理学报(5)：758-766.

[50] 江积海，2009. 后发企业知识传导的路径及其微理机理——以深圳研祥智能公司为例[J]. 科学学研究(9)：1376-1383.

[51] 姜爱军，2012. 中国东北地区中小企业网络嵌入性、动态能力与企业成长关系研究[D]. 长春：吉林大学.

[52] 姜忠辉，罗均梅，孟朝月，2020. 动态能力、结构洞位势与持续竞争优势——青岛红领 1995—2018 年纵向案例研究[J]. 研究与发展管理(3)：152-164.

[53] 蒋峦，李忠顺，谢卫红，等，2015. 组织柔性与环境动态性下时间节奏对创新绩效的影响[J]. 管理学报(9)：1337-1342.

[54] 焦豪，2010. 企业动态能力绩效机制及其多层次影响要素的实证研究[D]. 上海：复旦大学.

[55] 焦豪，魏江，2008. 企业动态能力度量与功效——本土模型的构建与实证研究[J]. 中国地质大学学报(社会科学版)(5)：83-87.

[56] 焦豪,魏江,崔瑜,2008.企业动态能力构建路径分析:基于创业导向和组织学习的视角[J].管理世界(4):91-106.

[57] 焦羿菲,2020.母国网络嵌入性对归国新创企业绩效作用机制的研究[D].长春:吉林大学.

[58] 金惠红,2013.小微企业成长的瓶颈因素和自身动态能力探析[J].经济论坛(9):84-89.

[59] 金晶,2013.韩国中小企业扶持政策与对策研究[J].亚太经济(1):71-75.

[60] 柯希正,2013.创业团队社会网络与新创企业绩效关系研究[D].无锡:江南大学.

[72] 李长立,2013.基于知识的中小企业动态能力提升路径研究[D].昆明:云南财经大学.

[61] 李丹,杨建君,2018.联结强度与技术创新模式:企业间信任的中介作用[J].科技进步与对策(3):1-7.

[62] 李纲,2010.合作创新组织间关系嵌入与知识共享的关系研究[J].科技进步与对策(1):130-133.

[63] 李海舰,陈小勇,2011.企业无边界发展研究——基于案例的视角[J].中国工业经济(6):89-98.

[64] 李海舰,郭树民,2008.从经营企业到经营社会——从经营社会的视角经营企业[J].中国工业经济(5):87-98.

[65] 李海舰,李燕,2019.企业组织形态演进研究——从工业经济时代到智能经济时代[J].经济管理(10):22-36.

[66] 李焕荣,林健,2004.战略网络的结构、类型、构成要素和功能研究[J].科学学与科学技术管理(6):70-74.

[67] 李金凯,刘钒,2015.网络嵌入性对小微企业动态能力的驱动效应研究[J].科学决策(10):82-94.

[68] 李卫东,刘洪,2014.研发团队成员信任与知识共享意愿的关系研究——知识权力丧失与互惠互利的中介作用[J].管理评论,48:11.

[69] 李晓宇,陈国卿,2019.信息技术投入、技术创新动态能力与企业绩效关系研究[J].科技进步与对策(16):100-107.

[70] 李彦,2015.哥斯达黎加中小微企业融资困境与对策研究[D].北京:北

京外国语大学.
[71] 李垣,陈浩然,赵文红,2008.组织间学习、控制方式与自主创新关系研究——基于两种技术差异情景的比较分析[J].科学学研究(1):199-204.
[72] 李志能,2001.智力资本经营[M].上海:复旦大学出版社.
[73] 林南,2003.社会网络与地位获得[J].俞弘强,译.马克思主义与现实(2):46-59.
[74] 刘超,2015.科技型中小企业知识共享程度评价指标体系设计及实证研究[D].上海:东华大学.
[75] 刘钒,钟书华,2017.创新型小微企业群集智能特性、网络关系与创新绩效研究[J].科技进步与对策(21):7.
[76] 刘衡,李垣,张宸璐,2009.战略网络、结构嵌入及其形成动机[J].科技进步与对策(11):16-19.
[77] 刘佳佳,陈涛,朱智洺,2013.企业社会资本与知识共享关系研究——以知识获取为中介变量[J].科技进步与对策(4):86-90.
[78] 刘兰剑,2009.组织与跨组织、开拓与开发:四类学习间关系的分析[J].软科学(10):27-31,37.
[79] 刘兰剑,司春林,2011.网络嵌入性、跨组织学习与技术创新:几个变量的测度[J].现代管理科学(10):24-27.
[80] 刘爽,吴小娟,2018.小微文化企业融资问题研究——以湖北省为例[J].产业与科技论坛(3):25-28.
[81] 刘霞,陈建军,2012.产业集群成长的组织间学习效应研究[J].科研管理(4):28-35.
[82] 刘雪锋,徐芳宁,揭上锋,2015.网络嵌入性与知识获取及企业创新能力关系研究[J].经济管理(3):150-159.
[83] 刘洋,应瑛,2015.案例研究的三段旅程——构建理论、案例写作与发表[J].管理案例研究与评论(2):189-198.
[84] 陆敏,渠丽华,2020.郭树清:三分之二以上的小微企业能拿到银行贷款[EB/OL].中国经济网,https://baijiahao.baidu.com/s?id=1674957789172476341&wfr=spider&for=pc.
[85] 卢现祥,李磊,2021.企业创新影响因素及其作用机制:述评与展望

[J]. 经济学家(7):55-62.

[86] 罗珉,刘永俊,2009. 企业动态能力的理论架构与构成要素[J]. 中国工业经济(1):75-86.

[87] 毛基业,苏芳,2016. 案例研究的理论贡献——中国企业管理案例与质性研究论坛(2015)综述[J]. 管理世界(2):128-132.

[88] 孟晓斌,王重鸣,杨建锋,2007. 企业动态能力理论模型研究综述[J]. 外国经济与管理(10):9-16.

[89] 孟炎,田也壮,2014. 基于网络的组织学习过程模型研究[J]. 哈尔滨工业大学学报(社会科学版)(3):117-121.

[90] 钱亚鹏,陈圻,2008. 企业战略柔性研究述评[J]. 商业时代(22):42-44.

[91] 邱均平,邹菲,2003. 国外内容分析法的研究概况及进展[J]. 图书情报知识(6):6-8.

[92] 全国工商联研究室,2014. 关于当前经济形势和中小微企业发展状况的调查与分析[N]. 中国劳动保障报 6-28(3).

[93] 阮爱君,卢立伟,方佳音,2014. 知识网络嵌入性对企业创新能力的影响研究——基于组织学习的中介作用[J]. 财经论丛(3):77-84.

[94] 石秀印,1998. 中国企业家成功的社会网络基础[J]. 管理世界(6):187-196,208.

[95] 舒马赫,2007. 小的是美好的[M]. 李华夏,译. 北京:译林出版社.

[96] 宋辉,2015. 基于信度统计理论的调查测试设计研究[J]. 数学学习与研究(9):15-16.

[97] 锁箭,杨梅,李先军,2021. 大变局下的小微企业高质量发展:路径选择和政策建议[J]. 当代经济管理(10):9-16.

[98] 陶秋燕,孟猛猛,2017. 网络嵌入性、技术创新和中小企业成长研究[J]. 科研管理(S1):515-524.

[99] 田芬,2015. 小微企业发展状况研[J]. 调研世界(9):7-10.

[100] 田红云,刘艺玲,贾瑞,2016. 中小企业创新网络嵌入性与知识吸收能力的关系[J]. 科技管理研究(15):186-191.

[101] 托夫勒,2006. 第三次浪潮[M]. 黄明坚,译. 北京:中信出版社.

[102] 王栋,李垣,2009. 对外部环境特性的自主创新能力研究[J]. 科学学

与科学技术管理(9):53-57.
[103] 王发明,宋雅静,2013.缄默知识在创意产业集群网络中的共享与转移研究[J].软科学(5):4-9.
[104] 王飞绒,李亦晨,2012.小微企业社会网络的动态演变及其影响因素[J].技术经济(10):71-75.
[105] 王汉伟,2013.德国扶持中小企业创新发展的举措及启示[J].中小企业管理与科技(3):139-140.
[106] 王建云,2013.案例研究方法的研究述评[J].社会科学管理与评论(3):77-82.
[107] 王娟茹,赵嵩正,2007.虚拟团队知识转移机理研究[J].情报杂志(5):104-105.
[108] 王萍,2018.中小企业扶持措施探讨——意大利中小企业发展的启示[J].产业经济评论(4):61-69.
[109] 王琦,梁美丽,2017.顾客参与创新的小微企业动态能力研究[J].山东理工大学学报(社会科学版)(1):19-23.
[110] 王庆喜,宝贡敏,2007.社会网络、资源获取与小企业成长[J].管理工程学报(4):57-61.
[111] 王毅,陈劲,许庆瑞,2000.企业核心能力:理论溯源与逻辑结构剖析[J].管理科学学报(3):24-32.
[112] 王志玮,2010.企业外部知识网络嵌入性对破坏性创新绩效的影响机制研究[D].杭州:浙江大学.
[113] 王重鸣,1999.团队工作心理准备特征与功效感关系的实证研究[D].杭州:浙江大学.
[114] 卫武,彭鹏,李金凯,2016.小微企业的网络嵌入性、外部学习与企业绩效[J].科学决策(3):38-55.
[115] 文鹏,廖建桥,2010.不同类型绩效考核对员工考核反应的差异性影响——考核目的视角下的研究[J].南开管理评论(2):142-150.
[116] 邬爱其,2005.企业网络化成长——国外企业成长研究新领域[J].外国经济与管理(10):12-19,67.
[117] 吴白云,王影,雷星晖,2014.公司创业、组织间学习和产业集群升级

的关系研究[J]. 技术经济与管理研究(4):27-33.

[118] 吴金南，刘林，2011. 国外企业资源基础理论研究综述[J]. 安徽工业大学学报(社会科学版)(6):28-31.

[119] 吴明隆，2003. SPSS 统计应用实务[M]. 北京:科学出版社.

[120] 吴楠，赵嵩正，张小娣，2015. 关系嵌入性、组织间学习能力与技术创新绩效关系研究[J]. 科技管理研究(9):167-172.

[121] 吴松强，蔡婷婷，2017. 嵌入性创新网络与科技型小微企业创新绩效：网络能力中介效应研究[J]. 科技进步与对策(17):99-105.

[122] 吴松强，周娟娟，陈倩，2017. 亚太国家促进小微企业技术创新的政策与借鉴[J]. 科学管理研究(2):108-112.

[123] 肖洪钧，李苗苗，2012. 动态能力的维度划分研究——基于海尔的案例研究[J]. 管理案例研究与评论(2):77-85.

[124] 谢志华，邵建涛，2019. 中小企业融资难融资贵问题辨析[J]. 财会月刊(15):3-7,178.

[125] 辛蔚，何地，孙凯，2018. 创新视角下动态能力研究综述——脉络梳理及理论框架构建[J]. 技术经济与管理研究(6):44-48.

[126] 熊焰，孙红军，周钟，2020. 双重网络嵌入与跨国公司创新动态能力的协同演进——基于知识流动的系统动力学仿真[J]. 财会月刊(10):118-127.

[127] 徐嘉玲，2014. 网络关系强度、组织学习能力与代工企业升级的关系研究[D]. 杭州:浙江工商大学.

[128] 鄢德春，2007. 动态能力的概念和理论有价值吗? [J]. 科学学研究(3):478-481.

[129] 杨传鑫，2015. 嵌入性、知识共享与集群内科技型小微企业的创新绩效研究[D]. 锦州:渤海大学.

[130] 杨柳青，梁巧转，康华，2012. 企业自主创新中团队知识利用策略研究[J]. 软科学(6):29-32.

[131] 杨维东，贾楠，2011. 建构主义学习理论述评[J]. 理论导刊(5):77-80.

[132] 杨阳，2011. 战略联盟演化中组织间学习对联盟绩效的影响研究[D]. 长春:吉林大学.

[133] 殷,2004.个案研究:设计与方法[M].周海涛,主译.重庆:重庆大学出版社.

[134] 尹丽萍,2009.技术范式转变视角下的企业动态能力——基于战略过程维度的研究[J].首都经济贸易大学学报(2):37-42.

[135] 尤成德,刘衡,张建琦,2016.关系网络、创业精神与动态能力构建[J].科学学与科学技术管理(7):135-147.

[136] 于淼,2014.网络关系与创新绩效:动态能力的中介作用[J].东北财经大学学报(3):19-25.

[137] 张弛,臧晶莹,徐佳慧,2015.国外促进小微企业创新发展的经验与启示[J].党政干部学刊(12):68-71.

[138] 张聪群,2014.超竞争环境下产业集群内中小企业转型研究——基于企业动态能力视角 J].科技进步与对策(14):92-97.

[139] 张寒,2017.大学知识产权所有权归属模式演进及其对技术转移的影响[J].山东科技大学学报(社会科学版)(6):24-31.

[140] 张红兵,2013.技术联盟知识转移有效性的差异来源研究——组织间学习和战略柔性的视角[J].科学学研究(11):1687-1696,1707.

[141] 张军,张素平,许庆瑞,2012.企业动态能力构建的组织机制研究——基于知识共享与集体解释视角的案例研究[J].科学学研究(9):1405-1415.

[142] 张君立,蔡莉,朱秀梅,2008.社会网络、资源获取与新创企业绩效关系研究[J].工业技术经济(5):87-90.

[143] 张利斌,张鹏程,王豪,2012.关系嵌入、结构嵌入与知识整合效能:人——环境匹配视角的分析框架[J].科学学与科学技术管理(5):78-83.

[144] 张璐,2017.山东省小微企业融资政策研究[D].乌鲁木齐:新疆大学.

[145] 张千军,刘益,王良,2013.基于权变视角的知识利用、知识开发以及双元性对外包项目绩效的影响研究[J].管理学报(7):1065-1071.

[146] 张秀娥,2014.创业者社会网络对新创企业绩效的影响机制[J].社会科学家(3):12-17.

[147] 张琰,2013.嵌入性与组织间学习:生产性服务企业创新绩效影响因素的实证研究[J].当代财经(1):85-92.

[148] 张毅，张子刚，2005. 企业网络与组织间学习的关系链模型[J]. 科研管理(2)：136-141.

[149] 张玉明，段升森，2012. 中小企业成长能力评价体系研究[J]. 科研管理(7)：98-105.

[150] 张悦，梁巧转，范培华，2016. 网络嵌入性与创新绩效的 Meta 分析[J]. 科研管理(11)：80-88.

[151] 张振刚，许亚敏，沈鹤，2021. 动荡环境下供应链动态能力对管理创新实施的影响[J]. 管理学报(11)：1714-1720.

[152] 章威，2009. 基于知识的企业动态能力研究：嵌入性前因及创新绩效结果[D]. 杭州：浙江大学.

[153] 赵丽丽，2019. 小微企业营运资金管理问题探析[J]. 全国流通经济(25)：64-65.

[154] 赵林捷，2007. 企业创新网络中组织间学习研究[D]. 合肥：中国科学技术大学.

[155] 赵林捷，汤书昆，李志刚，2008. 组织间学习效果影响因素的实证研究——以汽车产业为例[J]. 研究与发展管理(1)：78-80.

[156] 赵爽，肖洪钧，2016. 人力资本对企业绩效的影响——组织间学习的中介作用[J]. 现代管理科学(2)：99-101.

[157] 赵炎，郭霞婉，2012. 结构洞度对联盟网络中企业创新绩效的影响研究——基于中国家用视听设备制造业企业联盟网络[J]. 科技进步与对策(17)：76-81.

[158] 赵艳秋，2012. 组织内部社会网络结构对组织学习能力的影响研究——基于 A 商业银行的实证[D]. 南昌：南昌大学.

[159] 郑伯埙，黄敏萍，2008. 实地研究中的案例研究[A]//陈晓萍，徐淑英，樊景立. 组织与管理研究的实证方法[C]. 北京：北京大学出版社.

[160] 郑海元，王世杰，2021. 物流企业供应链网络关系特点、社会绩效与财务绩效[J]. 商业经济研究(9)：109-112.

[161] 郑吉昌，2003. 知识经济时代企业经营方式与营销渠道的变革[J]. 经济问题(5)：27-29.

[162] 郑继兴，刘静，2015. 社会网络对小微企业创新成果采纳的影响：知识

吸收能力的中介效应[J]. 科技进步与对策(19):79-83.

[163] 郑江波,王娅男,2019. 合作新产品开发知识资源动态投入决策研究[J]. 科技管理研究(18):104-115.

[164] 郑书莉,邓彩,2021a. 中美贸易摩擦背景下引进外商直接投资对浙江省出口贸易影响实证研究[J]. 天津商业大学学报(3):56-62.

[165] 郑书莉,沈思瑜,2021b. 浙江省小微企业扶持政策文本分析[J]. 科技中国(11):51-56.

[166] 郑书莉,王心良,2017. 小微企业商业生态系统战略研究:以杭州跨境电子商务产业园为例[J]. 电子商务(10):12-14.

[167] 郑素丽,章威,吴晓波,2010. 基于知识的动态能力:理论与实证[J]. 科学学研究(3):405-411.

[168] 钟柏昌,黄峰,2012. 问卷设计的基本原则与问题分析——以某校2011 年教育学硕士学位论文为例[J]. 学位与研究生教育(3):67-72.

[169] 周雷,邱勋,刘婧,等,2020. 金融科技创新服务小微企业融资研究——基于金融科技试点地区 840 家小微企业的调查[J]. 西南金融(10):24-35.

[170] 周玉泉,李垣,2005. 组织学习、能力与创新方式选择关系研究[J]. 科学学研究(4):525-530.

[171] 朱朝晖,2007. 基于开放式创新的技术学习协同与机理研究[D]. 杭州:浙江大学.

[172] 朱福林,陶秋燕,2014. 中小企业成长的社会网络关系研究——以北京市科技型中小企业调研数据为例[J]. 科学学研究(10):1539-1545.

[173] 朱霞,路正南,2014. KIBS 企业嵌入强度对科技型小微企业技术创新绩效影响研究[J]. 科技进步与对策(15):142-146.

[174] 朱晓亚,2018. 制造企业研发团队内部知识转移研究[D]. 哈尔滨:哈尔滨工程大学.

[175] 庄晋财,沙开庆,程李梅,等,2012. 创业成长中双重网络嵌入的演化规律研究——以正泰集团和温氏集团为例[J]. 中国工业经济(8):122-134.

[176] 庄小将,2016. 结构嵌入性对集群企业技术创新绩效的影响[J]. 技术经济与管理研究(2):19-24.

【外文文献】

[1] Abor J, Quartey P, 2010. Issues in SME development in Ghana and South Africa[J]. International Research Journal of Finance & Economics (7):218-228.

[2] Adeniran T V, Johnston K A, 2012. Investigating the dynamic capabilities and competitive advantage of South African SMEs[J]. African Journal of Business Management (11): 4088-4099.

[3] Adnan Z, Abdullah H S, Ahmad J, 2008. Human capital and organizational performance: moderating effects of dynamism, uncertainly and munificence [C]. The 4 th National Human Resource Management Conference:219-225.

[4] Adner R, Helfat C E, 2003. Corporate effects and dynamic managerial capabilities[J]. Strategic Management Journal (10):1011-1025.

[5] Ahn S, Kim S, 2017, What makes firms innovative? the role of social capital in corporate innovation[J]. Sustainability (9): 1564.

[6] Ahuja G, 2000. Collaboration networks, structural holes, and innovation: a longitudinal study[J]. Administrative Science Quarterly (3):425-455.

[7] Alinaghian L, Srai J, 2014. The effect of supply networks structural and relational properties on dynamic capabilities[J]. Academy of Management Annual Meeting Proceedings (1):646.

[8] Al-Mommani K, Al-Afifi A, Mahfuz M A, 2015. The impact of social networks on maximizing the competitive value of micro, small, and medium enterprises[J]. International Journal of Management Science & Business Administration (1):64-70.

[9] Ambrosini V, Bowman C, 2010. What are dynamic capabilities and are they a useful construct in strategic management? [J]. International Journal of Management Reviews (1):29-49.

[10] Amit R, Schoemaker P J H, 1993. Strategic assets and organizational rent[J]. Strategic Management Journal (1):33-46.

[11] Andersson U, Forsgren M, Holm U, 2002. The strategic impact of external networks: subsidiary performance and competence development

in the multinational corporation[J]. Strategic Management Journal (11):979-996.

[12] Andersson U, Forsgren M, Holm U, 2001. Subsidiary embeddedness and competence development in MNCS—Multi-Level analysis [J]. Organization Studies (11):1015-1034.

[13] Arend R J, 2013. Ethics-focused dynamic capabilities: a small business perspective[J]. Small Business Economics (1):1-24.

[14] Arend R J, Bromiley P, 2009. Assessing the dynamic capabilities view: spare change, everyone? [J]. Strategic Organization (7):75-90.

[15] Argyris C, 1976. Single-Loop and Double-Loop models in research on decision making[J]. Administrative Science Quarterly (3):363-375.

[16] Argyris C, 1982. Reasoning, learning, and action: individual and organizational[J]. Economica (4):386-405.

[17] Argyris C, 1991. Teaching smart people how to learn[J]. Harvard Business Review Classics (2):99-109.

[18] Argyris C, Schon D, 1978. Organizational learning: a theory of action perspective[M]. Reading, MA: Addiong-Wesley.

[19] Arvanitis S, Lokshin B, Mohnen P et al., 2013. Impact of external knowledge acquisition strategies on innovation-a comparative study based on dutch and swiss panel data[J]. SSRN Electronic Journal (46):1-26.

[20] Augier M, Teece D J, 2008. Strategy as evolution with design: the foundations of dynamic capabilities and the role of managers in the economic system[J]. Organization Studies (8-9):1187-1208.

[21] Bagozzi R P, Yi Y, 1988. On the evaluation of structural equation models[J]. Journal of the Academy of Marketing Science (1):74-94.

[22] Barney J, 1991. Firm resources and sustained competitive advantage [J]. Journal of Management (1):99-120.

[23] Barreto I, 2009. Dynamic capabilities: a review of past research and an agenda for the future[J]. Journal of Management (1):256-280.

[24] Barney J B, Clark D N, 2007. Resource-Based theory: creating and sustaining competitive advantage[M]. Oxford, Paperback: Oxford University Press.

[25] Bastos P, 2001. Inter-firm collaboration and learning: the case of the Japanese automobile industry[J]. Asia Pacific Journal of Management (4):423-441.

[26] Becerra M, Lunnan R, Huemer L, 2008. Trustworthiness, risk, and the transfer of tacit and explicit knowledge between alliance partners [J]. Journal of Management Studies (4): 691-713.

[27] Beckman C M, Haunschild P R, 2002. Network learning: the effects of partners' heterogeneity of experience on corporate acquisitions[J]. Administrative Science Quarterly (1):92-124.

[28] Bhattacharyya S S, Jha S, 2015. Mapping micro small and medium enterprises from the resource-based view and dynamic capability theory perspectives and innovation classification[J]. International Journal of Entrepreneurship & Small Business (3):331.

[29] Blackler F, 1995. Knowledge, knowledge work and organizations: an overview and interpretation[J]. Organization Studies (6):1021-1046.

[30] Blomstrom M, Kokko A, 2001. Foreign direct investment and spillovers of technology[J]. International Journal of Technology Management (5/6):435-454(20).

[31] Bouncken R B, Pesch R, Kraus S, 2015. SME innovativeness in buyer-seller alliances: effects of entry timing strategies and inter-organizational learning[J]. Review of Managerial Science (2):361-384.

[32] Brockman B K, Morgan R M, 2006. The moderating effect of organizational cohesiveness in knowledge use and new product development[J]. Journal of the Academy of Marketing Science (3):295-307.

[33] Burt R S, 2002. Structural holes: the social structure of competition [M]. Boston, MA: Harvard University Press.

[34] Carnovale S, Rogers D S, Yeniyurt S, 2016. Bridging structural holes

in global manufacturing equity based partnerships: a network analysis of domestic vs. international joint venture formations[J]. Journal of Purchasing & Supply Management (1):7-17.

[35] Castrogiovanni G J, 1991. Environmental munificence: a theoretical assessment[J]. Academy of Management Review (3):542-565.

[36] Cheung P K, Chau P Y K, Au A K K, 2008. Does knowledge reuse make a creative person more creative? [J]. Decision Support Systems (2):219-227.

[37] Chiu C M, Hsu M H, Wang E T G, 2006. Understanding knowledge sharing in virtual communities: an integration of social capital and social cognitive theories[J]. Decision Support Systems (3):1872-1888.

[38] Chiu Y T H, Lee T L, 2012. Structural embeddedness and innovation performance: capitalizing on social brokerage in High-Tech clusters [J]. Innovation (3):337-348.

[39] Choi B, Lee H, 2002. Knowledge management strategy and its link to knowledge creation process[J]. Expert Systems with Applications (3):173-187.

[40] Choi H J, 2009. Technology transfer issues and a new technology transfer model[J]. Journal of Technology Studies (1):49-57.

[41] Cingöz A, Akdoğan A A, 2013. Strategic flexibility, environmental dynamism, and innovation performance: an empirical study[J]. Procedia-Social and Behavioral Sciences (2):582-589.

[42] Cohen W M, Levinthal D A, 1989. Innovation and learning: the two faces of R & D[J]. Economic Journal, 99:569-596.

[43] Cohen M D, 1996. Organizational learning[M]. Beverly Hills: SAGE Publications.

[44] Colin C J, Cheng C, Yang C S,2016. Effects of open innovation and knowledge-based dynamic capabilities on radical innovation: an empirical study[J]. Journal of Engineering and Technology Management,41:79-91.

[45] Collis D J, 1994. How valuable are organisational capabilities? [J]. Strategic Management Journal, 15:143-152.

[46] Collis D J, Montgomery C A, 1995. Competing on resources competitively valuable resources[J]. Harvard Business Review (4):118-128.

[47] Collis D J, 1998. Montgomery C A. Creating corporate advantage [J]. Harvard Business Review (3):70.

[48] Corbin J M. Strauss A L, 1998. Basics of qualitative research: techniques and procedures for developing grounded theory[M]. Beverly Hills, Calif. or nia: Sage Publications.

[49] Cragg P, Caldeira M, Ward J. 2011. Organizational information systems competences in small and medium-sized enterprises[J]. Information & Management (8):353-363.

[50] Crossan M M, Apaydin M, 2010. A multi-dimensional framework of organizational innovation: a systematic review of the literature[J]. Journal of Management Studies (6):1154-1191.

[51] Crowston, K, Kammerer, 1998. Coordination and collective mind in software requirements[J]. IBM Systems Journal (2):227.

[52] Cyert R R, March J G, 1963. A behavioral theory of the firm[M]. Englewood Cliffs, New Jersey: Pentice Hall.

[53] Czepiel J A, 1975. Patterns of interorganizational communications and the diffusion of a major technological innovation in a competitive industrial community[J]. Academy of Management Journal (1):6-24.

[54] Denrell J, Fang C, Winter S G, 2003. The economics of strategic opportunity[J]. Strategic Management Journal (10):977-990.

[55] Denzau A T, Minassians H P, Roy R K, 2016. Learning to cooperate: applying deming's new economics and Denzau and North's new institutional economics to improve interorganizational systems thinking[J]. KYKLOS (3):471-491.

[56] Dess G G, Beard D W, 1984. Dimensions of organizational task environments[J]. Administrative Science Quarterly, 29:52-73.

[57] Dess G G, Keats B W, 1987. Environmental assessment and organizational performance: an exploratory field study[J]. Academy of Management Proceedings (13):21-25.

[58] Dodgson M, 1993. Organizational learning: a review of some literatures [J]. Organization Studies (3): 375-394.

[59] Donner J, 2007. Customer acquisition among small and informal businesses in urban India: comparing Face-to-Face and mediated channels[J]. Electronic Journal of Information Systems in Developing Countries (3):1-16.

[60] Døving E, Gooderham P N, 2008. Dynamic capabilities as antecedents of the scope of related diversification: the case of small firm accountancy practices[J]. Strategic Management Journal (8):841-857.

[61] Duncan W J, 1972. The knowledge utilization process in management and organization[J]. Academy of Management Journal (3):273-287.

[62] Dunn W N, 1983. Measuring knowledge use[J]. Science Communication (1):120-133.

[63] Dyer J H, Nobeoka K, 2000. Creating and managing a high-performance Knowledge-Sharing network: the Toyota case[J]. Strategic Management Journal (3):345-367.

[64] Dyer J H, 2015. Specialized supplier networks as a source of competitive advantage: evidence from the auto industry[J]. Strategic Management Journal (4):271-291.

[65] Easterby-Smith M, Prieto I M, 2008. Dynamic capabilities and knowledge management: an integrative role for learning? [J]. British Journal of Management (3):235-249.

[66] Eisenhardt K M, 1989. Building theories from case study research[J]. Academy of Management Review (4):532-550.

[67] Eisenhardt K M, Martin J A. 2000. Dynamic capabilities: what are they? [C]. CCC/Tuck Conference on the Evolution of Firm Capabilities.

[68] Emery F E, Trist E L, 1965. The causal texture of organizational

environments[J]. Human Relations (1):21-31.

[69] Engestrom Y, Engestrm Y, Kerosuo H, 2007. From workplace learning to inter-organizational learning and back: the contribution of activity theory[J]. Journal of Workplace Learning (6):336-342.

[70] Fabrizio K R, 2009. Absorptive capacity and the search for innovation [J]. Research Policy (2):255-267.

[71] Fahy J, Smithee A, 1999. Strategic marketing and the resource based view of the firm[J]. Academy of Marketing Science Review, 99:1-28.

[72] Fatoki O O, Van A, Smit A, 2011. Constraints to credit access by new SMEs in South Africa: a Supply-Side analysis[J]. African Journal of Business Management (4):1413-1425.

[73] Fiol C M, Lyles M A, 1985. Organizational learning[J]. Academy of Management Review (4):803-813.

[74] Gilsing V A, Duijsters G M, Oord A, 2006. Network embeddedness and the exploration of novel technologies: Technological distance, betweenness centrality and density[C]. Tilburg University, Center for Economic Research,Tilburg University, Center for Economic Research.

[75] Goll I, Rasheed A A, 2004. The moderating effect of environmental munificence and dynamism on the relationship between discretionary social responsibility and firm performance[J]. Journal of Business Ethics (1):41-54.

[76] Granovetter M, 1992. Economic institutions as social constructions: a framework for analysis[J]. Acta Sociologica (1):3-11.

[77] Granovetter M, 2005. The impact of social structure on economic outcomes[J]. Journal of Economic Perpectives (1):33-50.

[78] Granovetter M, 1983. The strength of weak ties: a network theory revisited[J]. Sociological Theory (1):201-233.

[79] Granovetter M, 1985. Economic action and social structure: the problem of embeddedness[J]. American Journal of Sociology (3):481-510.

[80] Gulati R, 1998. Alliances and networks[J]. Strategic Management

Journal (4):293-317.

[81] Gupta A K, Govin Da Rajan V, 1994. Organizing for knowledge flows within MNCs[J]. International Business Review (4):443-457.

[82] Güttel W H, Filippini A N R, 2012. Dynamic capabilities and the evolution of knowledge management projects in SMEs[J]. International Journal of Technology Management (3/4):202-220.

[83] Hagedoorn J, 2006. Understanding the cross-level embeddedness of interfirm partnership formation[J]. Academy of Management Review (3):670-680.

[84] Håkansson H, Snehota I, 1995. Developing relationships in business networks[M]. London: Routledge.

[85] Hamel G, 1991. Competition for competence and inter-partner learning within international strategic alliances[J]. Strategic Management Journal (S1):83-103.

[86] Hampel-Milagrosa A, Loewe M, Reeg C, 2015. The entrepreneur makes a difference: evidence on mse upgrading factors from Egypt, India, and The Philippines[J]. World Development (C):118-130.

[87] Hanna V, Walsh K, 2008. Interfirm cooperation among small manufacturing firms[J]. International Small Business Journal (3):299-321.

[88] Hansen M T, 2002. Knowledge networks: explaining effective knowledge sharing in multiunit companies[J]. Organization Science (3):232-248.

[89] Hansen M T, 1999. The Search-Transfer problem: the role of weak ties in sharing knowledge across organization subunits[J]. Administrative Science Quarterly (1):82-111.

[90] Hedlund G, 1994. A model of knowledge management and the N-Form corporation[J]. Strategy Management Journal (15):73-90.

[91] Helfat C E, Peteraf M A, 2003. The dynamic resource-based view: capability lifecycles[J]. Strategic Management Journal(10): 997-1010.

[92] Henderson R, Cockburn I, 1994. Measuring competence? exploring firm effects in pharmaceutical research[J]. Strategic Management Journal

(S1):63-84.

[93] Hoang H, 1997. The consequences of network participation for acquisition and alliance activity in the biotechnology industry[J]. Academy of Management Best Papers Proceedings (1):267-271.

[94] Huber G P, 1991. Organizational learning: the contributing processes and the literatures[J]. Organization Science (1):88-115.

[95] Hunt S D, Morgan R M, 1995. The comparative advantage theory of competition[J]. Journal of Marketing (2):1-15.

[96] Jansen J, Tempelaar M, Bosch F et al., 2009. Structural differentiation and ambidexterity: the mediating role of integration mechanisms[J]. Organization Science (4):797-811

[97] Kale P, Singh H, Perlmutter H, 2015. Learning and protection of proprietary assets in strategic alliances: building relational capital [J]. Strategic Management Journal (3):217-237.

[98] Kleinbaum A M, 2012. Organizational misfits and the origins of brokerage in intrafirm networks[J]. Administrative Science Quarterly (3):407-452.

[99] Koberg C S, 1987. Resource scarcity, environmental uncertainty, and adaptive organizational behavior[J]. Academy of Management Journal (4):798-807.

[100] Kogut B, Zander U, 1992. Knowledge of the firm, combinative capabilities, and the replication of technology[J]. Organization Science (3):383-397.

[101] Kogut B, 1991. Joint ventures and the option to expand and acquire [J]. Management Science (1):19-33.

[102] Lahiri R, 2014. An appraisal of micro, small and medium enterprises (msmes) in west bengal[J]. International Journal of Business Economics & Management Research (6): 47-61.

[103] Lane P J, Koka B R, Pathak S, 2006. The reification of absorptive capacity: a critical review and rejuvenation of the construct[J].

Academy of Management Review (4):833-863.

[104] Lane P J, Lubatkin M, 1998. Relative absorptive capacity and interorganizational learning[J]. Strategic Management Journal (5): 461-477.

[105] Larson A, 1992. Network dyads in entrepreneurial settings: a study of the governance of exchange relationships[J]. Administrative Science Quarterly (1):76-104.

[106] Lawrence P R, Dyer D, 1983. Renewing american industry[M]. New York: Free Press.

[107] Lawrence P R, Lorsch J W, 1967. Organization and environment [C]. Harvard Business School, Division of Research.

[108] Lee C, Lee K, Pennings J M, 2001. Internal capabilities, external networks, and performance: a study on techno, logy-based ventures [J]. Strategic Management Journal (6-7):615-640.

[109] Lee G K, 2007. The significance of network resources in the race to enter emerging product markets: the convergence of telephony communications and computer networking, 1989-2001[J]. Strategic Management Journal (1):17-37.

[110] Leonard-Barton D, 1995. Wellsprings of knowledge[M]. Boston, MA: Harvard Business School Press.

[111] Leonard-Barton D, 1992. Core capabilities and core rigidities: a paradox in managing new product development[J]. Strategic Management Journal (S1):111-125.

[112] Levine S S, Prietula M J, 2012. How knowledge transfer impacts performance: a multilevel model of benefits and liabilities[J]. Organization Science (6):1748-1766.

[113] Li Y, Wei Z, Zhao J, 2013. Ambidextrous organizational learning, environmental munificence and new product performance: moderating effect of managerial ties in China[J]. International Journal of Production Economics (1):95-105.

[114] Liao C, Chuang S H, To P L, 2011. How knowledge management mediates the relationship between environment and organizational structure[J]. Journal of Business Research (7):728-736.

[115] Liao J, Kickul J R, Ma H, 2009. Organizational dynamic capability and innovation: an empirical examination of internet firms[J]. Journal of Small Business Management (3):263-286.

[116] Lim E, Kim D, 2020. Entrepreneurial orientation and performance in south korea: the mediating roles of dynamic capabilities and corporate entrepreneurship[J]. Entrepreneurship Research Journal (3):1-18.

[117] Louise A, 2000. Knight. Learning to collaborate: a study of individual and organizational learning, and interorganizational relationships[J]. Journal of Strategic Marketing (2):121-138.

[118] Lyles M A, Salk J E, 2015. Knowledge acquisition from foreign parents in international Joint-Ventures[J]. Journal of International Business Studies (1):3-18.

[119] Mackinnon D, Chapman K, Cumbers A, 2004. Networking, trust and embeddedness amongst SMEs in the Aberdeen oil complex[J]. Entrepreneurship & Regional Development (2):87-106.

[120] Mahoney J T, Pandian J R, 1992. The resource-based view within the conversation of strategic management[J]. Strategic Management Journal (5):363-380.

[121] Majchrzak A, Cooper L P, Neece O E, 2004. Knowledge reuse for innovation[J]. Management Science (2):174-188.

[122] Malik A, Nilakant V, 2016. Knowledge integration mechanisms in High-Technology Business-to-Business services vendors [J]. Knowledge Management Research & Practice (4):565-574.

[123] March J G, 1991. Exploration and exploitation in organizational learning [J]. Organization Science (1):71-87.

[124] Marris R L, 1965. The economic theory of "managerial" capitalism [J]. The Economic Journal, 75:403.

[125] McEvily B, Marcus A, 2005. Embedded ties and the acquisition of competitive capabilities[J]. Strategic Management Journal (11): 1033-1055.

[126] McKelvie A, Davidsson P, 2009. From resource base to dynamic capabilities: an investigation of new firms[J]. British Journal of Management (S1):63-80.

[127] Menon A, Varadarajan P R, 1992. A model of marketing knowledge use within firms[J]. Journal of Marketing (4):53-71.

[128] Miller D J, Fern M J, Cardinal L B, 2007. The use of knowledge for technological innovation within diversified firms[J]. Academy of Management Journal (2):308-326.

[129] Möller K, Svahn S, 2004. Crossing East-West boundaries: knowledge sharing in intercultural business networks[J]. Industrial Marketing Management (3):219-228.

[130] Mowery D C, Oxley J E, Silverman B S, 2015. Strategic alliances and interfirm knowledge transfer[J]. Strategic Management Journal (S2):77-91.

[131] Murwatiningsih, Yulianto A, Oktarina N, 2015. Improving marketing performance through superior business capabilities and entrepreneurial networks[J]. Abstract of Business Strategy & Social Sciences (3): 80-86.

[132] Nahapiet J, 2000. Social capital, intellectual capital, and the organizational advantage[J]. Academy of Management Review (2):242-266.

[133] Najib M, Dewi F R, Widyastuti H, 2014. Collaborative networks as a source of innovation and sustainable competitiveness for small and medium food processing enterprises in indonesia[J]. International Journal of Business & Management (9):147-160.

[134] Narayanan V K, Colwell K, Douglas F L, 2009. Building organizational and scientific platforms in the pharmaceutical industry: a process perspective on the development of dynamic capabilities[J]. British

Journal of Management (S1):25-40.

[135] Nevis C, Dibelia A J, Gould J M,1995. Understanding organizations as learning systems[J]. Long Range Planning (3):73-85.

[136] Newbert S L, 2005. New firm formation: a dynamic capability perspective [J]. Journal of Small Business Management (1):55-77.

[137] Newey L R, Zahra S A, 2009. The evolving firm: how dynamic and operating capabilities interact to enable entrepreneurship[J]. British Journal of Management (S1):81-100.

[138] Nielsen A P, 2003. Capturing knowledge within a competence[R]. Denmark: Aalborg University.

[139] Nilantha G, Perera R, 2015. Impact of entrepreneurial networks on the business success of small enterprises[J]. Sri Lanka Journal of Marketing (2):1-27.

[140] Noci G, Verganti R, 1999. Managing "green" product innovation in small firms[J]. R & D Management (1):3-15.

[141] Nonaka I, Takeuchi H,1995. The knowledge-creating company: how Japanese companies create the dynamics of innovation[M]. New York: Oxford University Press.

[142] Nonoka I, Takeuchi H, 1998. The knowledge-creating company [J]. Nankai Business Review (2):175-187.

[143] Norman P M, 2004. Knowledge acquisition, knowledge loss, and satisfaction in high technology alliances[J]. Journal of Business Research (6):610-619.

[144] Parida V, 2008. Small firm capabilities for competitiveness: an empirical study of ICT related small Swedish firms[D]. Luleå: Luleå Tekniska University.

[145] Pavlou P A, Sawy O E, 2011. Understanding the elusive black box of dynamic capabilities[R]. Working paper.

[146] Penrose E T, 1995. The theory of the growth of the firm[M]. New York: Oxford University Press.

[147] Pfeffer J, Salancik G R, 2003. The external control of organizations: a resource dependence perspective[J]. Social Science Electronic Publishing (2):123-133.

[148] Pfeffer J, 1972. Merger as a response to organizational interdependence [J]. Administrative Science Quarterly (3):382-394.

[149] Phelps C C, 2010. A longitudinal study of the influence of alliance network structure and composition on firm exploratory innovation [J]. Academy of Management Journal (4):890-913.

[150] Porter M A,1980. Competitive strategy[M]. New York: Free Press.

[151] Prahalad C K, Hamel G, 1990. The core competency of the corporation [J]. Harvard Business Review (3):79-91.

[152] Priem R L, Butler J E, 2001. Tautology in the Resource-Based view and the implications of externally determined resource value: further comments[J]. Academy of Management Review (1):57-66.

[153] Rank O N, 2014. The effect of structural embeddedness on Start-Up survival: a case study in the German biotech industry [J]. Journal of Small Business & Entrepreneurship (3):275-299.

[154] Rich R F, 1997. Measuring knowledge utilization: processes and outcomes[J]. Knowledge & Policy (3):11-24.

[155] Rindova V P, Kotha S, 2001. Continuous "morphing": competing through dynamic capabilities, form, and function[J]. Academy of Management Journal (3):1263-1280.

[156] Ring P S, van de Vev A H, 1994. Developmental processes of cooperative interorganizational relationships[J]. Academy of Management Review (1):90-118.

[157] Rothaermel F T, Hess A M, 2007. Building dynamic capabilities: innovation driven by individual, firm, and Network-Level effects [J]. Organization Science (7):898-921.

[158] Rowley T, Behrens D, Krackhardt D, 2015. Redundant governance structures: an analysis of structural and relational embeddedness in

the steel and semiconductor industries[J]. Strategic Management Journal (3):369-386.

[159] Rumelt R P,1991. How much does industry matter? [J]. Strategic Management Journal (3):167-185

[160] Schilling M A, Phelps C C, 2007. Interfirm collaboration networks: the impact of large-scale network structure on firm innovation [J]. Management Science (7):1113-1126.

[161] Senge P, 1990. The fifth discipline: the art and science of the learning organization[M]. New York: Currency Doubleday.

[162] Singh J V, 1986. Performance, slack, and risk taking in organizational decision making[J]. Academy of Management Journal (3):562-585.

[163] Siu W S, Bao Q, 2008. Network strategies of small Chinese high-technology firms: a qualitative study[J]. Journal of Product Innovation Management (1):79-102.

[164] Slater, Sf; Narver, J C, 1995. Market orientation and the learning organization[J]. Journal of Marketing (3):63-74.

[165] Smith K G, Collins C J, Clark K D, 2005. Existing knowledge, knowledge creation capability, and the rate of new product introduction in high-technology firms[J]. Academy of Management Journal (2): 346-357.

[166] Soh P H, 2003. The role of networking alliances in information acquisition and its implications for new product performance[J]. Journal of Business Venturing (6):727-744.

[167] Stake R E, 1995. The art of case study research[J]. Modern Language Journal (4):49-68.

[168] Swarnalatha, Tharani, 2016. Micro small and medium enterprise sector in Indian context[J]. Innovative Construction Techniques and Ecological Development (1):377-386.

[169] Takeuchi, Hirotaka, 1995. The Knowledge-Creating company[M]. Boston: Harvard Business Press.

[170] Teece D J, Pisano G, Shuen A, 1997. Dynamic capabilities and strategic management[J]. Strategic Management Journal (7): 509-533.

[171] Teece D J, 2007. Explicating dynamic capabilities: the nature and microfoundations of (sustainable) enterprise performance[J]. Strategic Management Journal (13):1319-1350.

[172] Teece D J, 2000. Strategies for managing knowledge assets: the role of firm structure and industrial context[J]. Long Range Planning (1): 35-54.

[173] Teece D J, Pisano G, 1994. The dynamic capabilities of firms: an introduction[J]. Industrial & Corporate Change (3):537-556.

[174] Terreberry S, 1968. The evolution of organizational environments [J]. Administrative Science Quarterly (4):590-613.

[175] Terziovski M, 2010. Innovation practice and its performance implications in small and medium enterprises (SMEs) in the manufacturing sector: a Resource-Based view[J]. Strategic Management Journal (8):892-902.

[176] Thomas H, Pollock T, Gorman P, 1999. Global strategic analyses: frameworks and approaches[J]. The Academy of Management Executive (1):70-82.

[177] Thomas, 2001. Methods of social research[M]. Orlando: Harcourt Collge Publishers.

[178] Thompson J D, Zald M N, Scott W R, 1967. Organizations in action: social science bases of administrative theory[M]. New Brunswick: Transaction Publishers.

[179] Tushman M L, Anderson P, 1986. Technological discontinuities and organizational environments[J]. Administrative Science Quarterly (3):439-465.

[180] Ussahawanitchakit P, 2011. Moderating effects of environment on the strategic leadership, organizational learning, innovation, and performance relationships[J]. Journal of International Business & Economics (2):137-145.

[181] Uzzi B, 1997. Social structure and competition in interfirm networks: the paradox of embeddedness[J]. Administrative Science Quarterly (1):35-67.

[182] Valkokari K, Helander N, 2007. Knowledge management in different types of strategic SME networks[J]. Management Research News (8):597-608.

[183] van Eeden S, Viviers S, Venter D, 2003. A comparative study of selected problems encountered by small businesses in the Nelson Mandela, Cape Town and Egoli metropoles[J]. Management Dynamics Journal of the Southern African Institute for Management Scientists (3): 13-23.

[184] Voss C, Tsikriktsis N, Frohlich M, 2002. Case research in operations management[J]. International Journal of Operations & Production Management (2):195-219.

[185] Walter A, Auer M, Ritter T, 2006. The impact of network capabilities and entrepreneurial orientation on university Spin-Off performance [J]. Journal of Business Venturing (4):541-567.

[186] Wang C L, Ahmed P K, 2007. Dynamic capabilities: a review and research agenda[J]. International Journal of Management Reviews (1):31-51.

[187] Wang C L, Ahmed P K, 2004. The development and validation of the organisational innovativeness construct using confirmatory factor analysis[J]. European Journal of Innovation Management (4):303-313.

[188] Wernerfelt B, 1984. A resource-based view of the firm [J]. Strategic Management Journal (2):171-180.

[189] Wilhelm H, Schlömer M, Maurer I, 2015. How dynamic capabilities affect the effectiveness and efficiency of operating routines under high and low levels of environmental dynamism[J]. British Journal of Management (2):327-345.

[190] Wilson N C, Stokes D, 2004. Laments and serenades: relationship

marketing and legitimation strategies for the cultural entrepreneur [J]. Qualitative Market Research (3):218 - 227.

[191] Winter S G, 2003. Understanding dynamic capabilities[J]. Strategic Management Journal (10):991-995.

[192] Winter S G, Nelson R R, 1982. An evolutionary theory of economic change[M]// An evolutionary theory of economic change. Boston, MA: Harvard University Press.

[193] Yasai-Ardekani M, 1989. Effects of environmental scarcity and munificence on the relationship of context to organizational structure[J]. Academy of Management Journal (1):131-156.

[194] Yin R, 1994. Case study research: design and methods[M]. Beverly Hills, CA: Sage Publishing.

[195] Zahra S A, Sapienza H J, Davidsson P, 2006. Entrepreneurship and dynamic capabilities: a review, model and research agenda[J]. Journal of Management Studies (4):917-955.

[196] Zhang Y, Long J, Zhao W, 2021. Relational embeddedness and bop-oriented dynamic capability: a Multi-Case study[J]. Sustainability (13):1-26.

[197] Zhang Z, 2009. Study on approaches of constructing travel agencies' sustained competitive advantage by knowledge management [J]. Canadian Social Science (6):60-64.

[198] Zheng S, 2021. Research on the effect of knowledge network embedding on the dynamic capabilities of small and micro enterprises[J]. Wireless Communications and Mobile Computing (1):1-13.

[199] Zhou K Z, Li C B, 2010. How strategic orientations influence the building of dynamic capability in emerging economies[J]. Journal of Business Research (3):224-231.

[200] Zhuang X J, 2016. Structural embeddedness on the impact of cluster enterprise technology innovation performance[J]. Technoeconomics & Management Research (2):19-24.

[201] Zollo M, Winter S G, 2002. Deliberate learning and the evolution of dynamic capabilities[J]. Organization Science (3):339-351.

[202] Zukin S, Dimaggio P, 1990. Structures of capital: the social organization of the economy[M]. Cambridge: Cambridge University Press.

附录一　访谈提纲

一、公司基本情况

1. 主营业务和主要产品是什么？

2. 何时成立？员工总数多少？

3. 近两年销售情况如何？

4. 公司整体竞争力在行业中处于什么水平？

二、公司主要合作伙伴情况

1. 近三年来贵公司的合作伙伴多吗？有哪些？分别是什么类型的组织？

2. 贵公司与合作伙伴的关系发展趋势如何？贵公司与这些合作伙伴之间的信任水平如何，有哪些事例？

3. 贵公司与合作伙伴沟通频繁吗？是否愿意相互提供对方所需的信息？

4. 贵公司与这些合作伙伴合作期间遇到了哪些问题？是如何解决的？

三、公司在组织间学习方面的情况

1. 贵公司在从外界获取技术、市场、管理、服务、制造等方面的知识和信息上有哪些投入和努力？可以的话请举例。

2. 贵公司内部通常采用什么方式让新的知识和信息得以扩散？

3. 贵公司员工愿意与他人分享自己掌握的知识和技能吗？

4. 贵公司是否会利用新知识来改变工作思路和方法？

5. 贵公司是否把新知识用于生产/服务/市场开发等活动？

四、公司在企业动态能力方面的情况

1. 贵公司能否敏锐地感知到政策、技术、经济等环境变化并做出反应？

2. 贵公司能否敏锐地感知到竞争者、顾客、产品等变化并做出反应？有哪些事例？

3.贵公司各部门工作自主性、灵活性如何？有哪些事例？

4.贵公司能否及时根据环境变化进行计划上的调整？

5.贵公司不同部门的新知识、新信息整合利用程度如何？

6.贵公司部门之间协同合作能力如何？有哪些事例？

7.贵公司资源浪费情况如何？

五、公司主营业务所在行业环境

1.政府对贵公司所处行业相关支持性政策力度如何？

2.贵公司所处行业市场中的获利机会如何？

3.在市场中获得运营和扩张所需的资源（技术、信息、人才、资金）难易程度如何？

附录二　调查问卷

调查问卷

尊敬的女士/先生：

首先对您在百忙之中抽出时间填写本问卷表示真挚的感谢！问卷是本人开展的一项科研调查。问卷的每个问题，请您根据贵公司的实际情况，选择一个最符合的选项，答案没有好坏对错之分，您的真实想法就是对我们研究莫大的帮助。

本次调研匿名进行，内容不涉及贵公司任何商业机密。我们郑重承诺，所得信息仅供学术研究之用，绝不会用于任何商业目的，对您所提供的信息将绝对保密，请您放心并尽可能客观回答。如果您对本研究结论感兴趣，烦请在问卷最后留下联系信箱，届时我们将会以电子邮件的形式发给您指正。

最后，请接受我们诚挚的谢意，感谢您对我们的研究贡献您的观点和时间，祝您事业顺利，家庭幸福；祝贵公司蒸蒸日上，宏图大展！

第一部分　企业基本情况

1. 贵公司名称为(请填写)

____

(以下问题请在合适选项前的□中打√)

2. 贵公司的成立年限为：

□1～2 年　　□3～5 年　　□6～10 年　　□11～15 年

□15 年以上

3. 贵公司性质属于：

□国有　　□民营　　□合资　　□独资

□其他(请具体说明)

4. 贵公司上一年年底员工总人数为：

□20 人以下　　□20～100 人　　□101～199 人

5. 贵公司上一年销售总额约为(单位:人民币):

□50 万元以下　　□50 万～100 万元

□100 万～500 万元　　□500 万～1000 万元

□1000～2000 万元

6. 贵公司所属行业领域:

制造行业(□机电;□材料;□纺织;□建筑;□食品饮料;□医药;□汽配;□其他)

服务行业(□商业;□贸易;□电信;□金融;□咨询;□软件;□餐饮;□房地产;□其他)

第二部分　问卷正文

填写说明:

(1)题项中数值代表对题项说法同意的程度,1～7 的数值表示从“不同意”向“同意”依次渐进(如下所示)。请在相应的框内打√,若您是在电脑上填写,请您在对应的数字上将其标红。

完全不同意	不同意	有点不同意	不能确定	有点同意	同意	完全同意
1	2	3	4	5	6	7

(2)请您根据贵公司实际情况,以及您在一般情形下所持有的最直接的观念回答即可,答案没有对错好坏之分,您只需要客观地做出选择,请您避免都打一样的分,或者遗漏题项。

1-1　结构嵌入性

问题	完全不同意←→完全同意						
贵公司与很多客户/供应商/同业企业/中介机构有联系	1	2	3	4	5	6	7
贵公司与很多政府机构/高校/科研机构/金融、投资机构有联系	1	2	3	4	5	6	7
贵公司在网络联系中较对手更易获取某些资源	1	2	3	4	5	6	7
贵公司的地位能促使其他网络成员加强与贵公司合作	1	2	3	4	5	6	7
与贵公司进行知识交流合作的单位,类型和规模差异很大	1	2	3	4	5	6	7

续表

问题	完全不同意←→完全同意						
与贵公司进行知识交流合作的单位，通常与贵公司原有知识是互补的、异质性的	1	2	3	4	5	6	7

1-2 关系嵌入性

问题	完全不同意←→完全同意						
合作企业/机构在与贵公司合作时能做到实事求是	1	2	3	4	5	6	7
合作企业/机构在与贵公司合作时能做到信守承诺	1	2	3	4	5	6	7
合作企业/机构与贵公司信息交流频繁，不会局限于双方协议	1	2	3	4	5	6	7
合作企业/机构与贵公司愿意相互提供对方所需的信息	1	2	3	4	5	6	7
合作企业/机构与贵公司能共同完成项目任务	1	2	3	4	5	6	7
合作企业/机构愿意与贵公司共同合作克服困难	1	2	3	4	5	6	7

2-1 知识获取

问题	完全不同意←→完全同意						
贵公司经常派遣人员外出学习新的技术、知识或参加交流会议	1	2	3	4	5	6	7
贵公司经常与合作伙伴建立跨组织的学习/研发团队	1	2	3	4	5	6	7
贵公司可以主动与合作伙伴进行沟通，以获取对方的经验和知识	1	2	3	4	5	6	7
贵公司欢迎其他单位人员造访和交流	1	2	3	4	5	6	7
在贵公司，搜索行业信息是经常做的功课	1	2	3	4	5	6	7

2-2 知识共享

问题	完全不同意←→完全同意						
贵公司会举行多种形式的活动（培训、讲座等）促进新知识的传播	1	2	3	4	5	6	7
贵公司鼓励员工表达并分享自己对工作程序、工作方法的意见和建议	1	2	3	4	5	6	7
贵公司能将某些部门的一些成功的做法在企业内部推广	1	2	3	4	5	6	7
贵公司内工作团队能定期就技术/管理/产品开发/营销等问题展开讨论和分享。	1	2	3	4	5	6	7
在贵公司，员工愿意与他人分享自己掌握的知识和技能	1	2	3	4	5	6	7

2-3 知识利用

问题	完全不同意←→完全同意						
贵公司可以利用新知识来改变工作思路和方法	1	2	3	4	5	6	7
贵公司可以利用新知识来改进工作流程	1	2	3	4	5	6	7
贵公司可以利用新知识来开发新产品	1	2	3	4	5	6	7
贵公司可以利用新知识来采纳新技术	1	2	3	4	5	6	7
贵公司可以利用新知识来开发市场	1	2	3	4	5	6	7

3-1 机会感知能力

问题	完全不同意←→完全同意						
贵公司能快速获取和分析消费者需求偏好变化	1	2	3	4	5	6	7
贵公司能够迅速收集有关产品/服务的最新市场供求信息	1	2	3	4	5	6	7
贵公司能够及时感知行业相关技术发展动态	1	2	3	4	5	6	7
贵公司能够准确地掌握竞争者的发展动态	1	2	3	4	5	6	7
贵公司能够及时地获知宏观政策变化	1	2	3	4	5	6	7

3-2 组织柔性能力

问题	完全不同意←→完全同意						
贵公司内部有畅通的沟通渠道，部门成员之间信息传达准确快速	1	2	3	4	5	6	7
贵公司各部门工作自主性、灵活性高	1	2	3	4	5	6	7
贵公司具有鼓励创新精神的企业文化	1	2	3	4	5	6	7
贵公司允许打破正规的工作程序	1	2	3	4	5	6	7
贵公司能根据环境变化进行市场再定位	1	2	3	4	5	6	7

3-3 资源整合能力

问题	完全不同意←→完全同意						
贵公司可以将来自不同部门的新知识、新信息进行整合	1	2	3	4	5	6	7
贵公司可以集中管理跨部门业务活动，保证工作效率	1	2	3	4	5	6	7
贵公司可以根据市场波动及时调整生产和销售活动	1	2	3	4	5	6	7
贵公司可以根据环境变化调整与供应链企业的关系	1	2	3	4	5	6	7
贵公司总的来说资源浪费现象不严重	1	2	3	4	5	6	7

4-1 环境包容性

问题	完全不同意←——→完全同意						
在市场中容易获得资金的支持	1	2	3	4	5	6	7
政府的发展规划为公司提供了有力的支持	1	2	3	4	5	6	7
贵公司所处的行业市场中有丰富的获利机会	1	2	3	4	5	6	7
在市场中容易获得运营和扩张所需的资源	1	2	3	4	5	6	7

问卷结束,再次感谢您的大力支持!

(如果您对本研究感兴趣,请留下联系方式和建议,我们会将本研究最终研究结论呈现给您!)